유불도
동양 3대 철학에
대한 이해

유불도 동양 3대 철학에 대한 이해

발행일   2023년 06월 23일

지은이   성대현
펴낸이   손형국
펴낸곳   (주)북랩
편집인   선일영   편집   정두철, 배진용, 윤용민, 김부경, 김다빈
디자인   이현수, 김민하, 김영주, 안유경, 최성경   제작   박기성, 황동현, 구성우, 배상진
마케팅   김회란, 박진관
출판등록 2004. 12. 1(제2012-000051호)
주소   서울특별시 금천구 가산디지털 1로 168, 우림라이온스밸리 B동 B113~114호, C동 B101호
홈페이지 www.book.co.kr
전화번호 (02)2026-5777   팩스   (02)3159-9637

ISBN   979-11-6836-955-9 03150 (종이책)   979-11-6836-956-6 05150 (전자책)

노자, 공자, 부처의 사상 체계와 구조에 대해 파헤치다

유불도 동양 3대 철학에 대한 이해

성대현 지음

북랩

책을 펴내며

———————————— ◈ ————————————

2019년『노자 도덕경 道』를 통해 도가(道家) 사상(思想)을 번역하였습니다. 그리고 2021년『깨달음』이라는 책에서 불가(佛家)의 반야심경(般若心經)에 대해 해석하고, 삶에 대한 나의 생각을 정리해보았습니다. 공자(孔子)의 사상을 연구하여 2022년 봄, 논어 상편(1~10장)을 번역한『논어98』을 소개하였고, 가을에는 논어 하편(11~20장)을 해석하고 블로그에 게재하였습니다.

이제 동양 3대 철학을 비교하고 분석하여 그 구조와 철학적 체계에 대해 설명하고자 이 글을 정리합니다. 동양 3대 철학인 유(儒), 불(佛), 도(道)를 구조적으로 분석하고 통합하여 이해하는 과정은 설렘과 흥분 그리고 기쁨을 동시에 찾는 즐거운 시간입니다.

이 세상의 어떤 철학적 생각의 틀도 노자(老子) 도덕경(道德經)의 첫 번째 구절, '道可道也, 非恒道也. 名可名也, 非恒名也(도가도 비항도야, 명가명 비항명야)', 즉 모든 것은 변한다, 그리고 모든 것에 대한 인식은 변한다는 이 명제 앞에서는 한없이 작게 보입니다. 그 명제 앞에 서면 우리는 끝없이 겸손해질 수밖에 없습니다. 온 우주에서 완벽한 것, 즉 완성이라는 것은 없다는 대전제이기 때문입니다.

영원한 정지, 즉 변화가 없는 상태라면 공간에 위치한 모든 물질과 힘, 에너지, 시간마저 멈춘다는 것을 의미합니다. 변화가 없는 우주와 세상은 상상하기조차 쉽지 않습니다. 우주는 변화를 대전제로 시작합니다. 노자(老子) 철학의 제1명제는 우리가 살아가고 있는 세상은 변한다는 인식에서 출발하고 있습니다. 모든 존재는 변한다는 의미를 담고 있는 가장 핵심적 명제입니다. 어떤 철학적 방법과 논리로도 이 명제에 대해 반론할 수는 없을 것입니다.

노자(老子)의 철학적 구조물과 다른 형태와 속성을 지닌 생각의 틀이 있습니다. 따듯한 봄 햇살로 감싸는 듯한 언어가 실린 공자(孔子)의 사상(思想), 논어(論語)입니다. 공자(孔子)의 사상(思想)은 자칫 따분하고 지루한 것같이 느껴질 수 있지만, 더없이 부드럽고 따듯합니다. 인간을 바라보고 인간 사회가 이루는 삶의 모습에 대한 생각을 담고 있습니다. 인간 내면의 본성(本性)을 기초로 만들었습니다. 마치 인간 사회를 따듯하게 감싸는 모습이라고나 할까요! 공자 철학을 연구하는 일은 인간 내면 깊숙이 위치한, 인간과 인간이 만들어가는 사회 구조와 틀의 올바른 방향을 찾아가는 일에 해당합니다. 그 길을 따라 이리로 저리로 조금씩 자신 스스로를 완성해가는 과정을 담고 있습니다. 그것이 우리가 소위 말하는 도(道), 올바른 길이라는 것입니다.

노자(老子)와 공자(孔子)의 철학적 관점과는 전혀 다른 시각, '깨달음'의 철학이 있습니다. 바로 불가(佛家)의 반야심경(般若心經)이 제시하는 세상에 대한 인식 방법론입니다. 265자의 짧고 심오한 구절은 세상의 구조나 이치에 대한 설명도 아니고, 인간 사회에 대한 해석과 토론의 글도 아닙니다. 오직 인간 자신 스스로에 대한 성찰을 위한 글입니다.

그 성찰의 시작점부터 놀라운 출발입니다. 지극히 단순하지만, 사람들이 가장 이해하기 어려워하는 논리적 전개와 구조를 지니고 있습니다. 현상계의 보이는 것인 색(色)과 비어 있는 상태인 공(空)을 같은 것이라고 설명하기 때문에, 수많은 철학자들이 그 해석을 괴로워하고 설명하는 데 실패하곤 합니다. 결국 부처님의 심오한 생각이 담긴 글을 우리가 언어로 설명하는 일은 불가능하다는 식으로 양해를 구합니다. 인간을 초월한 사람, 부처님에 대한 믿음이라는 방식을 활용하여 종교의 영역으로 살며시 그 해석의 곤란함을 넘겨버립니다.

신기하게도 우리의 삶과 생각의 틀에는 이 3개의 철학이 어우러져 혼재되어 있습니다. 때로는 그 혼합된 모습이 제각각 상반되어 배타적인 것 같이 느껴지지만 실제로는 포용적인 형태로 우리 정신 속에 녹아들어 있습니다.

다시 말해서 우리는 유(儒), 불(佛), 도(道) 3가지 사상이 이끄는 융합된 세계관을 지니고 있습니다. 어떤 한 가지 철학에 지배적으로 의존하지 않기 때문에 한 방향으로 치우치지 않는다는 장점을 지닙니다. 기하, 물리, 건축에서 삼각 형태의 구조물이 가장 안정적인 기반을 이루는 것과 유사합니다. 2천여 년간 3개의 사상은 서로를 지지하고 보완하며 우리 생각의 기반을 이루어왔습니다.

그러나 아쉬운 점이 있습니다. 과학과 기술을 앞세운 서양 학문에 대한 의존도가 높아지는 과정에서 동양 철학의 기반이 흔들리고, 서서히 무너져가고 있다는 점입니다. 현시대의 학자들조차 도덕경(道德經)을 제대로 읽고 이해하려는 노력이 부족합니다. 깊은 사유의 과정 없이 노자(老子) 철학을 이해하는 것처럼 이야기합니다. 공자(孔子)의 논어(論語)에 대해 깊은 성찰도 없이 동네 훈장 선생님이라도 된 듯이 어설픈 자신 생각의 틀을 남에게 강요합니다. 반야심경(般若心經) 구절의 의미에 대해 스스로 헤아려보지 않고, 의미도 모르는 상태에서 입으로만 주문을 외우곤 합니다. 그리고, 그것에 대해 잘 아는 듯한 가식적 표정과 태도를 내세웁니다.

그런 모습에 현혹되어 그들을 높이 평가하고 따르며, 그들이 내뱉는 언어를 활용하여 2세, 3세들을 가르치는 안타까운 일이 반복되고 있습니다. 동양 3대 철학에 대한 이해가 부족한 상태에서 가르치고, 암기하여 배우고, 시험 점수를 받는 용도로만 활용되는 일이 반복됨으로써 우리 생각의 틀은 점점 더 그 기초가 부실해지고 있습니다. 물질과 자본을 중심으로 설계된 서양식 생각의 틀에 대한 의존도가 높아지고 있습니다.

3대 사상의 핵심인 논어(論語), 반야심경(般若心經), 도덕경(道德經)이 담고 있는 진정한 의미와 구조를 모르기 때문에 정작 논리에 맞지 않는 어설픈 해석이 난무한 것이 현실입니다. 정작 관련 학자에게 "핵심이 무엇입니까?" 물어보면, 전혀 다른 얘기와 설명을 들어 논지를 흐리고, 엉뚱하고 장황한 이야기만 전달하는 경우가 부지기수입니다. 안타까운 일입니다.

이 글에서 중점적으로 다루는 것은 유(儒), 불(佛), 도(道) 3대 철학에 대한 구조적 관점의 해석과 통찰입니다. 그리고, 각각의 철학이 갖고 있는 가치와 의미에 대해 설명을 더하였습니다. 3대 철학에 대한 모든 원문은 다루지 않기 때문에, 각 원문의 구절마다 이해가 필요하다면 저자의 전작들을 활용하시기 바랍니다. 이 글을 읽기 전에 저자의 전작을 먼저 읽는 것도 하나의 방법이며, 먼저

이 글을 통해 3대 철학의 구조에 대해 이해한 후 해당 철학을 하나씩 살펴보는 것도 한 방법입니다.

주의해야 할 사항은, 철학은 며칠 만에 이해할 수 있는 분야가 아니라는 점입니다. 대략 읽고 유추하여 생각하는 일은 경계해야 할 사항입니다. 또한 맹목적인 추종과 믿음에 근거한 해석이 있다면 주의해야 합니다. 믿음에 의지하는 일은 종교에서 필요한 일입니다. 나의 삶에 비추어 이해할 필요가 있습니다. 하지만 나의 시각과 관점에 집착하지 않고 객관적으로 바라보는 일도 필요합니다. 해석을 읽으면서 조금이라도 의심이 되는 부분이 있다면 원문을 다시 살펴볼 필요가 있습니다. 논리적으로 적절하지 않은 해석이 있다면 우선 그 해석은 잊어버리길 권합니다. 그리고 원문에 대해 스스로 해석하고 생각해보는 일의 반복을 통해 그 구절에 대한 이해에 조금 더 근접할 수 있습니다.

인간의 사회와 삶을 바라보는 시각을 비논리적이고 비합리적인 방식에 의존하며 초월적 믿음에 의지하여, 그것이 마치 올바른 해석인 것처럼 떠드는 것은 철학(哲學)의 영역이 아닙니다. 현학적 허세와 바른 해석을 구분하는 일로부터 자신 생각의 틀을 갖추는 일은 시작됩니다. '왜?'라는 질문을 반복하고 또 반복함으로써, 현학적 허세와 강요하는 방식을 띤 주장의 허점은 쉽게 드러납니다. '왜?'라는 질문의 도구를 사용하는 일이 생각의 틀(哲學)을 만들어가는 최선의 방법론이라고 할 수 있습니다.

세간에서 떠드는 도교, 유교, 불교에 대한 종교적 관점 설명이나 해석에 대해 필자는 문외한입니다. 오히려 해당 종교에 발을 담근 적이 없기 때문에, 맹목적인 추종과 그런 해설에 대해 현혹되지 않고 접근할 수 있었습니다. 오로지 3대 사상(思想)의 문헌인 도덕경(道德經), 논어(論語), 반야심경(般若心經)에 근거하여 해석하고 연구한 결과를 기초로 서술합니다. 해당 종교의 선의적 측면과 역할에 대해 부정하려 함이 아님을 양해하기 바랍니다.

이 글은 동양 3대 철학과 서양 철학의 다른 점을 설명하며 동양 사상에 대한 이해를 높이는 것으로 시작합니다. 이후에 3대 철학의 구조와 특성을 하나하나 기술하였습니다. 이를 바탕으로 서양 철학이 올바른 방향성을 제시하지 못하는 몇 가지의 현대 사회 문제점에 대해 고찰해보았습니다.

이를 통해 서양 철학의 한계성을 이해하고, 그런 한계성을 극복할 수 있는 동양 철학이 인류의 미래를 이끌 수 있는 생각의 틀이라는 점을 강조합니다.

우리를 이끌어가야 하는 미래의 방향이 무엇인지? 유(儒), 불(佛), 도(道) 3대 철학을 활용하여 살펴보는 일은 충분히 가치 있는 일입니다. 이를 통해 스스로 생각의 틀(哲學)을 올바로 세우고 삶의 자유와 평화를 찾길 바랍니다.

2023년 6월
清風明源에서

목차

I

철학 용어에 대한 이해

II

동양 철학의 근원, 노자(老子) 도덕경(道德經)

III

공자(孔子)가 바라본 인간의 삶, 논어(論語)

IV

인간 자신에 대한 해체, 반야심경(般若心經)

현대 사회 문제와 동양 3대 철학

들어가기

───────────── ◇◇◇ ─────────────

　유불도(儒佛道) 동양 3대 철학에 대한 이해에 앞서, 먼저 몇 가지 질문으로 시작해보겠습니다. 왜 동양 3대 철학일까요? 철학이라는 학문은 서양의 학문이 아닌가요? 서양의 학문에 의존하는 일이 대부분인 현재, 동양 철학은 어떤 의미와 가치를 지니고 있을까요? 동양인 사상과 생각의 가치를 유불도(儒佛道) 3대 철학에서 찾을 수 있을까요? 동양 3대 철학에서 '동양'은 지리적으로 어디까지 포함해서 이야기해야 할까요? 한국, 중국, 일본을 포함한 동북아시아로 한정해야 할까요? 불교의 근원지인 인도까지 포함해야 할까요? 과연 철학이라는 용어의 의미는 무엇일까요? 철학보다 사상이라는 단어가 더 적절한 표현이 아닐까요?

　인간의 존재와 가치, 관계 관점에서 의미를 찾는 질문들을 쏟아낸 후 답을 구하는 과정이 철학입니다. 수많은 사람들이 철학, 문학, 과학, 의학, 수학, 논리 등 다양한 학문과 삶의 경험적 관점에서 의문과 답을 제시하고 있습니다. 다양한 분야에서 세상을 이해하고 설명하는 글들이 쏟아져 나오고 있습니다. 하지만, 우리가 얽히고설켜 살아가는 사회에는 그렇게 쉽게 설명되지 않는 부분이 상당히 존재합니다. 오히려 설명할 수 없는 부분이 훨씬 더 많다고 보면 틀림없습니다. 우리는 자신의 경험을 근거로 삼아 자신이 바라보고 싶은 면을 기준으로 이야기할 뿐입니다. 그런 과정에서 오해와 갈등을 빚고 다양한 문제가 발생합니다.

　인간은 360도 입체적으로 현상을 볼 수 있는 능력이 없습니다. 신(神)이 아니기 때문에 내가 바라보는 면과 관점에서 해석하기 쉽습니다. 드러나 보이는 겉면 이외에 깊이 존재하는 내면을 이해하는 것은 어렵습니다. 그렇기 때문에 보이는 부분과 보이지 않는 부분을 동시에 살펴보기 위한 노력이 필요합니다. 그 방법을 연구하는 학문이 철학입니다.

　철학은 결과가 아니라 결과를 찾아가는 과정이라는 점에 주목해야 합니다. 과정에는 정답이 없습니다. 찾아가는 길은 한두 가지로 한정되지 않습니다. 인생이라는 여정과 유사합니다. 인간의 삶에도 정답이 있을 수 없습니다. 수많은 사회 관계망 속에는 다양한 삶의 길이 존재합니다. 그래서 노자(老子)는 그런 길을 한 글자로 표현하고 있습니다. 도(道)라는 글자가 바로 그것입니다. 정답이 정해져 있지 않고, 여러 갈래로 나뉘어 변할 수 있는 속성을 지닌 글자입니다. 그렇기 때문에 도(道)가 무엇인지 단정 짓는 일은 다른 상황과 관점에서 통하지 않을 수 있습니다.

　도(道)라는 글자를 풀어보면, 인간이 머리(首)를 들고 이리저리로 삶을 이끄는 모습(辶)이라 할 수 있습니다. 우리는 삶의 과정 하나하나, 일 분 일 초마다 올바른 길이 무엇인지, 방향과 철학이 무엇인지를 생각하며 살지는 않습니다. 하지만 살아가는 동안 커다란 사건과 인생의 갈림길에 들어서는 선택의 순간은 오기 마련입니다. 그런 선택의 순간에 필요한 것이 나 자신의 철학입니다. 어떤 곳으로 향할 것인지 선택의 방향을 올바로 만들어주는 나침반 역할을 하는 것이 철학입니다.

동양 3대 철학을 활용하여 우리 삶을 이끄는(道) 도구로 삼는다면 우리는 하나의 철학 공동체에 속한다고 볼 수 있습니다. 삶을 이끄는 도구인 철학이 다르다면 어떤 상황이나 문제에 처할 때에 다른 선택을 하기 마련입니다. 그런 관점에서 한국, 중국, 일본의 국가적 방향성은 근대 이후 상당히 다른 길을 걷고 있습니다. 국가의 정치 철학이 달라졌기 때문입니다.

동서 교류가 활발해진 근대화 과정에서 유가(儒家)의 논어(論語)와 도가(道家)의 도덕경(道德經)이 서양에 번역되고 소개되었습니다. 서양 철학자에 의해 동양의 사상(思想)으로 알려지기 시작했습니다. 200여 년이 넘는 시간 동안 그런 초기 번역에 의존하여 연구하는 일이 반복되다 보니 상당히 많은 부분 왜곡된 상태로 의미가 전달되고 있습니다.

어설픈 서양학자들이 번역한 영문 논어(論語)와 도덕경(道德經)의 의미와 현재 우리 시대 학자들이 해석하는 글의 의미가 상당히 유사한 점을 살펴보면, 우리가 이제까지 알고 있었던 논어(論語)와 도덕경(道德經)의 이해 수준은 참으로 안타까울 따름입니다. 역사를 지나오는 긴 시간 동안 만들어진 사상적 공백과 오해가 만든, 비틀어진 철학적 해석이 빚어낸 참사라고 할 수 있습니다.

근대화 과정과 일제시대를 거치는 동안 학자의 맥이 끊어진 상태가 지속되었습니다. 우리는 일본 학자들이 만들어놓은 철학 서적을 번역하고 학습하는 과정을 통해 과거의 기억을 되살려 이해하는 과

유불도 동양 3대 철학에 대한 이해

정을 겪었습니다. 동양 사상(思想)에 대한 이해가 부족한 일본 학자들이 철학(哲學)을 하나의 학문 체계 분야로 만드는 과정에서 지어낸 엉뚱한 해석과 왜곡된 번역도 한몫을 한 것으로 추정합니다.

어리석은 해석을 답습하는 과정이 반복되고 있습니다. 기존 해석을 베끼기에 급급한 모습으로는 학문이 발전할 수 없습니다. 베끼는 것을 묵인하고, 남의 것을 베껴 자신의 생각을 약간 더한 후 마치 대단한 것인 양 치장하는 일이 반복되는 방식으로는 올바른 사상(思想)을 추구하기 어렵습니다.

이런 부류의 학자들이 만들어낸 교과서와 사상에 대한 해석을 검증하는 일은 의외로 간단합니다. 영어로 번역한 후 살펴보면, 얼마나 비논리적이고 어리석은 주장을 하고 있는지 쉽게 알 수 있습니다. 동양 철학이 서양에서 저평가되는 이유입니다. 서양 철학을 전공한 학자가 동양 철학자를 낮게 평가하는 이유이기도 합니다. 영어로 된 도덕경(道德經)이나 논어(論語)를 읽어본다면 필자가 주장하는 사항에 대해 쉽게 공감할 수 있을 것입니다.

무엇이 부족한지 모른다면 부족한 부분을 채우는 일이 어렵습니다. 오만과 편견이 가득한 생각의 틀부터 버려야 합니다. 공자(孔子)가 좋아했던 온고지신(溫故知新)이라는 방법이 있습니다. 옛것을 익히고 그것을 바탕으로 새로운 것을 이해한다는 뜻입니다. 우리가 가지고 있는 사상(思想)이 무엇인지 먼저 살펴야 그것을 바탕으로 앞으로 세상을 이끌어가는 방향을 알 수 있다는 의미입니다.

수천 년간 이어온 우리 생각의 틀을 버리고, 서양의 것을 모방하고 따라 하기 급급해서는 곤란합니다. 마치 우리에게 맞지 않는 남의 옷을 주워 입고 불편함을 느끼는 모습과 비슷합니다. 동양 3대 철학을 다시 바라봐야 하는 이유입니다. 우리가 가야 할 길과 방향을 잃지 않기 위해서 우리의 사상을 구조적으로, 그리고 논리적으로 살피고 그 깊은 뜻을 새길 필요가 있습니다. 이 글을 통해 길을 찾아가는 즐거움을 같이하길 바라겠습니다.

I

철학 용어에 대한
이해

1. 사상과 철학은 다른 것인가

철학(哲學)이란 인간과 인간을 둘러싼 세계에 대한 본질을 연구하는 학문입니다. 철학(Philosphia)은 고대 그리스 시대에서부터 전해오는 단어, 필로스(사랑)와 소피아(지혜)의 합성어입니다. 지혜에 대한 사랑, 지혜를 추구하는 과정에 대한 사랑, 열정 등으로 이해할 수 있습니다. 여기에서 지혜란 세상에 대한 이해, 인간을 포함한 만물과 환경, 사건, 현상에 대한 이해를 모두 포함하는 의미입니다.

철학은 역사를 흐르며 다양한 학문으로 분화되었습니다. 물질에 대한 속성 연구는 물리학에 자리를 내어주었고, 사회에 대한 속성 연구는 사회학에, 정치에 대한 연구는 정치학에, 자연에 대한 연구는 생물학, 지질학, 지리학, 의학 등 자연과학에, 언어에 대한 연구는 언어학 등에 그 자리와 역할을 내어주었습니다. 현대 사회에서 철학은 각각의 학문에 자리를 내어주고 그 의의와 역할이 점점 퇴색되어가고 있습니다.

이는 철학에 대한 의의를 철학이 만들어내는 결과와 결론에 두기 때문입니다. 철학이라는 학문에 대한 기대치가 커지는 반면 실용적인 결과가 뚜렷하지 않기 때문에 오는 실망감이 철학을 기피하는 원인과 이유라고 설명할 수 있습니다. 과학과 기술의 영역인 생물학, 수학, 경제학, 사회학, 정치학, 지질학, 광물학, 전자기공학,

고분자공학, 생명공학, 유전자공학, 컴퓨터공학 등에서 보여주는 명확한 법칙과 현상에 대한 해석과 철학 연구의 결과는 사뭇 대조됩니다. 그리고 각각의 학문 영역에서 만드는 새로운 지식과 기술을 바탕으로 한 물질적 이익은 철학이 제공하는 쓰임과 비교되지 않습니다. 우리가 점점 철학을 잊어버리는 이유이기도 합니다.

이는 철학이라는 학문에 대한 이해가 부족하기 때문입니다. 철학은 어원 그대로 풀이하면 '무엇인가를 알아가는 과정에 대한 이해'입니다. 즉, 결과를 도출하는 학문이 아니라 과정을 도출하고 과정에 대한 이해를 구하는 학문입니다.

철학의 분야를 살펴보면 물질, 즉 형상이 아닌 것에 대한 이해를 다루는 형이상학, 인간 사회의 윤리(倫理)를 다룬 윤리학, 사물과 현상에 대한 인식을 다루는 인식론, 아름다움에 대한 의미 해석을 다루는 미(美)학, 인간의 이성과 사회적 가치와 현상을 다루는 관념론, 합리론, 경험론, 언어에 대한 구조와 개념, 이해를 다루는 언어 철학, 인간 사고의 논리를 다루는 논리학 등 사회의 변화에 따라 점점 더 세분된 형태로 나누어지고 있습니다. 고대와 중세, 그리고 근대에 사람들의 주된 관심 영역이 바뀌었듯이 과학과 기술이 발달하고 물질과 환경에 대한 이해도가 높아진 현대의 철학 또한 연구 방향이 바뀌어가고 있습니다.

이에 반해 동양 철학(哲學)은 춘추전국시대에 세워진 사상(思想)의 틀이 지속 유지되어왔습니다. 서양과 달리 19세기 말까지 과학기술의 커다란 변화가 없었고, 철기 시대 이후 농업에 의존한 경제활동 체제를 유지하였기 때문에 굳이 새로운 철학이 필요하지 않았습니다.

서구의 문물과 과학 기술이 전파된 근대에 동양은 급격한 변화와 위기를 맞이하게 됩니다. 그나마 근대화에 빠르게 성공한 일본은 제국주의라는 왜곡된 철학에 빠져 국가와 사회의 정신적 틀을 병들게 만들었습니다. 힘에 의지한 타국 침략 정책은 더 큰 힘(원자폭탄)에 의해 파멸되고 무너졌습니다. 동양의 변화는 스스로의 힘이 아니라, 외부의 힘과 환경의 변화라는 거센 해류를 따라 표류하는 양상이었습니다.

근대 동서 문명 교류의 가교 역할을 했던 일본에서 서양의 철학(philosophy)이라는 학문을 받아들이고, 한자로 번역하는 과정에 일본의 니시 아마네가 철학(哲學)이라는 용어를 사용했습니다. 이것이 통용되면서 철학(哲學)이라는 용어가 보편화되었습니다.

동양 사상(思想)의 틀은 2,500년 전 만들어진 사회의 체계와 모습을 기초로 이루어져 있습니다. 역사가 흐르면서 사회적으로 큰 변화가 없었기 때문에 사상(思想)의 커다란 변화는 없었습니다. 르네상스 이후 많은 사회 변화와 혁명을 거친 서양 철학과 동양 철학을 그대로 비교하는 일은 무리가 있습니다. 사회와 문화 체계가 다르기 때문입니다.

그럼에도 불구하고 우리는 고등학교 윤리 교과서 매 단원마다 현대 서구의 철학과 동양 고대 철학을 비교하는 일을 서슴없이 행하고 있습니다. 마치 동양 철학과 서양 철학의 모든 영역에서 그 틀과 형식, 내용을 비교할 수 있어야 한다는 당위성이 있다는 논리와도 같습니다. 그런 논리로 윤리 교과서의 모든 영역에 걸쳐 동서양을 비교하는 일은 방법론적 관점에서 A와 B를 비교하여 저울질하는 2차원적인 단순한 논리가 전부입니다.

2개를 비교하고 저울질하는 방법론으로 우리 2세들의 사고를 굳히는 방향으로 이끄는 일입니다. 미래 세대에게 세상을 비교하고 저울질하는 것이 당연한 일이라는 사회적 기풍을 만드는 일입니다. 교과서를 만드는 사람들의 철학이 부족하기 때문입니다. 철학이 생각을 이루는 방법에 대한 학문이라는 것을 이해하지 못하는 사람들이 만들어낸 서글픈 일입니다.

필자는 철학(哲學)이라는 단어보다 사상(思想)이라는 용어가 더 적절하다고 주장합니다. 사상(思想)은 편협하고 급진적이며 고리타분한 의미가 포함된 용어로 오해하도록 언어의 의미가 변질되었습니다. 20세기 공산주의와 민주주의라는 이념적 갈등과 대립의 시기를 거치면서, 공산주의 사상(思想)이라는 용어와 연결하여 단어의 부정적 인식을 강조한 결과입니다. 그런 이유로 현시대의 사람들은 철학이라는 단어를 더 선호하여 사용하고 있습니다.

철학(哲學)에서 철(哲)이라는 한자는 '슬기롭다', '밝히다'라는 의미를 지닌 글자입니다. 즉, 학문과 배움을 밝히는 과정, 지혜를 추구하는 일이라는 의미를 부여할 수 있습니다. 반면 사상(思想)이라는 글자는 생각이라는 뜻의 글자가 두 가지 의미를 부여합니다. 두 개의 글자 모두 사전에서 찾아보면 생각이라는 의미로 사용되지만, 한자 어원을 살펴보면 의미하는 바가 다릅니다.

사(思)는 마음(心)이 이루는 밭(田)입니다. 즉, 생각을 이루되 밭에 농사를 짓는 것과 같이 봄에 씨를 뿌리고, 여름에 성장하며, 가을에 풍성히 여물고, 겨울에 거두어 활용하는 과정을 내포하는 의미입니다. 즉, 기(원인)-승(전개)-전(발전)-결(결론)의 과정을 포함하여 생각한다는 의미가 내포되어 있는 글자입니다. 상(想)은 마음(心)이

맺어주는 연관성과 관계(相)를 의미합니다. 즉, 관계에 대한 인식을 내포합니다.

사상(思想)이라는 단어 하나에도 그 생각의 틀에서 순환적 변화를 이해하려는 의미가 있습니다. 하나의 객체 또는 현상에 대한 분석보다도 객체 사이의 관계를 먼저 살피는 동양적 생각의 방식이 포함되어 있습니다. 서양 철학(哲學)과 동양 사상(思想)은 언어적 해석에서부터 그 생각의 틀이 사뭇 다른 구조와 양상을 지닙니다.

이 글에서는 편의상 철학(哲學)과 사상(思想)을 동일한 의미로 혼용해서 사용하였습니다. 현시대의 언어가 연결지어주는 통상적 의미가 '생각의 틀을 찾아가는 방법론'이라는 관점에서 크게 다르지 않다는 점을 인정하기 때문입니다.

유불도 동양 3대 철학에 대한 이해

2. 언어의 차이가 가져오는 사상(思想)의 차이

사상(思想)이라는 단어가 설명하듯이 생각을 이루는 과정과 방법은 사람마다 다릅니다. 언어를 이해하는 방식과 어감의 차이에 따라서 관점이 달라지고, 그런 과정이 반복되면서 자신 고유의 생각 틀을 만듭니다. 사물과 현상을 바라보는 틀은 나이가 들수록 고정적인 형태로 굳어집니다. 나이가 들면 고정적 성향으로 변하고 자신만의 관점, 철학이 명확해지는 이유입니다.

마음을 3가지 영역으로 분류하면, 먼저 인간 자율신경에 의해 조절되고 통제되는 숨쉬기, 체온조절, 생리변화가 있습니다. 그리고 굳어진 성향에 따르는 습관, 자세, 태도 등과 같은 기본적 움직임을 제어하는 영역이 있습니다. 또 감정에 따르는 감성 영역, 그리고 논리적 사고를 수행하는 이성 영역으로 나눌 수 있습니다.

이 3가지 영역은 언어라는 매개체를 통해 생각과 연결되고 상호작용을 합니다. 또한 언어라는 구조체를 활용하여 세상의 구조를 이해하고 뇌라는 기억 장소에 보고, 듣고, 경험한 지식을 담습니다. 다시 말해서, 우리는 언어를 통해 모든 사물과 현상을 인식하고 관계를 맺는 과정을 밟으며 세상을 살아갑니다. 이런 반복되는 과정을 통해 세상을 바라보는 생각의 틀도 자신만의 고유한 형태로 만들어집니다.

인간은 언어를 활용하여 세상을 이해하고 관계를 맺으며 살아가기 때문에, 문화와 기술이 발달하고 복잡해지면 복잡해질수록 언어는 더욱 세분화되고 발전을 이루게 됩니다. 그 과정에서 새로운 단어가 생성되고, 단어의 의미가 변하며, 사라지기도 합니다. 사회 문화적 변화에 따른 영향뿐만 아니라 지리적, 환경적 차이에서 오는 언어의 다양성은 나라마다 다른 언어를 사용하고 있는 현재 모습을 통해 쉽게 이해할 수 있습니다.

2,500년 전의 글인 논어(論語), 도덕경(道德經) 등을 이해하기 어려운 이유 중 하나는 그 언어적 의미가 현재와 사뭇 다르기 때문입니다. 역사와 문화가 다르고, 지리적 위치와 환경이 다른 서양에서 동양의 철학을 이해하기에는 언어적 차이에서 오는 거리감이 상당히 작용합니다. 문화의 차이가 크면 클수록 다른 나라의 언어로 번역하는 일이 쉽지 않습니다. 눈에 보이는 사물과 사건, 그리고 현상에 대한 설명을 번역하는 작업은 그나마 용이합니다. 그러나 생각의 영역 깊숙이 자리한 철학적 의미를 번역하는 일은 많은 노력이 필요합니다. 도덕경(道德經)이나 논어(論語)에 대해 영어로 번역된 글을 읽어본 사람이라면 거의 대부분이 전혀 다른 의미를 지닌 글로 가득 차 있다는 것을 쉽게 알 수 있습니다.

생각과 사고의 틀을 다루는 영역에 대해서는 자신의 모국어로 설명하는 일도 쉽지 않습니다. 조금만 다른 단어를 사용하여 설명해도 범위와 깊이가 다른 의미로 받아들여지기 때문입니다. 도덕경(道德經)이나 논어(論語)에 대한 이해가 어려운 이유는 언어 자체적으로 갖고 있는 인식의 구조적 틀이 우리의 언어와 다르다는 점이 크게 작용합니다.

유불도 동양 3대 철학에 대한 이해

주어, 동사, 목적어 등을 전달하는 순서와 방식이 다른 점은 인식의 틀 형성에 크게 영향을 미칩니다. 각각의 객체에 대한 중요도와 이해 방식을 다르게 가져간다는 것을 의미하기 때문입니다.

언어적 습관과 태도와 방식 차이에서 오는 차이를 관념과 연결짓는 일은 아주 정교하고 예민한 과정의 작업입니다. 그런 차이를 설명하기 위해서는 각각의 개념을 나누고, 그 나누어진 개념을 하나하나 적절한 단어와 연결 짓는 정교한 노력이 필요합니다. 대략적으로 이것저것을 가져다 대충 설명하고 이해를 구하는 일과는 커다란 차이가 있습니다. 철학을 학습하는 사람이라면 이를 세심히 구분하고 가려서 사용할 필요가 있습니다. 이는 논어(論語)나 도덕경(道德經)을 읽는 과정에 꼭 필요한 도구입니다.

한자 문화권에 속한 우리는 노자(老子) 도덕경(道德經)이나 공자(孔子) 논어(論語)를 이해하는 데 서양 사람보다 훨씬 유리할 수 있습니다. 비록 사용하는 말은 다르지만 글자에 대한 관념과 이해, 그리고 과거의 정치, 사회 체계에 있어서 문화적 유사성을 지니고 있었기 때문입니다.

자신이 갖고 있는 생각의 틀을 넘어 새로운 철학적 구조를 이해하기 위해서는 기존 관념 속에 닫혀 있던 지식과 생각의 문(門)을 여는 일이 필요합니다. 이는 자신 생각의 틀을 열고 더 넓은 영역으로 나아가는 일과 같습니다. 즉, 닫힌 공간을 벗어나 자신 스스로 마음의 자유를 찾는 일에 해당합니다. 불가(佛家)에서 반야심경(般若心經) 수행 과정을 통해 추구하는 바와 일맥상통합니다. 공자(孔子)가 논어(論語)의 첫 번째 구절로 선보인 배우고 익히는 즐거움(學而時習之, 不亦說乎)이라는 것과 연관하여 생각해볼 수도 있습니다. 모두 다 마음의 자유를 찾기 위한 노력과 과정이라는 점에서 공통된 의미를 지니고 있습니다. 열린 관점과 열린 시각에서 삶을 바라보고 해석하는 방법을 깨닫는 일입니다.

철학을 학습하는 과정에는 언어가 전달하는 1차원적인 의미 이해에 머물러서는 곤란합니다. 누가 무엇을 이야기하고 있는지 문장에서 등장하는 객체 간의 관계를 2차원적으로 이해하고, 배경과 환경을 포함하여 생각하는 3차원적인 시각의 확장이 필요합니다. 아울러 과거, 현재, 미래라는 시간적 요소의 변화를 고려하여 4차원적으로 해석하는 노력도 필요합니다. 우리가 살고 있는 세계는 객체와 공간과 시간이 어우러져 만들어내는 현상계이기 때문에 통합적 사고를 기반으로 한 이해가 필요합니다.

그런 이해를 바탕으로 하여 거기에 인간의 따뜻한 마음을 입히는 일이 필요합니다. 모든 사람과 만물이 올바른 방법(道)을 통해 덕(德)을 나누는 큰 마음의 틀, 사상(思想)을 세우는 일이 필요합니다. 그것이 우리가 철학을 하는 이유입니다.

3. 윤리(倫理)란 무엇인가

서양 학문 체계에서 분류하는 기준에 따르면 윤리(倫理)는 윤리철학(philosophy of ethics)으로 철학의 한 분야입니다. 그 어원을 살펴보면 윤리(Ethics)는 에토스(ethos), 즉 '사회의 기풍'이라는 단어에서 기원합니다. 에토스(ethos)는 사회의 사람들이 갖는 기본적이고 이상적인 윤리 성향을 의미합니다. 아리스토텔레스가 수사학(rhetoric)에서 에토스(ethos), 파토스(pathos), 로고스(logos)의 3가지 원칙을 설명했던 것은 아마도 인간의 이상적인 윤리적 기풍, 인간의 감정(pathos), 그리고 이성적이며 논리적인 사고(logos)를 인간의 마음이 이루는 기본 틀로 이해했기 때문이라고 생각합니다.

동양의 한자 문화권에서 윤리(倫理)는 사회를 바람직한 방향으로 이끄는 틀이라는 점에서 '사회의 이상적인 기풍'이라는 서양의 윤리(倫理)와 방향을 같이합니다. 한자를 더 해체해보면, 인간(亻)이 만드는 기록(冊)을 기반으로 인간 사회(厶)를 이루는 일이 윤(倫)이고, 그것을 헤아리(里)는 최선(王)의 방법이 리(理)에 해당합니다.

동양의 윤리(倫理)는 사회를 이루는 문화에 대한 기록을 근간으로 합니다. 기록되지 않는 것은 잊히고, 자의적으로 해석되며 변할 수 있습니다. 윤리(倫理)는 기록된 한두 구절의 멋진 문구가 아니라 많은 글을 모은 두꺼운 책과 같은 모습입니다. 즉, 한 사람의 짧은 느낌과 생각이 아니라 커다란 사회를 이루는 기반에 해당합니다. 사회를 유지하고 받쳐주는 근간입니다. 그중에서도 어떤 사회인지 강조하는 의미의 글자가 인간(亻)입니다. 인간(亻)이 올바로 서는 사회(厶)를 이룬다는 의미가 들어 있습니다.

이어지는 글자인 리(理)를 조금 더 살펴보면, 최선(王)의 방법이라는 것은 100%는 아닙니다. 완전한 것은 없다는 전제 아래 만들어진 책(冊)이며, 완벽한 이해가 아닌 최선의 헤아림(里)을 의미합니다. 인간이 사회를 이루면서 완벽한 체계와 완벽한 구조를 만들 수 없다는 것을 이해하고, 추구해야 하는 가장 최선의 방향성을 갖추는 일을 의미합니다.

동양적 사고의 틀에서 윤리(倫理)가 갖는 의미는 그럴싸한 원칙을 표방한 단어나 문구가 아닙니다. 사회의 질서와 체계를 올바르게 이끄는 방향성을 제시하는 최선의 방법을 담은 두터운 기록, 책(冊)에 해당합니다. 성경이나 불경이 그렇듯, 두꺼운 책 속에는 가끔 논리적이지 않은 글들이 있을 수 있습니다. 하지만 인간이 살아가야 하는 최선의 방법과 원칙을 일깨우는 글로 채워져 있습니다. 그래서 우리는 그런 글들을 윤리를 다루는 글이라고 분류합니다.

우리는 기업에서 만드는 문서를 윤리적 부류의 글이라고 하지 않습니다. 인간 사회 전체에 대한 방향성과 체계를 담기보다 해당 기업의 이익을 위한 문서이기 때문입니다. 무엇보다도 기업에서 만드는 문서는 인간이 추구해야 하는 원칙과 방향성보다 효율성을 우선시합니다. 효율성과 효과성을 중시하여 헤아리고(里) 최선의 이익을 구하는 관점에서 만들어지는 문서와 기록은 그 쓰임과 목적이 근본적으로 다릅니다.

국가 기관에서 만드는 문서 또한 효율과 효과의 관점에서만 만들어진다면 윤리적 측면이 부족한 문서라고 생각할 수 있습니다. 국가에서 실행하는 일의 방법과 과정이 효율과 효과성에 치중한다면 윤리적 관점에서 곤란할 수 있다는 점을 이해해야 합니다.

하지만, 모든 문서를 윤리와 비윤리적 관점에서 나누어 바라보는 일은 곤란할 수 있습니다. 세분된 분야에서 최선의 방법을 제시하고 설명하는 일은 나름 가치가 있습니다. 현대 사회와 같이 복잡한 체계 속에서 사람들이 편하게 이해하고 활용할 수 있는 지침, 설명문, 공지나 안내문 등은 그 역할 자체로 사회에 도움이 된다는 점에서 윤리적이라고 할 수 있습니다.

우리가 경계해야 할 사항은 무작정 윤리와 이치에 맞는지 따지는 일입니다. 옳은 것이 무엇인지만 주장하며 칼로 무를 자르듯 선 긋고 편을 나누는 일은 결코 바람직하지 않습니다. 이는 대화와 소통을 단절시키고, 갈등을 키우는 어리석은 상황으로 우리를 이끌어가기 때문입니다. 최선(王)의 헤아림(里)을 추구하는 방향과 반대로 행하는 일입니다.

국가 기관의 고위 공직자와 사회의 리더들이 당파를 만들어 편을 가르는 일을 추구할수록 국가의 윤리(倫理) 수준은 하락하게 됩니다. 그 하락의 끝이 만들어내는 위기의 모습은 역사를 통해서 수도 없이 볼 수 있었습니다. 그럼에도 불구하고, 역사 의식이 부족한 사람들은 마냥 힘에 의지하여 갈등을 유발하여 싸우기 바쁘고, 자신의 사욕을 채우는 일에 바쁜 모습입니다. 우리가 기록하려는 현시대의 역사라는 책은 과연 어떤 방향이어야 할까요? 윤리(倫理)라는 글자의 의미를 되새겨보면 이해를 구하는 일이 쉽고 명확합니다.

4. 철학적 접근 방법이란

철학의 시작은 '왜?'라는 질문에서 출발합니다. 기존 지식과 이해를 기반으로 고정된 인식의 틀을 넘어서는 물음을 통해 새로운 관점의 이해와 해석을 추구하는 일입니다. 수많은 철학자들이 기존 사고와 관념에 대한 회의를 시작으로 세상을 바라보는 관점을 다르게 이끌었습니다. 그 주제는 대체로 세상의 구조와 물질과 현상, 사회의 정치 구조에 대해 이해를 구하는 일이었습니다.

고대 그리스 철학자들은 세상을 이루는 가장 근원적인 요소와 물질에 대한 이해를 얻기 위해 노력했습니다. 물질을 나누고 나누어 더 이상 쪼개지지 않는 상태의 존재를 원자(Atom)라고 이름 붙였습니다. 탈레스는 물이 만물의 변화를 이끄는 세상의 중심이라는 관점으로 현상계를 이해하고자 했습니다.

근대 철학자 칸트는 3가지 질문을 통해 자신과 사회가 이루고 있는 구조의 틀에 대해 이해하려고 노력했습니다. '나는 무엇을 알 수 있는가?'라는 질문을 통해 인식의 과정과 방법을 찾았습니다. 우리가 칸트의 '순수이성비판'이라고 이해하고 있는 것도 이성이라는 도구를 활용한 철학적 방법론을 설명한 것입니다. 그리고 '나는 무엇을 해야 하는가?'라는 질문의 도구를 활용해서 우리가 실천해야 하는 도덕과 윤리적 기반을 쌓고자 했습니다. 또한 '나는 무엇을 바랄 수 있는가?'라는 질문을 통해 형이상학적인 영역과 미적 요소에 대한 해석, 그리고 인간의 윤리적 판단을 행하는 방법론을 제시했습니다.

니체는 신에 대한 믿음이라는 요소를 배제한 상태에서 인간의 의미를 바라보는 방법론을 선택했으며, 마르크스는 사회적 공동 분배라는 관점에서 인간 사회의 구조를 이해하는 접근 방법론을 사용했습니다. 화이트헤드는 물질과 인간과의 관계에서 오는 상호작용이 마치 뉴턴의 만유인력과 같이 밀접하다는 관점으로 세상을 바라보았습니다. 버트런트 러셀은 물질과 자연 현상에 대한 관심 대신, 인간을 바라보고 인간 행복의 의미를 찾기 위해 노력했습니다.

위키피디아나 구글 검색을 활용해서 서양 철학의 기본적인 틀에 대해 정리해보면 위와 같습니다. 결국 철학적 방법이라는 것은 사물과 자연, 사회 현상을 이해하는 도구와 방법이라고 요약할 수 있습니다.

과학적 방법론이 사물과 현상에 대한 가설을 세우고, 관찰을 통해 사실을 나열하여, 실험과 반복적 경험으로 그것을 설명하고 최종 정리를 이루는 것이라면, 철학에서 사용하는 방법론은 그것보다 훨씬 더 열려 있습니다. 사물과 현상의 이해를 넘어서는 영역을 포괄하기 때문입니다. 가설이나 관찰, 사실, 실험, 경험이라는 도구에만 의존하지 않습니다. 인간이 가지고 있는 오감을 통해 얻어지는 정보의 가공 이외에도, 인식의 과정에서 오는 다양한 이해의 변화, 객체 간의 관계, 관념의 세계에 구축할 수 있는 온갖 구조물을 포함하여 다루기 때문에 이곳저곳에서 모두 적용이 가능하도록 정형화된 방법론이 없습니다. 열린 학문이기 때문에 그렇습니다.

수학의 영역을 살펴보면, 대수학에서는 좌변과 우변의 방정식이 같아지는 비교를 기초로 변수를 활용한 방법론이 활용됩니다. 기하학에서는 도형과 위상의 성질을 활용한 방법론이 사용되고, 통계학에서는 수의 통계적 관점에서 분석 기법이 활용됩니다. 사물과 현상에 대해 아주 작은 영역에 대한 계산 방법론으로는 미분(微分)이라는 방법이, 큰 영역에 대한 계산으로는 적분(積分)이라는 방법이 활용됩니다. 이는 수를 다루는 과정에서 각각의 영역을 세분하여 그 영역에 적합한 방법을 찾아 해석과 이해를 유리하게 이끌어낸 결과에 해당합니다.

철학 분야에서도 형상과 물질의 존재를 다루는 영역, 형상을 벗어난 관념 세상을 다루는 형이상학, 인식의 관점에 대한 이해를 구하는 인식론(epistemology), 언어와 기호에 대한 이해를 다루는 언어 철학, 논리적 관점의 분석을 다루는 논리분석학(analytic philosophy), 개체의 부분과 전체와의 관계를 설명하는 메레올로지(mereology), 과학의 의미를 찾는 과학 철학(philosophy of science), 인공지능의 방법을 연구하는 AI 철학(AI philosophy) 등으로 문명의 발달에 따라 점점 더 그 분야가 세분되고 있습니다.

철학자들은 각각의 세분화된 분야에서 추구하는 물질과 현상에 대한 이해를 벗어나 인간 사회의 모습과 양상, 그리고 인간의 근원적 속성을 기반한 사회적 영향도 살펴보곤 했습니다. 특히 동양 철학은 2,500년 전부터 물질과 자연 현상에 대한 이해보다 사회의 구조와 사회를 이루는 인간에 더 관심을 두고 있었습니다. 하나의 객체에 대한 이해와 해석에서 출발하기보다, 국가와 사회 전체를 전제로 시작합니다. 물질적 요소보다 인간의 마음과 정신적 요소에 더 가치를 두고, 그것을 이어가는 인간의 삶과 문화, 역사를 주요 관점으로 바라보는 방법을 제시하는 세계관입니다.

물론 과학과 기술의 수준이 낮았던 고대에는 인간의 능력으로 이해하기 어려운 현상에 대해서 어설프고 비합리적인 해석이 존재했습니다. 그런 요소들에 대해서는 시대적 상황을 고려하여 받아들이면 그만입니다. 굳이 고대와 현대의 기술을 비교 평가할 이유는 없습니다. 우리에게 도움이 되는 일은 그런 사항에 대한 이해를 통해 그 시대 사람들이 세상을 바라보는 관점을 이해하는 단초로 삼는 일입니다.

지혜에 대한 사랑이라는 의미의 철학(philosophy) 대신 사상(思想)이라는 단어의 의미에서 알 수 있듯이 동양 사상(思想)은 마음(心)이 일구어내는 생각의 밭(田)을 뜻합니다. 농사를 짓고 살아가는 삶과 밀접한 관계를 맺고 있으며, 밭이라는 공간에서 봄, 여름, 가을, 겨울의 변화 모습처럼 시간적인 흐름 변화를 내포한 생각의 틀입니다. 시간과 공간이라는 차원을 지닌 세계에서 해를 거듭하여 순환 반복되는 양상을 지닙니다.

무엇보다도 중요한 관점은 사상(思想)이라는 것이 인간의 삶, 농경을 이루어 살아가는 사회와 직접적으로 연관되어 있다는 의미입니다. 밭에 씨를 뿌리고, 키우며, 결실을 맺어, 거두는 동안 이루어지는 일체의 과정과 관계가 포함되어 있습니다. 이런 시간과 공간의 틀에서 살아가며 식량을 얻고, 인간이 사회를 이루어 살아가기 때문입니다.

그래서 고대부터 국가를 다른 용어로 종묘사직(宗廟社稷)이라 불렀습니다. 뿌리의 근원을 이루는, 선조들의 영혼이 담긴 묘를 종묘

(宗廟)라고 하며, 식량을 생산하는 일, 즉 농업을 지칭하여 사직(社稷)이라고 했습니다. 종묘사직(宗廟社稷)은 삶의 근원적 시작점을 의미합니다. 임금을 중심점으로 하나의 국가를 이루고 생업을 이어가면서 세계가 운행된다는 관점입니다.

철학적 접근 방법과 관련하여 국가나 사회가 어디에서부터 출발하고, 어느 위상에서 현상과 세계를 바라보고 있는지 이해하는 것은 중요합니다. 시작을 모르면 진행 방향을 알기 어렵습니다. 그래서 많은 철학적 논제는 시작점을 명확히 하기 위한 질문으로부터 출발합니다. 인간이라는 종의 기원은 무엇인가? 삶의 출발지는 어디인가? 삶의 근원은 무엇인가? 물질의 근원은 무엇인가? 에너지의 근원은 무엇인가? 자유의 근원은 무엇인가? 이런 종류의 질문들입니다. 시작을 이해하고 목적지를 명확히 하는 일을 통해서 방향을 알 수 있고, 어떤 과정과 방법을 이루어 앞으로 나아가는지 알 수 있습니다.

노자(老子)와 공자(孔子)가 도덕경(道德經)과 논어(論語)를 통해 설명한 사상(思想)에 대한 이해를 구하는 과정에서 시작점과 목적으로 여기는 방향을 명확히 이해하지 못하고 글을 읽는다는 것은 큰 바다에서 나침반을 잃어버리고 항해하는 것과 유사합니다. 방향을 잃고 망망대해를 헤매는 모습이라고 할 수 있습니다. 눈에 보이는 파도의 출렁이는 겉모습에만 의존하여 인식하는 것을 전부라고 여기고 어디로 향하는지도 모른 채 표류하다 끝맺는 일과 같습니다.

시작으로 여기는 일이 무엇이고, 목적하는 바가 무엇이며, 그 과정에서 어떤 구조와 방법을 사용하고 있는지 이해하고 글을 읽어나갈 필요가 있습니다. 그런 방법을 통해 노자(老子)와 공자(孔子)

가 제시하는 생각의 틀, 사상(思想)에 대해 조금 더 가까이 접근할 수 있습니다. 그리고, 그 생각의 틀을 활용하여 나의 삶에 대해 헤아리는 일이 가능하게 됩니다. 철학이 우리에게 주는 소중한 선물이자 가치입니다.

그 올바른 방법을 이해하지 못하기 때문에, 때로는 종교에서 활용하는 믿음에 의지하여 공자(孔子)나 노자(老子)를 신(神)격화 시키고 맹목적인 믿음을 강요하곤 합니다. 믿음의 힘은 강하고 긍정적인 면도 있습니다. 이성적으로 헤아리고 판단할 수 없는 일에 대해서도 강력한 방향성을 제시한다는 점입니다. 인간의 힘으로 어쩔 수 없는 상황에 대한 불안과 두려움을 잊게 만들고, 이겨낼 힘을 제공합니다.

그렇기 때문에 믿음이라는 도구는 종교와 어우러져 인간을 윤리적으로 올바른 방향으로 이끌기도 하고, 때로는 어리석은 미신을 추종하는 아집과 광기의 상태로 이끌어 역사적 비극을 만들기도 했습니다. 종교적 믿음이 아닌 허황된 자신의 믿음에 의존해 국가를 독재와 타락으로 이끈 경우는 역사적으로 쉽게 찾아볼 수 있습니다. 윤리의 의미를 잃고, 자신의 철학을 올바로 갖추지 못하였기 때문에 발생하는 인간성(人間性) 왜곡에서 비롯됩니다.

동양 3대 사상(思想)인 유(儒), 불(佛), 도(道) 모두 최종적인 지향점은 유사합니다. 사회를 이루는 사람 모두 덕(德)을 널리 누리는 세계관이라는 점입니다. 사상(思想)이 지향하는 바가 덕(德)을 역행하는지와 순행하는지에 대해 살펴보면 쉽게 이해할 수 있습니다.

근대 이후 과학과 기술이 급격히 발전하여 점점 더 많은 문명의 이기들을 만들어 세상을 복잡하게 만들고 있지만, 철학은 궁극적으로 인간이 어우러져 사는 사회를 행복하고 아름답게 만드는 방법을 찾는 일이라는 관점에서 2,500년 전 만들어진 동양 3대 철학이 추구하는 바와 그 방향성을 같이합니다.

현대 사회에서는 인간성이 물질문명의 덫에 갇혔고 물리적 힘과 자본이라는 힘이 지배적 역할을 하고 있습니다. 과학과 기술 발전에 의지한 문화는 오히려 사람들의 삶을 각박한 경쟁의 시대로 이끌고 있습니다. 스트레스와 인간성 상실의 시대로 만들어가고 있습니다. 그런 시대에 인간 사회 전체의 행복을 추구하고, 덕(德)을 나누는 것을 방향성으로 삼는 사상(思想)을 바로 세우는 일은 무엇보다 가치 있는 활동이라고 할 수 있습니다. 우리가 살아가는 삶과 세계에 대해 그 시작과 목적에 대한 인식을 올바로 하는 일이기 때문입니다.

요약하자면, 철학적 접근 방법이라는 도구는 생각의 틀을 이해하는 방법입니다. 노자(老子)는 올바른 길(道)과 그 길을 통해 세상 사람들이 덕(德)을 나누는 틀을 기초로 사상(思想)을 구축하였습니다. 공자(孔子)는 논어(論語)라는 서술을 통해 사람들이 살아가는 큰 사회(ㅅ)의 올바른 모습을 대화(言) 방식의 언어(語)로 설명했습니다. 불가(佛家)에서 반야심경(般若心經)은 자신의 욕심과 이기심을 버리고 마음을 정화하고 비우는 명상을 통해 세계를 올바로 바라보고 이해하는 방법을 설명하고 있습니다. 이 동양 3대 사상(思想)을 통해 기존에 닫혀 있던 사고의 틀을 깨고, 더 넓은 세상으로 나오는 자유를 얻을 수 있다면 충분히 가치 있는 일이라 할 수 있습니다.

유불도 동양 3대 철학에 대한 이해

우주는 보이는 것과 보이지 않는 것의 공존이다.
강렬함이 누그러져 조화를 이루고
흩어진 분열이 해소될 때
비로소 생명이 살아난다.

공간은 시간을 낳고, 시간은 공간을 구속한다.
시간과 공간이 낳은 자유는
다시 시간과 공간을 제한하고 구속한다.
자유와 구속은 같은 것의 다른 면에 해당한다.
시공을 초월한 무한한 자유는
영원한 구속의 상황과 같다.

II

동양 철학의 근원,
노자(老子) 도덕경(道德經)

1. 도덕경의 올바른 이해

노자(老子)의 철학은 동양 철학의 근원이라고 할 수 있습니다. 그 이유는 다음과 같습니다.

첫째, 추정하는 노자(老子)의 시대적 순서가 가장 오래되었습니다. 노자(老子)의 활동 시기는 BC 600~500년대로 추정됩니다. 공자(孔子)는 BC 551~479년, 불가(佛家)의 철학은 약 500년이 지난 한나라(BC 206~AC 220년) 시대에 조금씩 전파되었고, 당나라(AC 618~907년) 초기 삼장(三藏)법사가 서역에서 많은 불경을 들여와 한자로 번역하면서 본격적으로 전파되었습니다.

둘째, 노자(老子) 도덕경(道德經)은 5천 2백 자 정도의 짧은 글이지만 우리의 생각과 언어에 깃들어 있는 영향은 가장 크다고 할 수 있습니다. 그 생각의 틀이 우리의 일상생활 속 언어에서 그 무엇보다 자주 활용되며 인용되고 있습니다.

셋째, 공자의 논어(論語)를 읽어보면 노자(老子)의 철학과 도덕경(道德經)의 구조를 깊이 이해하고 서술하였음을 알 수 있습니다.

무엇보다도 노자(老子)의 철학, 도덕경(道德經)은 어떤 하나의 분야나 관점을 주장하기 위한 생각의 틀이 아닙니다. 가장 포괄적인 시각으로 우리가 살고 있는 세상을 설명하는 사상(思想)입니다.

노자(老子) 철학의 구조에 대해 살펴보기 전에 그 원문 및 해설에 대해 이해하고자 한다면 필자의 저서를 읽어보길 권합니다. 노자(老子)의 철학을 이해하기 위해서는 그들이 살았던 시대적 배경을 먼저 이해할 필요가 있습니다. 춘추전국시대의 기술적 변화와 그 영향에 따른 삶과 농업의 변화, 사회의 변화, 그리고 그에 수반되는 정치적 상황의 변화에 이르기까지 그 흐름을 이해하지 못하는 상황에서는 그들이 세상을 바라보는 시각을 글로 정리한 절실함과 국가적 사상(思想)이 등장한 시대적 필요성을 이해하기 어렵습니다.

노자(老子) 도덕경(道德經)을 한두 차례 읽고 그 의미를 이해하기를 바라는 일은 경계해야 할 자세입니다. 그 철학의 심층 구조와 수없이 내재해 있는 숨은 의미를 찾고 이해하는 과정에는 노력이 필요하기 때문입니다.

무엇보다도 한자 원문에 대한 의미 이해를 명확히 할 것을 권합니다. 번역된 설명은 번역자의 관점에서 바라본 시각에 불과할 수 있기 때문입니다. 필자의 저서라도 예외는 아닙니다. 아무리 열심히 설명한다고 해도 모든 관점을 설명하는 일은 불가능합니다. 번역자의 삶과 읽는 사람의 삶의 경험이 같지 않다는 점도 유의해야 합니다. 다른 사람의 시각을 통해 이해하고 해설의 도움을 구하는 방법으로 쉽고 빠른 접근은 이룰 수 있지만, 항상 그것이 전부가 아님을 잊지 않아야 합니다.

이 글을 더 읽기 전에 가장 먼저 당부하고 싶은 사항은 가장 기본적인 철학적 접근 방법을 잊지 않는 일입니다. 현재 가지고 있는 지식의 양과 깊이와 관계없이 모르는 것이 있으면 스스로 질문하고, 그 질문에 대해 탐구하는 자세입니다.

'왜?'라는 질문이 떠오르면 메모하고 기록하는 습관이 좋습니다. 그리고 그것을 살펴보고 답을 구하려는 노력을 아끼지 말아야 합니다. '왜?'라는 질문은 많으면 많을수록 좋습니다. '왜?'라는 질문의 횟수와, 자신이 갖고 있는 기존 생각의 틀을 열고 인식의 폭을 넓힐 수 있는 기회의 빈도가 비례한다고 생각하면 틀림없습니다.

글을 읽다 보면 한자에 대해서 모를 수도 있고, 의미에 대해 이해가 부족하거나 상식이나 논리적으로 의구심이 드는 상황이 벌어질 수 있습니다. 이때에도 마찬가지로 메모해두기를 권합니다. 그리고 사전, 네이버, 위키피디아에서 찾아보는 일을 게을리하지 않을 때에 자신에게 의미가 있는 시간이 될 수 있습니다. 그 시간이 차곡차곡 쌓임으로써 큰 사상(思想)의 이해 과정으로 발전될 수 있습니다.

유불도 동양 3대 철학에 대한 이해

2. 노자(老子) 철학의 기본 구조

노자(老子) 도덕경(道德經)은 성인(聖人)을 위한 글입니다. 고대에 성인(聖人)은 임금(君)을 의미합니다. 임금(君)은 천자(天子), 제후(諸侯), 왕(王)의 계층에 해당하는 통치자입니다.

역사를 흘러오면서 통치자를 지칭하는 단어는 시대마다 다른 뜻과 의미로 사용되었습니다. 이해의 편의를 위해 춘추전국시대 기준으로 의미를 설명하면 다음과 같습니다.

천자(天子)는 세상의 중심, 중원(中原)을 이루는 세계의 통치자로 세상에 오직 한 명입니다. 하늘(天)을 대신해서 하늘 아래의 세계를 지배하는 사람을 의미합니다. 제후(諸侯)는 그 천자의 직계 자손 또는 형제, 의형제, 전략적 동맹, 결혼에 의한 사돈 등으로 맺어진 관계에 해당합니다. 천자를 대신하여 일정한 지역 영토에 대한 지배권을 인정받고 그 지역, 즉 해당 국가를 다스리는 사람입니다. 왕이 다스리는 왕국(王國)은 제후국(國)이 더 분할되어 생성되거나, 지역에서 스스로 세력을 키워 국가 규모로 성장한 경우에 해당합니다. 왕(王)은 천자의 공식적 인정, 즉 책봉을 받은 경우와, 지방자치적으로 성장하여 중원을 기준으로 한 체계와 대립하며 스스로 왕이라 칭하고 국가 체계를 구축한 경우로 나누어집니다.

노자(老子)의 철학인 도덕경(道德經)은 위에서 언급한 천자(天子),

제후(諸侯), 왕(王)을 위한 교과서에 해당합니다. 세상을 바라보는 관점과 삶을 살아가는 방법, 정치와 처세의 교훈을 임금(君)에게 전달하기 위한 책입니다. 글을 읽는 사람이 세상을 다스리는 임금 (君)이기 때문에 임금(君)의 관점에서 세상(天下)을 바라보는 시각을 담고 있습니다.

노자 사상(思想)에서 가장 먼저 다루는 질문은 '세상은 어떻게 이루어져 있는가?'입니다. 성인(聖人)인 임금(君)의 입장에서 세상을 다스리기 위해서는 세상의 구조에 대한 이해가 첫 번째로 필요한 사항입니다. 이와 관련하여 세상의 기본 틀을 설명하고 있는 부분이 도덕경(道德經)의 1~7장입니다.

노자(老子) 사상(思想)에서는 서양의 철학에서 주로 다루는 질문, '나는 누구인가?', '나는 왜 태어났는가?', '나는 죽으면 어디로 갈 것인가?' 등과 같이 삶의 이전과 이후에 대한 설명, 근원을 찾는 논제는 없습니다. 읽는 사람인 성인(聖人)은 이미 확정된 답을 갖고 태어났기 때문입니다. 하늘에서 내려보낸 천제(天帝)의 아들 천자(天子)이고, 하늘(天)의 명령으로 임금(君)이 될 운명을 지니고 태어났으며, 죽으면 당연히 다시 하늘로 올라갈 성인(聖人)이기 때문입니다.

다만, 인간으로 태어났기 때문에 하늘의 뜻에 따라 세상에 대한 인식을 바로 세우는 일이 필요할 뿐입니다. 또한 인간으로 태어났기 때문에 인간이 갖는 나약함, 불합리, 불완전성을 지닙니다. 이런 불완전성을 보완하고 올바로 이끄는 길을 제시하는 글이 도덕경(道德經)입니다. 그 최선의 방향성은 도덕경 8장, 상선약수(上善若水)로 시작되는 구절에서 제시되고 있습니다. 물의 속성 7가지를 본받으라는 가르침입니다.

성인(聖人)은 자신의 과거, 현재, 미래에 대한 존재 의미가 명확하며, 하늘(天)이 성인(聖人)에게 부여한 명확한 사명을 갖고 있습니다. 도덕경 1~7장을 통해서 성인(聖人)이 세상을 이루는 모습과 형태에 대한 기본적인 틀에 대한 인식을 갖춘 후, 그다음에 구해야 할 것은 삶과 통치의 각 상황에서 어떤 방식으로 그 상황과 삶을 대할 것인가에 대한 구체화입니다. 8장 이후부터 81장까지 그것에 대해 각각의 상황을 제시하고 이에 대한 답을 설명하고 있습니다.

각 장의 내용은 1~7장에서 설명한 세상의 구조 7계층과 물의 속성 7가지를 기반으로 순차적으로 글이 전개되고 있습니다. 놀라운 것은 각 장에서 다루는 주제와 교훈은 해당 나이에 꼭 필요한 사항으로 구성되어 있다는 점입니다. 16장이라면 16세, 50장이라면 50세, 81장이라면 인생을 마치는 81세의 성인(聖人)에게 가장 필요한 교훈을 전달하는 모습입니다.

도덕경(道德經)은 인생을 전반과 후반으로 나누어 1~37장(세)까지는 세상을 살아가는 올바른 길인 도(道)에 중점을 두고 설명하였으며, 후반부인 38~81장(세)에서는 세상을 널리 이롭게 하는 방법인 덕(德)에 중점을 두고 교훈을 전달합니다.

숫자적 의미를 더해보면, 장년에서 중년에 이르는 구간 38장(세)~45장(세)까지의 7개 장을 분리하면 37-7-37개의 장으로 인생의 황금기인 장·중년 시기를 기준으로 전반, 후반이 동등하게 나뉘는 구조를 지닙니다. 특이한 점은 37이라는 숫자입니다. 이는 인간의 체온과 거의 일치합니다. 평균 체온 36.5의 반올림 후, 37도에서 정점을 찍고 그 이후에 뜨거운 젊은 혈기가 서서히 하락하면서 생(生)의 종착지(死)를 향한다고 의미를 부여해볼 수 있습니다.

⊕ 7계층 순환 구조

　도덕경(道德經)의 구조적 특이점은 7계층의 순환 반복적 형식을 지닌다는 점입니다. 왜 7계층으로 나누었을까? 이에 대한 명확한 해답을 아직 구하지는 못했지만, 인간이 세상을 바라보는 시각이 7개의 계층으로 나뉘어 있는 것과 같은 이유로 추정합니다. 즉, 인간의 인식 구조 측면에서 세상을 바라볼 때에 7계층으로 나누어 인식하는 것이 구별하고 구분하기 쉽기 때문입니다. 세상을 바라볼 때 우리는 빛에 의존합니다. 조금 더 정확히 표현하면 사물을 인식하는 과정에서 빛에 반사된 파장을 통해 사물을 인식합니다. 그 빛을 프리즘으로 파장(스펙트럼)의 층을 나누어 분리하면 빨, 주, 노, 초, 파, 남, 보의 7가지 색(色)으로 구분됩니다. 우리가 현상계, 색(色)을 인식하는 방법입니다.

　만약 개나 고양이, 원숭이가 철학적 시각을 갖추어 그 동물들의 시각으로 세상을 나눈다면 7계층이 아니라 흑, 백의 2계층 또는 흑, 백, 입체적 사물 형태의 3계층으로 나누어 인식할 수도 있을 것입니다.

　눈이라는 도구가 의존하는 빛 이외에도, 소리를 듣는 과정에서 도 도, 레, 미, 파, 솔, 라, 시의 형태로 7개의 층위로 구분하여 파장의 진동수를 구분하여 인식하고 이해합니다. 물리적으로 소리의 진동수는 1옥타브 높아지는 도에서 다음 도까지 파장의 진동수가 2배를 이루고, 각 음계 사이의 진동수 변화도 일정 비율로 비례하여 늘어나는 형태를 이루고 있습니다. 귀가 듣는 방식도 7개 층위로 나누어 구분하여 듣는 일이 편안하기 때문에 음악에서는 한 옥

타브를 7음으로 나누어 음계를 사용하고 있습니다.

보고 듣는 것 이외에 우리 삶을 이루는 틀에서도 7이라는 숫자는 삶의 주기와 밀접한 관련이 있습니다. 일주일은 월, 화, 수, 목, 금, 토, 일의 7일을 주기로 순환 반복됩니다. 우리는 그런 순환 주기의 리듬에 따라 살고 있습니다. 태양계의 중심이자 우리 삶의 빛과 에너지의 근원에 해당하는 태양의 구조 또한 7계층으로 구분하여 이해하고 있습니다. 인간이 만든 현대의 통신 기술의 기반 구조를 살펴보더라도 국제표준기구에서 7개의 층(OSI 7 Layer)으로 나누어 설계한 것을 찾아볼 수 있습니다. 누가 특별히 정한 것도 아닌데, 우리가 사용하는 인식의 체계는 7개 층위를 이루고 있습니다.

✤ 도덕경 7개 층위

도덕경(道德經)은 우리가 사는 세계의 구조를 1~7장에 걸쳐서 7개의 층위로 나누어 설명하고 있습니다. 그 첫 번째가 1장에서 서술하고 있는, 하나의 존재에 대한 설명입니다. 그리고 2장에서는 2개의 객체에서 생성되는 비교라는 방식, 즉 비교에 대한 구조적, 분석적 의미에 대한 설명이 이어집니다. 2개의 존재가 어울려 만드는 상황에 대한 사회적, 철학적 의미를 설명하고 있습니다. 3장에서는 3개의 존재가 있을 때 만들어지는 위상을 기본 전제로 합니다. 인간 사회의 계층(위상) 구조와 연계하여 경쟁과 욕심의 문제를 교훈으로 다루고 있습니다.

4장에서는 3개 존재를 확장하여, 공간이라는 영역에 3차원의 구조가 형성되는 모습입니다. 이에 따라 객체 간 영향도가 발생하는 상황을 설명하고 있습니다. 하나의 덩어리로 붙어 있는 상태와 달리 공간이 형성되면서 자연히 따라오는 것은 객체 사이에 생성되는 '거리'입니다. 공간의 객체 간 거리에 따라서 힘과 에너지의 변화와 시간이라는 개념이 발생합니다. 객체 간 붙어있는 구조체가 공간을 만들며 분리되는 양상을 이루고, 이는 곧 서로 간의 '영향도'와 '자유도'라는 개념을 만듭니다. 이런 가운데, 우리가 살고 있는 세계(界)에서 가장 영향력이 큰 태양에서 뿜어져 나오는 빛과 에너지의 강렬함과 조화를 설명하고 있습니다. 그리고 티끌과 먼지와 같이 분열된 작은 것도 뭉치고 뭉쳐 우리가 딛고 살아가는 땅(地), 지구를 이루는 모습을 설명하고 있습니다.

5장에서는 4장에서 언급한 공간에 생명을 지닌 인간이 등장합니다. 사회 계층을 이루는 층위 구조에서 만들어지는 삶의 모습이 배경입니다. 계층 구조의 사회 속에서 인간 스스로의 '자율의지'에 따르는 삶이라는 5번째 요소에 대한 설명입니다.

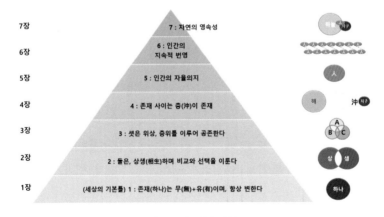

노자 사상의 7개 층위 구조

6장에서는 인간 사회가 연속성을 이룰 수 있는 근원이자 모태가 되는 여성에 대해 기술하고 있습니다. 그리고 7장에서는 하늘과 땅의 시간적 장구함, 영구한 지속성에 대해서 설명하고 있습니다.

3. 세상의 기본 틀에 대한 이해

　노자(老子) 도덕경(道德經) 1장은 사람들이 가장 많이 오해하는 구절입니다. 책의 서두에 가장 핵심적인 내용을 담고 있으며, 가장 기초를 이루는 틀을 설명하고 있습니다. 하지만, 짧은 구절에 담긴 의미를 이해하는 일은 결코 쉽지 않습니다. 무엇을 설명하고자 한 것인지 글의 의도와 방향을 모른 채 접근한다면 엉뚱한 방향으로 해석을 이끌기 쉽습니다.

　어려운 구절이라도, 글 쓴 사람의 의도와 목적을 생각해가면서 풀어보면 그 뜻에 접근하는 일이 가능합니다. 향후 성인(聖人)이 될 사람, 태자를 앞에 두고 노자(老子)가 세상의 가장 기본이 되는 틀을 설명하고 있다고 생각해보겠습니다. 학습을 처음 시작하는 상황이라는 조건을 전제로 합니다. 시작부터 장황하고 어려운 논리와 복잡한 법칙에 대한 설명은 곤란합니다. 가장 쉽고 직관적인 언어로 세상의 기본이 되는 틀의 첫 번째 명제에 대해서 설명하는 일이 필요합니다. 그런 전제에서 아래 원문과 해석을 살펴보겠습니다.

道可道也, 非恒道也. 名可名也, 非恒名也.
도가도야　비항도야　명가명야　비항명야

無, 名萬物之始也. 有, 名萬物之母也.
무　명만물지시야　유　명만물지모야

故恒無, 欲以觀其妙. 恒有, 欲以觀其所徼.
고항무　욕이관기묘　항유　욕이관기소요

兩者同出, 異名同謂. 玄之又玄, 衆妙之門.
양자동출　이명동위　현지우현　중묘지문

도(道), 가히 도(道)라는 것은 항상 같은 도(道)가 아니다.

(사물이나 현상에 대한) 명칭, 가히 명칭이라는 것은 항상 같은 명칭이 아니다.

'무(無)'라는 것은 만물의 시작이라고 이름 지을 수 있다.

'유(有)'라는 것은 만물의 모체를 따라서 이름 지을 수 있다.

항상 '무'에 대해서는 그 미묘한 변화를 살펴보게 되고,

항상 '유'에 대해서는 그 형체가 이루는 모습을 살펴보게 된다.

'무'와 '유'는 동시에 생겨나며, 명칭은 다르나 같은 것을 가리킨다.

심오하고 또 심오하구나! (무와 유 사이의) 여러 오묘한 연결의 방법(작용)이여!

⊛ 노자(老子) 도덕경(道德經) 제1원칙

　도덕경(道德經) 첫 번째 구절에 나오는 명제, '道可道也, 非恒道也. 名可名也, 非恒名也.'는 세상을 이해하는 첫 번째 방법을 설명하고 있습니다. 세상을 살아가는 길은 항상 동일하지 않고 변합니다. 세상을 이루는 모든 사물과 사람, 사건, 현상을 정의하고 설명하는 명칭(이름) 또한 항상 동일하지 않고 변하는 속성을 지닙니다.

　성인(聖人), 임금(君)의 관점에서 세상을 바라볼 때 올바른 길(道)은 무엇일까요? 그것은 항상 일률적인 법칙으로 정해져 있지 않다는 설명입니다. 이전과 같은 상황인 것 같지만 언제나 변할 수 있다는 논리입니다.

　사람이나 사물을 인식할 때에, 그리고 상황이나 환경을 인식할 때에도 마찬가지입니다. 고정적인 듯 인식되지만, 세상은 계속 변합니다. 바꾸어 말하면, 세상에서 고정되어 있는 것은 아무것도 없다는 논리와 동일합니다. 1장 첫 구절은 세상을 인식하는 첫 번째 원칙을 제시하고 있습니다. 모든 것은 시간과 공간에 따라서 변한다는 원칙입니다.

　사람을 예로 들어보겠습니다. 누구나 태어나면 이름을 지어 주고 이름을 부릅니다. 하지만, 1분 1초도 변하지 않고 동일한 사람은 없습니다. 평생 자라고 성장하며, 나이를 먹고 늙어 갑니다. 만약 변하지 않고 동일한 사람이 있다면 그 사람은 죽었다는 것을 의미합니다. 하지만 정확히 따지자면 그 죽은 사람도 죽은 후 1분 1초도 동일하지 않은 것은 마찬가지입니다. 생명 활동이 없는 육신도 수분이 감소하고 썩어 분해되며, 다시 자연으로 환원되는 변화를 겪습니다.

　　　　　　　　　유불도 동양 3대 철학에 대한 이해

생명이 없는 물질의 경우에도 감소하고 분해되어 변하는 과정을 맞습니다. 외부 환경과 접하는 면이 많으면 많을수록, 물질의 형태가 복잡한 유기체로 이루어져 있을수록 그 변화의 속도는 빠르고 역동적입니다. 바위 같은 무기체의 경우 변화의 속도가 아주 느리고 눈에 잘 띄지 않을 뿐입니다. 어떤 존재도 영원히 동일한 속성을 지니며 정지해 있는 물질은 없습니다. 그렇기 때문에 동일한 명칭(이름)을 부여하더라도 공간과 시간, 상황에 따라 성질이 바뀐다고 설명하고 있습니다.

몇 가지 글자에 대한 의미를 살펴보겠습니다. '도(道)'에 포괄적 의미를 부여하면 온 세상의 올바른 법칙, 형이상학적 의미의 법칙이지만 자칫 뜬구름 잡는 듯 멀고 아득한 의미의 용어로 오해하기 쉽습니다. 직관적으로 이해하면 사람들이 삶을 살아가는 동안 만나는 길(道)에 대한 올바른 선택을 의미합니다. 즉, 삶의 올바른 길(道)과 방향을 의미합니다. 조금 더 그럴듯하게 사회적 관점에서 바라보면 '세상이 운행되는 올바른 방법과 원리'를 의미합니다.

하지만 세상이 운행되는 방법에 마치 무슨 정답이 있어야 하는 것처럼 호도하고 강조한다면, 도덕경의 첫 번째 명제부터 오해하는 일입니다. 세상이 운행되는 방법과 이치, 법칙은 항상 변할 수 있다는 전제가 첫 번째 명제이기 때문입니다. 도(道)를 아는 것처럼 자부하며 떠드는 사람이 있다면 기초가 부실한 사람으로 이해할 수 있습니다. 도(道)의 제1원칙부터 착각하고 있기 때문입니다.

하지만, 세상을 살면서 가장 최선의 방법과 세상이 운행되는 일정한 규칙성을 가진 법칙은 찾을 수 있습니다. 왕(王)의 관점에서 살펴보면, 태조 이성계가 서까래 3개(三)를 등에 짊어지고 걸어 나왔다는 모습의 의미와 유사합니다.

　인간(ㅣ) 사회를 짊어지고(三) 가는 왕(王)이 길(道)을 가는데 이리로 저리로 중심을 잃고 흔들려서는 곤란합니다. 지름길, 가시밭길, 험난한 길보다는 조금 돌아가더라도 쉽고 평탄하며 많은 사람들에게 가장 잘 알려진 평이한 길(道)로 가는 것이 바람직합니다.

　그러나 혼란의 시대, 세상의 큰 틀이 바뀌는 대변혁의 시대에는 평이한 길이 어느 방향인지 종잡을 수 없다는 점이 문제입니다. 그래서 사람들은 그런 상황에 대비하여 어느 방향과 선택이 좋은 것이며 큰 사회가 지향해야 하는 방향인지, 올바른 길(大道)을 찾으려고 노력합니다.

　노자(老子) 도덕경(道德經)을 해석하는 중에, 항(恒)이라는 글자를 지나치게 확대해석하는 일에 주의해야 합니다. 일관성(一貫性)을 생각하며 항상(恒常)성을 유지하면 좋지만, 절대적인 것은 아닐 수 있습니다. 오랜 시간 지속되고 일관성을 유지하는 속성은 주로 좋은 성향과 의미를 지니지만 그것을 강조하여 '도(道) = 항(恒)'이라는 논리는 한쪽 면만 바라보고 설명하는 일에 해당합니다.

　첫 번째 명제에서도 언급했지만, 항(恒)이라는 것의 속성 또한 영원하지는 않습니다. 도덕경(道德經)에서 사용되는 항(恒)과 상(常)이라는 글자의 의미가 시간의 지속성 관점에서 1년인지, 100년인지, 1억 년인지 구체적인 언급은 없습니다. 그냥 상황에 따라 일정 기간 지속되는, 항상 그렇다는 의미로 쉽게 받아들이면 그만입니다.

　명(名)이라는 글자는 이름 짓는 행위, 이름 부르는 행위를 말합니다. 단순히 '이름'이라는 명사로 번역하다 보면 어감상 오해의 소지가 발생할 수 있습니다. 여기에서는 이름 부르는 행위, 즉 인식의 과정을 의미하는 표현입니다.

우리는 세상의 모든 것에 대해 이름을 짓고, 이름을 부릅니다. 문법적으로 명사에 해당하는 나무, 철수, 토끼, 곤경, 행복, 즐거움, 마음, 생각, 사랑, 동작, 빨강, 힘, 차원, 법칙 이런 것들입니다. 그 명칭을 이루는 존재 또한 유형이든 무형의 명사이든 어느 하나도 고정되어 있는 것은 없습니다. 세상의 모든 것은 변하고 있으며, 변할 수 있다는 1원칙에 위배되지 않습니다.

'세상에서 가장 중요한 것, 가장 소중한 것, 가장 기본이 되는 삶의 원칙은 무엇인가?'라는 질문에 대해 사람마다 다른 관점에서 이야기할 수 있습니다. 누구는 성(誠)이라는 속성을 이야기할 수 있고, 누구는 인(仁)이라는 속성을 들 수 있으며, 누구는 행복, 누구는 사랑이라는 속성을 이야기할 수도 있습니다. 이런 단어들은 인간이 이루어야 하는 속성이나 상태, 사회적 가치 관점에서 바라본 용어에 해당합니다. 자연과학의 법칙, 수학적 틀을 기준으로 바라보는 세상에는 '행복'이 필요하지 않을 수 있습니다. '사랑'이나 '인(仁)'도 마찬가지입니다.

여기에서 눈여겨볼 것은 노자(老子) 철학의 시작과 구조가 인간성(人間性)에 기초한 관점이 아니라는 점입니다. 하늘의 명(命)을 받은 성인(聖人)이 세상의 운행 원칙과 방법을 바라보는 관점입니다. 인간이지만 인간을 초월한 존재가 하늘(天)의 관점에서 바라보는 세계의 기본 구조를 틀로 담고 있습니다.

관점이 다르면 세상을 이해하는 기본 틀이 다르게 변합니다. '자연과학의 법칙에서 다루는 세상의 기본 원칙은 무엇인가?'라는 질문에 대해 과학자들은 저마다 분야에 따라 다른 관점과 법칙을 이야기할 수 있습니다.

누구는 우주의 시작과 존재의 관점에서 원리와 법칙을 이야기할 것이고, 누구는 인간과 생명 진화 관점에서 이야기할 수도 있습니다. 어떤 사람은 물질 간의 관계인 만유인력의 작용과 반작용 관점에서 이야기할 수도 있습니다. 물리학자라면 현재까지 알려진 물질과 힘과 에너지에 대한 법칙을 기반으로 원칙을 설명할 수 있습니다. 우주와 자연을 바라보는 시각은 저마다의 관점에 따라 다양할 수 있습니다.

하지만 어떤 시각으로 바라본다 하더라도, 그것은 인간이 바라본 세상입니다. 근원적으로 인간이 바라보는 시선과 생각을 배제할 수는 없습니다. 노자(老子) 철학의 기본 틀을 설명하는 1~7장에서도 우리 세계의 구조를 설명하고 있지만, 그렇다고 인간 사회가 이루어 나가야 하는 방향성을 배제하지는 않고 있습니다. 노자(老子)의 철학은 우주 저 멀리서 초월적 존재가 우리가 살고 있는 계(界)를 있는 그대로, 자연 그대로의 법칙을 이해하며 바라보는 시각이라고 할 수 있습니다. 그렇기 때문에 어떤 관점에서 바라보아도 세계관에 위배되거나 뒤틀린 세계관을 형성하지 않습니다.

✤ 하나의 존재에 대한 설명

도덕경(道德經) 두 번째 구절에 나오는 설명, '無, 名萬物之始也. 有, 名萬物之母也.'는 하나의 존재를 인식하는 과정을 설명하고 있습니다.

우리가 어떤 사물, 생명체, 현상에 대해 존재하는 것을 인식하는 과정은 그것에 대해 이름 부르는 일을 통해서 이루어집니다. 반대로, 인식하지 않으면서 존재에 대해 이름 부르고 그것을 인정할 수 있는 방법은 없습니다. 존재가 없는데 인식할 수 있다는 것도 마찬가지로 불가능합니다. 이는 사물, 생명체, 현상이나 상황에 대해 모두 동일합니다.

예외적으로 특이한 경우는 신(神)이라는 존재, 믿음에 의존하는 상황입니다. 그 물리적인 실체와 존재 유무를 떠나서 인간의 인식 내부에서 믿음이라는 도구를 활용하여 관념적 존재를 만들고 그 존재를 인식하는 경우입니다.

하지만, 신(神)을 인식하려고 할 때에도 인간 마음에 내재하는 언어적 틀을 배제하고 인식하는 것은 불가능합니다. 그래서 항상 인식의 과정에서 오류가 있을 수 있음을 전제해야 합니다. 신의 존재에 대해서도 실존적 의미와 인간이 만들어낸 관념적 존재에 대한 인식의 차이를 명확히 할 필요가 있습니다. 이를 혼동하면 초자연적인 현상과 인간의 능력을 초월하는 사건이나 이야기를 엮고 섞어서 허상을 만들기 쉽습니다.

실제로 질량을 가진 실체 또는 관념적 상황이나 상징적 의미를 지닌 존재 여부를 떠나서 하나의 존재를 인식하고 이름 부르는 경우를 만물(萬物)이라고 요약하여 설명하고 있습니다. 인식하기 전 상태, 인식의 변화가 시작되는 출발점을 '무(無)'라고 설명하고 있습니다. 인식이 이루어지는 대상에 대해 '유(有)'라고 이름 지었습니다. 그 존재는 만물을 이루는 모(母)체를 따른다고 설명하고 있습니다.

존재(有)를 이루는 모(母)체는 자신의 특질을 다음 개체에 전달하는 속성을 지닙니다. 반대로 생각해보면, 우리는 모(母)체의 성질을 따라 존재를 명명합니다. 다시 말해서 우리는 사물, 생명체, 그리고, 현상에 대해 그 모(母)체의 속성에 따라서 이름 부릅니다. 정상적인 사람이라면 토끼의 모체를 보고 그 새끼를 다람쥐라고 부르는 경우는 없습니다. 나무를 보고 돌이라고 지칭하는 사람도 없습니다.

예외적으로 잘 다듬고 교묘히 색칠을 하면 나무를 돌이라고 착각하는 상황은 만들 수 있습니다. 관념적 속성에 대한 인식 과정에는 위와 같은 착각을 유발하는 경우를 더욱 자주 볼 수 있습니다. 이는 언어를 통한 인식의 과정이 물질을 바라보는 것처럼 명확하지 않기 때문에 발생하는 일입니다.

더운 여름날 겨울처럼 춥다고 언급하는 사람은 흔하지 않습니다. 인식의 과정에는 인간의 오감(五感)이 관여합니다. 오감(五感)을 통해서 보편적으로 공통된 인식을 가질 수 있는 이유는 관찰자의 공간적 위치와 시간적 위상에 따른 인식의 내용에 큰 차이가 없기 때문입니다.

여기에서 사용되고 있는 무(無)라는 단어는 절대 무(無)의 상태를 통칭하는 의미보다 하나의 존재가 인식되는 과정에서 상태의 변화를 설명하는 관념적 언어로 해석하는 것이 이해에 유리합니다.

도덕경(道德經) 1장을 이해하면서 어려움과 왜곡에 빠지는 이유는, 관념적 언어를 실체와 연결 지으려고 하기 때문입니다. 위에서 신(神)에 대한 믿음을 언급한 이유는 관념적 존재를 믿음을 통해 실체적 존재와 연결 짓기 때문에 신(神)은 모든 것을 초월하는 존재로 인식될 수 있다는 점의 설명이 필요했기 때문입니다.

유(有)와 무(無)라는 상태의 변화와 이름 짓는 방식에 대한 관념의 언어를 실체적 존재에 연계하여 대입하는 순간 실체적 존재와 관념 사이에 초월적 연관이 발생합니다. 다시 말해, 노자의 철학을 해석하는 과정에 종교에서 신(神)을 현실에 연계시키는 것과 같은 초월적 강제 연관, 즉 믿음을 활용하여 해석하는 일이 벌어질 수 있습니다. 그런 믿음의 방식을 활용하여 해석하고 이해를 구하는 일은 경계해야 할 사항입니다.

두 번째 구절에 대해 이해하기 쉬운 해석은 '하나의 존재에 대한 인식은 무(無)의 상태에서 시작하고, 하나의 존재는 그 모(母)체의 형태나 모습을 따라 이름 부른다.'입니다.

수학적으로 설명하면 0의 상태에서 시작하여 1개의 존재를 인식하는 과정을 설명한 글입니다. 논리적으로는 정보가 없는(off) 상태에서 있는(on) 상태로 변화하는 것을 의미합니다. 하지만 실제로는 0과 1 사이에는 무수히 많은 비연속적 점의 상태가 존재하며, 존재가 없는 상태에서 있는 상태로 변화하는 과정에도 0에 가까워 거의 인식이 어렵고 흐릿한 시작점과 1에 가까운 지점, 즉 또렷이 구분이 가능한 상태가 존재합니다.

두 번째 구절에 대해 첫 번째 구절에서 제시한 제1원칙 명제에 위배되는 사항이 없는지 살펴보면 무(無)의 상태에서 유(有)로 변하는 일은 제1원칙에 위배되지 않습니다. 항상 도(道)는 일정하지 않고 변하기 때문입니다.

세 번째 구절에 나오는 설명, '故恒無, 欲以觀其妙. 恒有, 欲以觀其所徼.'는 무(無)의 상태에서 인식의 방법과 유(有)의 인식 과정에 대해 설명하고 있습니다. 무(無)의 상태에서는 그 오묘한 변화를 살펴고, 유(有)의 상태에서는 형체와 양태를 기준으로 인식하게 된다는 설명입니다.

네 번째 구절, '兩者同出, 異名同謂. 玄之又玄, 衆妙之門.'은 무(無)에서 유(有)의 상태로 변화하는 것과 유(有)의 실체에 대한 인식은 동시에 이루어지며, 하나의 존재에 대한 다른 인식의 단면이라는 설명입니다.

결국은 하나의 존재라는 점에서 같은 실체를 의미하며, 단지 그 인식의 관점이 다를 뿐입니다. 보이지 않는 부분(無)에 내재하고 있는 변화에 대한 인식의 방법은 깊고 아득하고, 또 깊고 아득합니다. 즉, 변화는 여러 가지 오묘한 경로와 방법을 지니기 때문에 인간이 이해할 수 있는 부분은 제한적이라는 설명입니다.

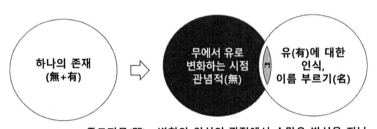

중묘지문(門) : 변화와 인식의 관점에서 수많은 방식을 지님

하나의 존재(객체)에 대한 이해

우리가 어떤 사물이나 현상을 인식하는 과정은 기본적으로 양(陽)의 방식으로 이루어집니다. 밝음(빛)에 의존하여 존재의 모습과 변화를 살펴보는 방식입니다. 그늘에 가려진 어두운 상태에서는 인식이 어두워지고 흐려집니다. 어둠 속에서는 존재의 모습과 변

유불도 동양 3대 철학에 대한 이해

화를 더욱 알기 어렵습니다.

통상 '검다'라고 해석하는 현(玄)의 의미는 빛이 없거나 어둑어둑한 밤과 같은 상태를 의미합니다. 같은 밤이라도 맑은 하늘 별빛이 쏟아지는 밤에는 그 별빛에 의존하여 항해의 항로를 유지할 수 있습니다. 아주 작은 별빛이라도 존재하는 경우 방향성을 확인할 수 있는 안내자가 됩니다. 짙은 어둠의 의미는 방향성을 잃고 존재의 의미를 제대로 인식할 수 없는 음(陰)의 상태를 의미합니다.

위의 그림은 도형적 방법으로 유(有)와 무(無)를 표현한 모습입니다. 하나의 존재를 무(無)와 유(有)로 나누어 표현하면, 오른쪽과 같은 2개의 형태로 그려질 수 있습니다. 무(無)의 영역은 실제로 보이지 않는 부분이지만, 이해를 위해 검은색(玄)으로 영역을 표현하였습니다.

존재를 인식하기 시작하는 시점에 해당하는 문(門)의 영역이 거의 눈에 띄지 않을 정도로 작은 모습입니다. 오른쪽에 있는 유(有)에 해당하는 흰색 부분도 초기에는 아직 보이지 않는다고 생각할수 있습니다. 그런 가운데, 무(無)와 유(有)가 겹쳐지는 문(門)의 영역이 점점 커지면서 존재의 모습이 드러나고, 우리는 무형의 속성과 유형의 형체를 인식하게 됩니다. 그리고 어느 정도 존재에 대한 인식이 구체화에 이르면 이름 부를 수 있는 상태가 됩니다.

봄에 새싹이 돋아날 때 아직 크기가 1㎝ 미만인 경우 나무로 성장할 새싹인지, 들풀로 자라날 풀잎인지 눈으로 쉽게 구별되지 않습니다. 아직은 그냥 새싹이라 이름 부르고 인식하는 단계입니다. 하지만 대략 10㎝ 정도 크기가 되면 어떤 식물인지 구분이 가능합니다. 문(門)에 해당하는 영역이 넓어졌음을 의미합니다. 이 단계에 이르면 그 모체의 이름을 따라 은행나무, 단풍나무, 소나무, 고사리, 강아지풀 등과 같은 명칭으로 구분하고 이름 부를 수 있습니다. 기존 인식을 바탕으로 존재에 대한 인식을 구체화하여 무형 혹은 유형의 속성을 구분할 수 있는 단계입니다.

통상 유형의 보이는 모습을 기준으로 이름 부르기 때문에, 우리는 유형을 기준으로 생각하는 일에 더 익숙합니다. 현대 사회에 대해 물질문명을 기초로 한 자본주의라고 비판하는 이유도 보이는 모습과 유형의 물질에만 관심을 두고 사회의 체계와 질서를 만들어가기 때문입니다. 유형의 모습 뒷면에 무형의 속성과 보이지 않는 부분에서 일어나는 많은 가치에 관심을 두지 않기 때문에 인간적인 면이 메말라갑니다.

노자(老子) 사상(思想)의 첫 번째 생각의 틀도 하나의 존재를 설명하면서 그런 점을 경계해야 함을 알려주고 있습니다. 유(有)의 관점에서만 세상을 바라보는 것은 반쪽만 인식하는 일입니다. 무(無)형 관점의 속성과 변화를 살피지 않는 일은 눈에 보이는 현상, 색(色)에만 의존하여 세상을 살아가는 일입니다.

이해의 편의를 위해 오른쪽 그림과 같이 2개의 원으로 그렸지만, 하나의 존재는 무(無)에 해당하는 속성과 유(有)에 해당하는 실체가 동시에 존재합니다. 그리고, 하나의 존재는 우리가 인식하지 못하는 작용에 의해 끊임없이 변화합니다.

어떤 변화의 모습을 예측할 수 있다는 것은 그 하나의 존재에 대한 변화의 원인과 작용에 대해 우리가 이해하고 있음을 뜻합니다. 하나의 존재에 대한 이해를 확장하여 이성과 감성이라는 마음의 등불을 밝혀 사람들의 마음과 세상의 변화를 헤아리는 것은 세상

유불도 동양 3대 철학에 대한 이해

을 다스리는 자, 성인(聖人)에게 가장 중요한 일이었습니다. 그래서 동양 사상(思想)에서는 밝음(明)이라는 것에 큰 의미를 부여합니다. 천하(天下)를 통치하는 성인(聖人)이 밝(明)은 혜안을 갖기 위해 노력하고, 배움을 통해 세상을 바라보는 시각을 넓히는 이유입니다.

도덕경(道德經) 1장은 하나의 존재를 살펴보더라도 인식이 흐려지고 어두워지는 것을 경계해야 한다는 교훈을 내포하고 있습니다. 하나의 존재에 대해서도 제대로 인식하지 못한다면 어떻게 천하(天下)를 이해하고 다스릴 수 있겠습니까?

하나의 존재에도 다양한 변화가 있을 수 있으며, 상황에 따라서 다른 관점으로 인식해야 한다고 첫 번째 원칙으로 설명하고 있습니다. 그리고 보이지 않는 부분, 즉 우리의 지식과 인식의 능력으로 이해할 수 없는 부분도 항상 존재할 수 있다는 점을 강조하며 마무리하였습니다.

4. 두 개의 존재가 이루는 상생(相生), 그리고 비교와 선택

도덕경(道德經) 2장은 두 개의 존재에 대한 설명입니다. 천하(天下)의 만물(萬物) 가운데 완전히 동일한 존재는 없습니다. 바닷가 모래 알갱이도 비슷해 보이지만 똑같은 것은 없습니다. 공장에서 만들어낸 같은 물건이라도 조금씩 차이는 존재하며 아무리 정교하게 만들어진 2개의 동일한 제품이라 하더라도 물리적 관점에서 세분하여 원자 단위까지 비교해보면 완벽히 동일한 두 개의 객체는 존재하지 않습니다.

2개의 존재가 나란히 있을 때, 2개의 존재를 바라보는 가운데 발생하는 일 중에서 대표적인 것은 '비교'와 비교를 통한 '선택'이라는 행위입니다. 그리고 둘 사이에 상호 보완을 이루는 '상생'의 관계가 있습니다.

인간의 발달 과정에 비교하면, 한 살 때는 사물의 모습, 소리, 촉감 등을 통해서 물체와 환경, 사람을 인식하기 시작하는 시기입니다. 두 살이 되면 인식된 정보를 기초로 비교하여 사물의 차이, 소리의 차이, 촉감의 차이를 받아들이고 이해하는 활동이 왕성하게 이루어집니다. 그런 비교 활동을 통해서 아기는 자신에게 좋은 것과 좋지 않은 것을 구분합니다. 즉, 좋은 것을 선택하고 좋지 않은 것은 본능적으로 버리는 선택의 반복 과정을 통해서 세상을 이해하고 성장합니다.

컴퓨터나 인공지능(AI), 인터넷 등 네트워크를 통하여 연결되는 모든 장비 동작의 근간은 0, 1이라는 두 가지 논리 코드로 이루어져 있습니다. 전자기적 신호의 세기, 위상에 따른 비교와 선택의 결과로 이루어진 산물입니다. 컴퓨터가 동작하는 기본 원리도 비교와 선택인 것입니다.

태양의 빛, 광자(photon)라는 존재의 속성을 살펴보면 크게 2가지 역할을 합니다. 하나는 정보 전달자 역할이고, 또 다른 하나는 에너지 전달자 역할입니다. 그중 정보 전달자 역할은 밝음(on)과 어둠(off)을 구분하게 만들어주는 2가지 선택지 제공을 통해 정보를 전달하는 일입니다. 이것 또한 두 가지의 논리 코드를 제공하는 일이고, 우리의 인식 과정에 가장 근간을 이루는 역할을 합니다.

각각의 존재 인식 이후 단계에서 이루어지는 행위는 인식된 존재에 대한 비교와 선택, 또는 2가지를 모두 조화롭게 활용하는 방식이 있습니다. 물론 2가지를 모두 버리는 경우도 존재할 수 있고, 하나가 다른 하나에 종속된 형태로 활용될 수도 있습니다.

두 개의 존재(객체)에 대한 상생 그리고 비교와 선택에 대한 이해

확률적으로 2개에 대해 존재가 어우러지는 일은 수학적으로 00, 01, 10, 11의 4가지 경우의 수로 표현이 가능합니다. 이에 대한 의미를 이해하고 도덕경 2장을 읽는다면 노자가 2장에서 무엇을 전달하려고 했는지 더욱 깊은 이해를 구할 수 있습니다.

도덕경 2장

天下皆知美之爲美, 惡已.
천하개지미지위미 악이

皆知善之爲善, 斯不善矣.
개지선지위선 사불선의

有無之相生, 難易之相成, 長短之相形,
유무지상생 난이지상성 장단지상형

高下之相盈, 音聲之相和, 先後之相隨, 恒也.
고하지상영 음성지상화 선후지상수 항야

是以聖人居無爲之事, 行不言之教.
시이성인거무위지사 행불언지교

萬物作而不始, 爲而不恃, 成功而不居也.
만물작이불시 위이불시 성공이불거야

夫唯不居, 是以不去
부유불거 시이불거

세상 사람들이 아름답게 됨을 아름다운 것으로 안다면, 추악한 일이다.
세상 사람들이 선하게 됨을 선한 것으로 안다면, 그것은 선하지 못한 것이다.
유와 무는 서로 상생한다.
어려움과 쉬움은 서로 도와 성공을 이루고,
긴 것과 짧은 것은 서로 도와 형태를 만든다.

높은 것(사람)과 낮은 것(사람)은 서로 번영(가득)하게 하고,

음(고저)과 소리(크고 적음)은 서로 도와 조화를 이루고,

앞서는 것과 뒤에 오는 것은 서로를 따르고 이끈다.

(세상은) 항상 그렇게 이루어진다.

성인은 인위적으로 일을 다루지 않고,

언어로 지시하지 않는 방식으로 가르침을 실행한다.

만물은 스스로 만들어지나 시작은 아니며, 이루되 과시하지 않는다.

성공을 이룬 후, 안주하여 머무르지 않는다.

무릇 머무르지 않으므로, 내몰리지도 않는다.

첫째 구절, '天下皆知美之爲美, 惡已. 皆知善之爲善, 斯不善矣.' 세상 사람들이 아름다움을 추구하는 일을 아름답게 여긴다면, 그것은 추한 일이고, 선함을 추구하는 일을 선하다고 여기는 것은 선하지 않은 일이다.

아름다움(美)과 선(善)함 추구에 대한 행위의 의미에 대해 설명하고 있습니다. 마음이 급한 사람은 '인위적인 아름다움 추구는 좋지 않은 것이고, 자연스러운 것이 아름답다'라는 결론으로 단정 짓기 쉽습니다.

그러나 여기에서 눈여겨볼 사항은, 아름다움에 대해 판단을 내리는 행위의 근간을 이루는 요소입니다. 아름다운 것을 비교하는 인식의 과정이 포함되어 있고, 그것을 통해서 더 아름다운 것을 선택하려는 행위가 이루어집니다. 즉, 비교와 선택이라는 요소가 이끄는 우리의 모습을 되돌아보는 일이 필요합니다.

철학의 여러 분야 가운데, 아름다움(美)을 추구하면서 좋음(善)과 나쁨(不善)을 가리는 분야가 있습니다. 미학(美學)과 윤리 철학, 윤리(倫理)라고 부르는 영역입니다. 둘의 공통점은 사물과 사람, 그리고 현상에 대한 가치를 평가하는 일입니다. 아름답지 못한 것은 가치를 낮게 평가하고, 아름다운 것에는 높은 가치를 둡니다.

이때 실수하기 쉬운 것은 가치를 눈에 보이는 기준에만 의존해서 이분법적으로 좋은 것과 좋지 않은 것으로 단순하게 분리하는 일입니다. 조금 좋아 보이지 않는 사물과 사람도 나름 쓸모가 있고, 의미가 있습니다. 상황에 따라서는 오히려 더 쓸모가 있을 수도 있으며, 더 아름다운 모습을 지니고 있을 수 있습니다.

그럼에도 불구하고 보이는 단편적 모습에만 치중하기 쉽습니다. 화폐, 돈이라는 것으로 가치를 쉽게 교환하는 현대 사회에서는 그런 일이 더 잦습니다. 돈이라는 것을 통해 가치를 매기고 평가하는 일에 너무 익숙해졌기 때문입니다. 그런 일이 일상이 되고, 시간에 쫓기는 경쟁의 삶에서 눈에 보이는 가치 기준에 따라서 살아갑니다. 물질적 가치를 추구하는 일, 돈 버는 일 때문에 다른 관점의 가치를 생각할 여력이 사라지고 있습니다.

인간과 사회의 가치를 아름답게 가꾸어가고, 인간이 사회를 살아가면서 착(善)하고 좋은(善) 일을 추구하는 것은 우리 사회가 가야 할 방향입니다. 아름다움(美)을 추구하고 좋은(善) 것을 취하는 일은 어떤 관점에서 보면 본능에 가까운 일이며, 윤리(倫理)적인 일입니다.

그러나, 노자는 그런 본능에 가까운 속성도 인위적인(爲) 의도가 가미된다면 그것은 아름다움을 벗어나는 일이고, 선(善)한 방향과

유불도 동양 3대 철학에 대한 이해

는 거리가 멀다고 설명하고 있습니다. 왜 그런 설명을 했을까요? 비교와 선택이라는 행위의 방법과 과정에서 발생하는 문제점과 한계를 바라보고 고민했기 때문입니다. 그런 비교와 선택이 만들어내는 인위적인 모습 이전에 해당 존재 그 자체에 대한 관점으로 인식해도 충분하다는 설명입니다.

굳이 아름답게 꾸미고, 무엇을 더하는 일에 대한 비교와 선택은 불필요하다는 의미입니다. 세상 모든 것은 그 자체로 아름다움을 갖고 있고, 그 자체로 충분히 좋은 의미를 지니고 있습니다. 우리의 생각이 부족하여 더 큰 관점을 이해하지 못하기 때문입니다. 이를 이해하고, 조금 부족한 것 같더라도 서로 보완을 이루며 상생하는 것이 올바른 길(道)이라는 철학입니다.

첫 문장을 읽고, 어떤 것이 더 가치 있고 아름다운 일인지 판정하는 일은 숨겨진 의미를 간과하는 일입니다. 가치(善)와 미(美)에 대한 의미를 조금 더 여유롭게 사회적 관점에서 바라보는 큰 생각의 틀을 갖추기를 권합니다.

둘째 구절, '有無之相生, 難易之相成, 長短之相形, 高下之相盈, 音聲之相和, 先後之相隨, 恒也.' 유와 무는 서로 상생하고, 어렵고 쉬운 것은 서로를 완성하며, 길고 짧은 것은 서로 형태를 보완하며, 높고 낮음은 서로 채우며, 음과 소리는 서로 조화를 이루며, 앞과 뒤는 서로를 이끌어준다. 항상 그렇습니다.

첫 번째 구절에서 언급한 내역에 대해 비교와 대조를 활용하여 여러 가지 속성을 나열하고 있습니다. 결국은 비교의 관점이 아니라, 둘 사이에 이루는 관계를 상생(相生), 상성(相成), 상형(相形), 상영(相盈), 상화(相和), 상수(相隨) 등으로 이끄는 방향을 권하고 있습니다. 서로 돕고, 보완을 통해 같이 살아가는 의의를 지닙니다.

현대인의 삶은 둘 사이의 관계를 공존과 공생이 아니라, 비교와 선택을 통해서 하나를 고르는 방식에 더 익숙해 있습니다. 물질 기반 삶의 틀에서는 2개를 비교하여 좋음(善)과 아름다움(美)의 가치 기준으로 선택을 빠르게 하는 일에 더 관심을 두고 있습니다.

스마트폰으로 SNS를 통해 다른 사람의 삶을 보는 일도, 인터넷 쇼핑몰에서 상품을 고르는 일도, 사람들 사이의 대화와 정보의 교환을 이루는 과정에서도, 좋은 것과 아름다운 것이라는 가치에 따라 더 좋고, 빠르고, 더 많은 것을 추구하는 방식으로 경쟁하며 삶을 채워가고 있습니다.

이는 개인만의 문제가 아닙니다. 기업은 이익 추구를 위해 사람들의 이런 속성을 최대한 활용하여 돈을 벌고 있습니다. 페이스북이 제공하는 콘텐츠와 아마존이 제공하는 서비스는 비교와 선택을 빠르고 단순하게 이끌어, 사람들의 선택 욕구를 최대한 충족시켜줍니다. 그런 비교와 선택을 통한 욕구 충족 반복에 빠져들다 보면 생각의 틀이 계산적이고 기계적인 형태로 굳어지기 쉽습니다.

그렇다고 이분법적 빠른 선택과 판단이 무조건 나쁜 것만은 아닙니다. 인간(人間)을 포함한 모든 동물은 위기에 처한 순간 그런 선택과 판단을 빨리 내릴 수 있도록 본능적으로 진화해왔습니다. 맹수에 쫓기는 상황에서 빠른 선택과 판단에 따른 대응을 주저했다면 맹수의 먹잇감이 되었을 것입니다. 식량 부족 상황에서 새로운 정착지를 찾는 시도와 선택을 주저했다면 굶어 죽었을 것입니다. 이분법적 선택은 생명체가 활동을 하는 데 있어 가장 단순하면서도 근원적인 방식입니다. 자신의 생존과 삶을 유리한 방향으로 이끌기 위한 도구에 해당합니다.

노자가 두 번째 구절에서 6가지의 경우를 하나하나 나열하고 비교하며 예를 들어 강조 설명한 이유가 있습니다. 어린아이의 수준에 맞추어 단순하고 명확히 설명하려는 의도입니다. 비교와 선택이라는 속성은 2살 아기가 외부 세계를 배워나가는 방식과 일치합니다. 즉, 인간 삶의 틀을 이루는 가장 기초적인 방식입니다. 삶을 이루는 기본적인 방식에 해당하지만, 두 살 아기와 같은 수준으로만 삶을 살아간다면 곤란하지 않겠습니까? 사회를 구성하여 살아가는 사회적 인간으로서는 부족합니다. 즉, 사회 윤리적인 관점에서 크게 뒤틀린 길로 삶을 이끌 수 있다는 위험성이 있습니다.

역사를 되돌아볼 때 국가 멸망 시기에는 항상 사회 지도층의 사치와 향락이 있었습니다. 아름다움(美)에 대한 집착이 도를 넘고, 자신에게 좋은(善) 것, 돈과 권력 등에 대한 욕심이 지나쳤기 때문입니다. 이분법적 비교와 선택이라는 근원적 방식에만 이끌려 마음의 틀을 욕심이라는 형태에 고정시킨 결과입니다.

셋째 구절, '是以聖人居無爲之事, 行不言之敎.' 그렇기 때문에, 성인(聖人)은 인위적으로 일을 추구하지 않으며, 언어를 사용하지 않고 가르치는 방법을 행한다.

세 번째 구절을 해석하는 과정에서 주의할 사항이 있습니다. 2장에 대한 교훈을 누구에게 제시하고 있는지 이해가 필요합니다. 비교와 선택이 연속인 삶에서 왜 상생이 필요한지, 어떤 방식으로 그렇게 해야 하는지에 대한 설명입니다.

이 글은 성인(聖人)에게 전달하는 교훈이며 철학입니다. 왕과 제후의 위치에 있는 국가 지도자는 비교와 선택에 신중해야 합니다. 비교와 선택이라는 방법 위주로 정치를 이끄는 경우 위기에 처하기 쉽습니다. 이원 논리는 단순하기 때문에 쉽고 편리할 수 있지만, 상생의 관점을 배제하기 쉽습니다. 모든 것을 이분법적으로 나누고 그 기준에 적합하지 않으면 배제하는 정치는 나라를 분열로 이끄는 일에 해당합니다. 그래서 이분법적인 방식의 정치는 상당히 위험한 논리도 쉽게 합리화하고 실행하도록 만듭니다. 그 대표적인 사례가 조선시대의 당쟁을 들 수 있습니다. 극단적으로 이원화된 논리로 나의 기준이 아니면 배제하고 배척하는 방식으로 상황을 이끌어 상대를 제압합니다.

그 방식만 고집하여 인간 존재의 의미와 가치마저 잊어버리는 경우 극단적 성향에 처하기 쉽습니다. 마치 두 살 아기가 우리를 인식하지 못하거나, 사회를 고민하지 않고 자신만을 위하는 것과 유사합니다. 사회적 다양성이 배제되는 방향입니다.

성인에게 두 가지 방법을 전달하고 있습니다. '거(居)'와 '행(行)'이라는 글자가 전달하는 내용입니다. 거(居)는 주로 '머무르다, 거주하다'의 의미로 해석합니다. 여기에서는 성인(聖人)의 정체성이 머무르는 곳을 의미합니다. 성인이 24시간 365일 드러내는 삶의 태도와 자세, 마음가짐을 포괄하는 의미입니다. 행(行)은 언어를 포함한 일체의 행위를 의미합니다. 임금(君)이 공적 활동을 하는 영역(居)은 국가를 다스리는 일(事)입니다. 잠을 자는 주거(居)지의 의미보다 나라를 다스리는 동안에 머무르고(居) 활동하는 곳에서의 처신에 해당합니다. 즉, 나라를 다스리는 일(事)을 하는 과정에서 비교와 선택의 논리에 의한 다스림보다 상생의 방법을 활용하라는 주문입니다.

임금(君)의 공식적인 행(行)은 언(言)어에 의한 명령입니다. 아직 법(法)이라는 체계가 존재하기 이전이기 때문에, 임금의 언어는 바로 법(法)이자, 체계의 질서를 유지하는 최상위 명령에 해당합니다. 현대 사회에서 대통령령과 법을 포함한 포괄적 명령에 해당합니다.

임금(君)의 행동 가운데 이분법적 논리에 의거한 언어는 위험합니다. 그런 의도를 포함한 언어를 사용하면 할수록 신하들도 이분법적 논리에 따라서 행동하게 됩니다. 그래서 스스로 모범을 보이고, 언어를 사용하지 않는 가르침(不言之敎)을 행하라고 주문하고 있습니다.

무위(無爲)라는 표현에 대해서는 세심한 이해가 필요합니다. 먼저 누가, 어떤 상황에서, 어떤 근거로 무엇에 대해 무위(無爲)할 것인지에 대한 이해가 필요합니다. 그런 이해가 없이 '아무것도 하지 말라'는 의미로 무위(無爲)의 뜻을 해석하면 곤란합니다. 그와 같은 방식으로 이해하면 노자 사상(思想)을 그냥 아무것도 하는 일 없는 것이 좋은 철학, 손대지 않고 내버려두는 것이 가장 좋다는 사상(思想)으로 받아들이게 됩니다. 이 구절에서는 거(居)라는 글자와 연관하여 해석이 필요합니다. 나라를 다스리는 태도와 자세에서 인위적으로 어떤 것을 위하는 편견을 배제하라는 의미입니다. 즉, 어떤 일이나 사람에 대해 비교하는 일을 경계하라는 의미입니다. 세상만사와 만물은 저 나름대로의 쓰임과 의미를 지닙니다. 그런 관점을 유지하여 정치를 행하라는 주문입니다.

무위(無爲)는 강제하지 않고 자연(自然)스럽게 이루어질 수 있도록 이끄는 행위입니다. 무위(無爲)에 대해 오해하지 말아야 할 사항은, 아무 일도 하지 않는 것이 아니라는 점입니다. 강제하지 않는 방식을 의미하는 형용사입니다. 이를 주어와 동사를 지닌 구절로 이해함으로써 노자 사상을 크게 왜곡하는 사람들이 많습니다.

무위(無爲)라는 단어는 노자 도덕경에서 활용된 빈도수가 높습니다. 자신의 욕심에 의해 타인을 강제하는 것을 경계하라는 의미로 많이 사용되고 있습니다. 많이 나오는 단어이기 때문에 노자 사상(思想)의 핵심을 '무위(無爲) 자연(自然)'이라고 오해하는 사람들이 많습니다. 노자 사상(思想)의 구조와 의미를 이해하지 못하고 있기 때문에, 그저 빈도수에 의존해서 해석하는 안타까운 모습입니다.

더욱 안타까운 일은 그런 사람들이 철학계의 주된 자리를 차지하고, 중고교 교과서를 편찬하고 있다는 점입니다. 그런 어설픈 이해를 바탕으로 교과서를 만들어 수십 년간 청소년을 교육했다는 사실은 서글픈 일입니다. 그럼에도 불구하고, 아무도 제대로 된 반대 의견을 제시하지 못하고 있는 것도 현실입니다.

인위(人爲)적으로 영향을 주지 말라는 교훈은 노자의 도덕경에서 제시하는 일부분에 해당합니다. 전체 철학의 핵심으로 받아들이는 일은 곤란합니다. 이는 코끼리의 한쪽 부분만 더듬고 그 모양새를 추정하여 '코끼리는 이런 모습이다'라고 주장하는 일과 비슷합니다. '무위(無爲)'라는 글자에 해당하는 자연(自然) 그대로의 모습이 코끼리의 다리에도 나오고, 코에도 나오고, 엉덩이에도 나오고 있네! 참으로 반갑다. 코끼리는 무위(無爲) 자연(自然)이로구나! 이렇게 해석하는 일은 곤란합니다.

현대의 기술로도 코끼리를 인위적(有爲)으로 가공하여 만들 수 없기 때문에 전혀 틀린 말은 아닙니다. 하지만, 코끼리가 자연적인 모습이라는 의미를 설명하는 것과, 코끼리에 대한 의미를 살펴보는 일과는 큰 차이가 있습니다. 우리가 살고 있는 삶과 세계 대부분은 자연의 모습을 지닙니다. 그렇기 때문에 마치 무위자연(無爲自然)이 노자의 철학적 의미 모두가 실린 언어인 듯 혼동하기 쉽습니다.

필자 또한 무위자연(無爲自然)이라는 명제가 크고 깊다는 것을 부정하는 것은 아닙니다. 하지만 노자(老子) 도덕경(道德經) 전체를 살펴보아도 무위자연(無爲自然)이라는 연속된 구절은 없습니다. 자연(自然)이라는 단어가 5회, 무위(無爲)라는 단어는 12회 사용되고 있습니다. 5,472글자의 짧은 글에서 상당히 잦은 빈도로 사용되고 있습니다. 강제하지 않는다는 설명적 형용사 무위(無爲)와 스스로 그렇게 된다는 자연(自然)이라는 서술사는 문장의 구절 내 각각의 위치에서 해당 역할에 따라 수식어와 서술어로 사용되고 있을 따름입니다.

즉, 무위자연(無爲自然)이라는 조합의 단어는 노자의 철학이 아니라 그것을 받아들이는 후세들이 반복적으로 많이 활용되는 단어를 모아서 하나의 명제를 만들어낸 것이라 할 수 있습니다. 여기에서도 무위(無爲)는 자연(自然)을 꾸미는 형용사에 해당하고, 자연은 스스로 그렇게 된다는 동사에 해당합니다. 의미적으로는 무위(無爲)와 자연(自然)은 같은 뜻을 지니고 있기 때문에, 반복 강조 기법이 사용된 조어입니다.

우리는 자연(自然)이라는 글자의 쓰임에 주의할 필요가 있습니다. 여기에서 의미하는 뜻은 스스로 그렇게 된다는 서술어지만, 사람들은 동물과 식물을 포함한 모든 생태계를 의미하는 대자연(大自

然)이라는 의미와 섞어서 사용합니다.

그렇기 때문에 노자 사상(思想)을 이야기할 때에 세상을 등지고 산으로 들어가는 신선(神仙)의 모습을 떠올리는 황당한 주장을 하곤 합니다. 안타까운 일은 그런 황당한 설명이 고교 과정 윤리 교과서에 버젓이 정설인 것처럼 수록되어 있고, 그것을 바탕으로 학생들을 가르치고 있다는 점입니다. 노자 도덕경(道德經) 81장 어디를 찾아봐도 세상을 등지고 은둔하는 모습을 설명한 글은 없습니다. 신선(神仙)이라는 글자는 나오지도 않고, 그런 의미를 전달하는 구절도 없습니다.

임금(君)인 성인(聖人)이 세상을 등지고 속세를 떠나는 일은 국가가 멸망했거나, 죽음을 맞이했을 경우입니다. 그런 내용으로 임금(君)이 읽는 경전, 도덕경(道德經)을 만들 수는 없겠지요.

넷째 구절, '萬物 作而不始, 爲而不恃, 成功而不居也. 夫唯不居, 是以不去.' 만물은 일어나지만 시작되는 것은 아니며, 활동을 이루지만 자랑하지 않으며, 완성과 성공을 이루지만 정체하여 머무르지 않는다. 무릇, 정체해 있지 않기 때문에 내몰리지도 않는다.

이 구절의 첫 단어는 만물(萬物)입니다. 이미 세상은 2개의 존재로 이루어진 구조가 아니라 수많은 존재로 이루어져 있다는 전제로 시작하고 있습니다. 이분법적 시각에 의존해 세상을 바라보는 일이 편협하고 지엽적인 것이라는 의미를 담고 글을 서술하고 있습니다. 세 번째 구절에서 주문한 사항을 만물(萬物)이 어우러져 존재함을 언급하며 재차 강조하고 있습니다.

네 번째 구절에서 나오는 글자들, 일어나고(作) 만들어지는(作) 일의 시작(始)과 끝(末)에 오는 성공(成功)과 실패(失敗), 그 과정에서 발생하는 행위에 대한 의존(恃)과 자랑(恃), 머무름(居)과 내몰림(去)은 비교와 대조를 이루는 언어들입니다. 2장은 이원론적 방법에 따라 비교와 대구를 이루어 글을 서술하고 있기 때문에, 논리가 명확하고 이해가 쉽고 전달이 빠릅니다. 이분법적 틀의 장점에 해당합니다.

이분법이 좋지 않은 것만은 아니라는 점을 강조합니다. 첫 구절에서 설명했듯이 좋은 것(善)과 좋지 않은 것(不善)을 나누어 편견을 갖고 그 편견에 의존하여 선택하는 일을 경계할 일이지, 방법론 관점에서 이분법은 쉽고 빠르기 때문에 어떤 방법보다 효율적입니다. 그렇기 때문에 컴퓨터에서도 0과 1의 이진수 조합을 활용합니다. 노자가 제시하는 생각의 틀은, 만물은 그렇게 이루어져 있지 않으니 이분법 방식에만 의존하지 말라는 주문입니다.

중세 이전 서양에서는 종교적 관점에서 인간 삶의 시작과 끝을 신에게 의지했습니다. 성공과 실패도 신(神)에게 의지(恃)하였으며, 그 과정에서 이루어진 활동에 대한 표현과 자랑(恃)을 당당하게 말합니다. 실패(失敗)에 대해서는 그에 대한 대가를 치르고 내몰리는 (去) 일을 당연하게 받아들이고, 성공(成功)에 대해서는 그에 따른 보상을 제공하는 일이 자연스럽습니다. 그런 문화가 이어져 사회적 기풍을 이루고 있습니다.

서양의 문화에서는 이분법적인 방법을 기초로 논리적으로 쉬운 길을 선택해왔습니다. 반면, 동양의 철학적 방법론은 전체를 바라보고 상호 조화를 이루는 모습에 기초를 두고 있습니다. 철학의 시작이라는 노자 도덕경(道德經) 2장에서 이미 그렇게 이끌어왔습니다. 세상 만물(萬物)은 조금 부족하더라도 어우러져 조화를 이루어 상생하고 있으니, 이분법적 방식을 경계하라고 주문하고 있습니다.

만물(萬物)은 피어나고 생성되지만, 그 시(始)작에 대해서 명확히 설명할 수 있는 것은 아닙니다. 중간 과정에서 이루어지는 행위(爲)와 활동(爲)은 의존(恃)하고 의지(恃)하지 않습니다. 존재에 내재한 자연(自然)스러운 과정에 따르며, 결과의 성공(成功) 여부에 상관없이 상생(相生)하여 같이 공존(居)하고 살아갑니다. 그렇기 때문에 결과에 따라서 자리를 차지하고 머무르지(居) 않습니다. 반대로 내몰리(去)지도 않습니다.

노자(老子) 도덕경(道德經) 2장을 통해 서양적 사고와 동양적 사고의 틀이 이루는 큰 차이를 이해할 수 있습니다. 서양적 사고방식의 근간을 이루는 물질주의는 이분법적 방식 및 그러한 체계에서 효과적입니다. 사물을 단순화시키고, 해당 기준으로 빠른 비교와 선택이 가능하기 때문입니다. 이를 기초로 과학과 기술, 기계적 문명, 컴퓨터와 네트워크는 지속적으로 발전해왔습니다.

그런 것들을 활용하여 현대 사회를 효율적이며 풍요롭게 만들고 있습니다. 하지만 이처럼 빠른 속도의 삶이 만들어내는 스트레스는 다시 우리를 위협하고 있습니다. 인간은 이분법적 틀에 모든 삶을 적용할 만큼 그렇게 단순하지 않기 때문입니다. 인간을 이분법적 논리에 의거한 단순한 틀에 가두려고 하니 숨 막히고, 답답한 상황이 만들어집니다. 노자(老子) 사상(思想) 2장을 통해서 우리가 잃어가는 것이 무엇인지 이해할 수 있습니다. 노자(老子)가 현대의 우리에게 전달하는 교훈입니다.

5. 세 개의 존재가 이루는 위상

노자(老子) 도덕경(道德經) 3장에서는 3개의 존재가 등장합니다. 2개의 존재만 있는 경우 2개 사이의 비교는 가능하지만 어느 것이 중심인지 기준점을 마련할 수는 없습니다. 2개의 존재 간에는 아직 위상이라는 것이 없습니다. 존재가 3개가 되어야 중간자적 위치가 생성되어 위상이나 층위를 이룰 수 있습니다.

인간은 사회를 이루는 가운데 자연스럽게 사회적 위상과 계층을 만들어왔습니다. 상생과 공존이라는 관점의 틀로 이룰 수 있는 사회의 크기가 작은 규모라면 계층과 위상을 이루는 사회는 그 규모 면에서 크게 확장될 수 있습니다.

3개 이상의 존재가 만드는 계층 구조의 장점은, 그 틀이 평면적인 형태가 아니라 입체적 공간으로 무한히 확장될 수 있다는 점입니다. 마치 우리가 살고 있는 세계가 입체로 이루어져 위치를 3차원 좌표로 표시할 수 있는 것과 동일합니다. 사회 구조와 규모 관점에서 보면 원시시대 백여 명 정도의 소규모 부족 사회에서 수만 명, 수십만 명, 수백만 명으로 지속 확장을 이루어왔습니다.

계층을 이루는 사회는 위상에 따른 다양성과 복잡성을 지니게 됩니다. 그런 복잡성은 인간 사회와 구조에 대한 이해를 더욱 어렵게 만드는 요인으로 작용합니다.

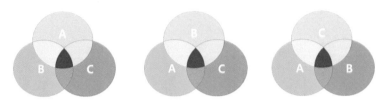

3개의 존재(객체)가 만드는 위상, 그리고 위상 변화

✤ 도덕경 3장

不上賢, 使民不爭.
불상현　사민부쟁

不貴難得之貨, 使民不爲盜. 不見可欲, 使民不亂.
불귀난득지화　사민불위도　불현가욕　사민불란

是以聖人之治也.
시이성인지치야

虛其心, 實其腹, 弱其志, 强其骨.
허기심　실기복　약기지　강기골

恒 使民無知無欲. 使夫智不敢不爲而已, 則無不治矣.
항　사민무지무욕　사부지불감불위이이　즉무불치의

소위 현자를 받들어 높은 위치에 두지 않아서, 서민들이 전쟁
에 내몰리지 않도록 한다.
얻기 어려운 재물을 귀하게 여기지 않아서, 서민이 도적질을

하지 않도록 한다.

(성인의) 욕망(욕심)을 드러내지 않아서, 서민들이 혼란에 빠지지 않도록 한다.

이것이 성인이 나라를 다스리는 방법이다.

그 마음을 비우고, 그 배를 채우며, 그 뜻을 유연하게 하고, 그 골격을 강하게 한다.

항상 서민들이 (헛된) 지식과 욕심을 쫓아가지 않도록 한다.

지식을 지닌 현자가 감히 인위적인 일을 하지 못하도록 하면, 즉, 다스려지지 않음이 없다.

첫째 구절, '不上賢, 使民不爭.' 현(賢)자를 높이 사지 않음으로써, 서민들이 다투지 않도록 하라.

지식과 학식을 많이 쌓은 현(賢)명한 사람을 높이 평가하여 높은 자리에 앉히고 중요한일을 맡기는 것이 당연할 수 있습니다. 하지만, 그런 일은 아래 계층의 사람들이 상위 계층으로 이동하려는 욕심을 부추깁니다. 사회를 권력과 힘을 갖기 위해 현자가 되려는 경쟁(爭)의 장으로 만들기 쉽습니다. 계층 간 이동이 제한되면 될수록 그 경쟁은 더 치열하게 됩니다.

소위 현(賢)자로 분류되는 사람들은 자신의 지위를 더욱 굳건히 하기 위해 노력합니다. 그들은 아래에 위치한 사람들, 즉 서민 계층을 도구로 활용하여 그런 노력에 힘씁니다. 서민들은 현자가 추진하는 일의 성과를 얻기 위한 도구로 추락하기 십상입니다. 사회 계층 구조가 제공하는 불합리한 이익이 크면 클수록 사회는 경쟁(爭)이 심해지고, 경쟁에 의존해 더 많은 것을 차지하려는 모습을 지닌 사회로 변해갑니다.

위 '3개의 존재(객체)가 만드는 위상, 그리고 위상 변화' 그림에서 A, B, C가 형성하는 위상 중에 어떤 것이 가장 좋다고 할 수는 없지만, 피라미드 구조에서는 높은 층위일수록 유리합니다. 높은 곳에 위치하면 전체를 볼 수 있다는 이점이 있으며, 희소성 관점에서 상대적 우위를 점할 수도 있습니다.

어떤 위상이 가장 좋다고 언급하기 위해서는 특정 조건이 붙어야 합니다. 조건과 상황에 따라 위상의 좋고 나쁨도 변할 수 있기 때문입니다. 피라미드 구조물의 꼭대기는 뜨거운 태양열과 비와 바람의 영향을 가장 많이 받는다는 점에서 항상 좋은 위상이라고 할 수만은 없습니다. 그런 모질고 거친 환경을 견뎌낼 수 없는 존재는 그 위치에 놓이는 경우 열과 비바람의 고통 속에서 무너져 내릴 것입니다.

물리적 자연 환경 측면이 아닌 사회적 관점에서는 사회의 복잡성이 증가하면 증가할수록 조건과 기준을 이해하기 어렵다는데 문제가 있습니다. 사회는 그렇게 단순하지 않으며 추구하는 방향 또한 다양하고 시대와 환경에 따라 시시각각 변합니다. 그래서 사람들은 눈에 보이는 관점에서 유리한 위상을 차지하려고 노력합니다. 다양성이 부족한 사회일수록 특정 가치만을 고집하는 경향이 강해지며 그에 따른 편향성이 심해집니다. 다양한 위상이 존재함에도 불구하고 2장에서 설명된 이분법적 방법의 사용만 증가할 수 있습니다. 사회적 가치와 아름다움의 기준이 한쪽 방향으로 쏠린 사회가 만들어지는 것을 의미합니다.

편향성이 증가되는 사회에서는 이분법적 논리가 유리하며, 이러한 논리가 더욱 활성화됩니다. 경쟁에서 내몰리지 않으려 갖은 노력을 다하고, 생존을 위해 유리한 계층을 점유하려는 노력이 심화됩니다. 그 과정에서 자연스럽게 마음속에 가중되는 것이 바로 욕(欲)심입니다. 바라(欲)는 마음(心)에 관성이 적용되어 멈추기 어려운 상황에 다다르기 쉽습니다. 같이 공존해야 할 사람들을 경쟁(爭)의 대상으로 인식하고, 갈등과 다툼이 심화됩니다. 그 극단의 상황이 국가 간 전쟁(爭)입니다.

춘추전국시대는 전쟁이 빈번하던 시대였습니다. 제후와 왕은 자신의 국가 위상을 높이고 유리하게 이끌며 생존하기 위해서 절대적으로 현(賢)명한 신하가 필요했습니다. 그렇기 때문에 숨은 현자 발굴에 노력을 아끼지 않았습니다.

국가와 사회 변동이 심할수록 위기에 대한 인식이 커지고, 이는 또 다른 기회를 낳습니다. 전쟁과 난세를 피해 다른 나라로 피난 간 사람들은 새로운 터전에서 제후와 왕의 신하로 발탁되기 위해 온갖 노력을 다하기 마련입니다. 공자(孔子)도 그 제자들과 자신의 정치를 실현하기 위해 자신을 알아줄 임금(君)을 찾아 14년이나 천하(天下)를 떠돌아다녔습니다. 그런 역사적 사실을 통해서 현(賢)자를 구하는 시대적 요구를 이해할 수 있습니다.

문제는 '현자(賢者)의 기준이 무엇인가?'입니다. 특정 지식이 많은 사람이나, 기술이 뛰어난 사람을 현자(賢者)라고 부르지는 않습니다. 그런 사람은 해당 분야의 달인(達人) 또는 장인(匠人)이라고 합니다. 국가와 사회적 관점에서 현자(賢者)는 정치를 잘 이끌어나갈 수 있는 정치인에 해당합니다.

그러나 그런 능력을 검증하는 일은 쉽지 않습니다. 그래서 현자(賢者)가 될 일정 기준의 소양을 갖춘 사람을 선발하고, 적정한 자리에서 일할 기회를 주어 검증의 시간을 갖는 것이 보통입니다. 일에 대한 성과를 기준으로 더 높은 위치의 자리와 권한을 제공하는 방식입니다.

2,500년 전이나 현대의 시스템 모두 이런 방식을 활용하여 인재를 등용하곤 합니다. 이런 시스템에서는 일정한 소양을 쌓기 위한 교육이 중요하게 여겨집니다. 그리고 교육 과정을 통해 배운 내역의 양과 질은 기회를 부여하고 선택하는 척도가 됩니다. 현대 사회에서도 이런 방식을 활용하여 대학 진학 여부를 평가하고 인재를 채용합니다.

결국 우리가 활용하는 체계는 특정 조건을 활용한 비교 선택의 방식입니다. 세상을 계층 구조로 만들고, 비교 선택의 방법을 활용하여 그 계층의 사다리를 올라갈 수 있도록 만드는 것입니다. 이런 방식을 근간으로 삼는 사회 체계와 교육계의 진학 변별 과정에서는 경쟁(爭)이 심화되는 것이 당연합니다. 사회에서 주된 생각의 틀과 철학이 그런 방식을 추종하기 때문입니다.

3개 이상의 존재에서는 구조적으로 위상과 계층이 없을 수 없습니다. 사회도 마찬가지입니다. 사회에서 계층과 계급이 나누어지지 않았던 적은 역사적으로 한 번도 없었습니다. 어떤 형태로든 계층은 나누어지고 역할은 분할되어 협업하는 사회를 만들어왔고 앞으로도 그렇게 될 것입니다.

그러면, 어떻게 사회 체계를 이끌어가는 것이 바람직할까요? 노자(老子)는 다음 구절에서 그 해답을 간명하게 제시하고 있습니다.

둘째 구절, '不貴難得之貨, 使民不爲盜. 不見可欲, 使民不亂.' 얻기

어려운 재화를 귀하게 여기지 않음으로써, 서민들이 도적질을 하지 않도록 하고, 욕심을 드러내지 않음으로써, 서민들이 분란에 처하지 않도록 하라.

제후나 왕이 구하기 어려운 사치품, 보물 등을 귀하게 여기는 경우 그 아래 계층은 그것을 구해 헌사하기 위해 온갖 노력을 다하게 됩니다. 현(賢)이라는 글자를 자세히 들여다보면, 돈(貝), 즉 재력을 갖춘 신하(臣)를 오른팔(又) 위치에 두는 형상의 글자입니다. 고대 사회에서 신(臣)하의 주 업무는 세금(貝)을 잘 걷는 일이었습니다.

제후나 왕이 재물에 대한 욕심을 드러낼수록 현(賢)명한 신하는 갖은 방법을 동원해 국민들에게 세금을 걷는 일을 수행합니다. 그런 과다 세금 징수가 원인이 되어 서민들의 삶은 궁핍해지고, 끝내 도적질을 하게 된다는 설명입니다. 서민들이 생계를 위해 도적질을 해야만 하는 심각한 상황까지 이르지 않도록 하라는 주문입니다. 문제의 원인과 시작은 최상위 계층인 성인(聖人)의 욕심에 있습니다.

셋째 구절, '是以聖人之治也.' 그렇게 하는 것이 성인(聖人)이 나라를 다스리는 방법이다.

넷째 구절, '虛其心, 實其腹, 弱其志, 强其骨.' 그 마음을 비우고, 그 속을 실하게 채우며, 그 뜻을 약하게 하고, 그 기골(氣骨)을 강하게 하라.

3장 모든 구절의 주어는 성인(聖人)입니다. 즉, 왕과 제후가 해야 하는 일에 해당합니다. 성인(聖人)은 자신의 마음을 비우고, 속을 충실히 채우며, 자신의 뜻은 유연하고 약하게 하고, 자신 신체의 기(氣)와 골(骨)은 강하게 함이 바람직하다는 의미입니다.

욕심으로 마음을 채우는 일을 경계하고 속을 충실히 한다는 것은, 무절제한 식사나 음주가 아니라 건강한 음식으로 충실히 속을 채우고 재물이나 다른 욕심을 절제하라는 의미입니다. 사람의 마음은 배가 부르면 여유가 생기기 마련입니다. 어떤 것을 이루겠다는 뜻을 강하게 갖고 집착하면 오히려 여유로운 마음이 사라집니다. 몸은 경직되며 스트레스가 발생하고 안으로부터 기(氣)가 약화되기 쉽습니다. 이를 몸이 허약해지는 병, 골병(骨病)이라 합니다. 의지는 있지만 실제로 어떤 일을 마주하여 이루어낼 힘(氣)이 부족할 때 약골(骨)이라 부릅니다. 성인(聖人)이 기(氣)와 골(骨)을 강하게 하는 이유입니다.

제후나 왕은 국가의 가장 최상위층에 위치하기 때문에 어떤 어려운 상황에서도 유연하게 여유로움을 지니고 신체적, 정신적으로 흔들리지 않는 자세와 태도를 유지하는 일이 중요합니다. 계층 피라미드의 최상위 자리에 위치하여 강렬한 태양과 비와 바람을 맞는 상황에서도 꿋꿋하고 의연한 자세와 태도를 유지하는 것이 만인(萬人)이 바라는 임금(君)의 모습이기 때문입니다.

다섯째 구절, '恒 使民無知無欲. 使夫智不敢不爲而已, 則無不治矣.' 항상, 서민들이 지식에 집착하지 않고, 욕심에 집착하지 않도록 한다. 무릇 지혜롭다는 사람이 감히 일을 벌이지 않고, 인위적인 일을 하지 않도록 할 따름이다. 그렇다면, 다스리지 못할 일이 없다.

3장의 구절들은 주로 서민들을 어떻게 하도록 한다는 주문이 많습니다. 제후나 왕은 서민들을 직접적으로 다스리는 계층이 아님에도 불구하고 이런 요구가 많은 이유는 군(君)주가 중간 계층에게 요구하는 사항이 반영되어 서민들의 삶에 영향을 미치기 때문입니다.

  즉, 성인(聖人)은 정치를 행할 때에 서민(庶民)을 바라보고 항상 서민을 생각하는 관점에서 행해야 한다는 설명입니다. 2장에서 이미 설명했듯이, 인위적으로 일을 벌이는 정치나 언어를 통해 명령하는 가르침이 아닙니다. 성인(聖人)의 실천과 행동이 보여주는 모습에 의한 가르침입니다. 본보기에 의해 신하 계층인 현자(賢者)가 그 모습을 따르고, 서민들의 마음이 우러나올 때 나라를 잘 다스릴 수 있다는 설명입니다.

  '使民無知無欲'에 대한 해석에 주의해야 합니다. 무(無)라는 글자가 없다는 의미 외에도 '집착하지 않는다'의 의미로도 쓰인다는 점입니다. 여기에서는 서민들이 지식이 없도록 만들라는 의미나 욕심이 없도록 만들라는 의미가 아닙니다. 인간이 가진 지식의 양이 적을 수 있습니다. 또 욕심을 줄일 수는 있지만 없도록 만들 수는 없습니다.

  노자 사상을 폄하하고 의도적으로 왜곡하려는 사람이 아닌 이상, '서민들을 무식하게 만들고, 서민들의 욕심을 없애라'라는 의미로 해석하는 것은 어리석은 일입니다. 공자가 평생 배우고 익히는 것을 즐겁게 여기는 것과 대조적 의미로 견주어 비교하는 일은 더욱 어설픈 일입니다. 누가, 무엇을, 어떻게, 어떤 상황에서, 왜 하는지에 대한 이해가 부족하기 때문에 발생하는 일입니다.

  그런 어리석은 비교를 활용하여 고교 윤리 과정에서 서슴없이 학생들에게 가르치고 있습니다. 선생님이 어리석은 것일까요? 윤리 교과서를 만든 사람이 어리석은 것일까요? 아니면, 그런 교과서를 만들고 가르치는 일을 방관하는 교육부의 상위 계층이 어리석은 것일까요? 철학이 부족하기 때문입니다.

그런 어리석은 일을 이끈 철학자에게 인간이 욕심이 없도록(無慾) 만들 수 있는 방법 3가지만 제시해보라고 요구하고 싶습니다. 아니, 한 가지라도 제대로 된 윤리 철학적 방법론을 제시할 수 있다면 21세기 최고의 철학자라 할 수 있을 것입니다. 만약 어떤 과학자가 정상인의 지식이 없도록(無知) 만들 수 있는 방법을 찾는다면 21세기 최고의 두뇌 생체공학자라고 할 수 있을 것입니다.

물론 글에 적혀 있는 의미론적 관점에서 서민들이 지식에 연연하지 않고 욕심에 연연하지 않도록 이끄는 일 또한 쉬운 과제는 아닙니다. 우리가 살고 있는 현대 사회를 바라보아도 지식에 연연하지 않는 사람과 욕심에 집착하지 않는 사람을 주변에서 찾아보기 어렵습니다. 노자(老子)는 넷째 구절을 통해 최상위에 위치한 임금(君)부터 스스로 모범을 보이는 일로 시작하라는 방법론을 제시하고 있습니다. 누가, 무엇을, 어떻게, 어떤 상황에서, 왜 그렇게 해야 하는지를 모두 포함한 방법입니다.

무지(無知), 무욕(無慾), 무위(無爲)라는 단어들이 노자(老子)의 사상이 담겨 있는 핵심 글자라고 할 수 있지만 그 단어가 어떤 상황에서, 누구에게, 어떤 의미를 갖고 있는지 맥락을 빼고 이야기한다면 오해가 발생하기 쉽습니다. 인간이 이루는 삶과 복잡한 사회에서 발생하는 관계를 어떻게 한두 글자로 모두 설명할 수 있겠습니까? 그런 만능적 의미를 지닌 단어는 신(神)을 믿는 일과 유사합니다. 즉, 믿음에 의지하는 일에 가깝습니다. 3차원 공간의 현실계를

유불도 동양 3대 철학에 대한 이해

넘어, 자신만의 4차원적인 요소를 대입해 상대에게 믿음을 강요하는 일입니다.

3개의 존재는 2개의 존재가 확장된 구조입니다. 그렇기 때문에 비교와 선택의 과정이 반복적으로 확장되어 활용되는 모습을 보입니다. 3개의 존재가 상호 보완을 이루어 상생하는 구조를 만들어 낼 수도 있습니다.

삼각형의 구조체가 균형을 이루어 하나의 도형을 만들어내는 모습과 같습니다. 삼각형을 그릴 때에 나의 욕심을 가득 실어 한 변만 길게 그린다면 어떤 모양의 삼각형이 그려지는지 쉽게 상상할 수 있습니다. 2개의 존재를 바라볼 때 활용되는 '비교'와 '가치'라는 속성이 3개의 존재를 바라보는 일로 확장되면 '욕심'이라는 속성이 더욱 드러나게 됩니다.

마치 세 살 아이가 비교를 통해 좋고 싫음을 이해한 후, 이를 확장하여 더 많은 것을 손에 쥐려는 모습과 비슷합니다. 욕심은 인간 마음 깊이 뿌리내리고 있는 근원적 속성에 해당합니다. 따라서 생명을 다하는 순간까지 욕심을 내려놓는 일은 쉽지 않습니다.

그래서 노자(老子)는 마음을 비우고 자신 스스로를 채우는 일로 만족하라는 주문을 전달하고 있습니다. 부와 귀한 재화에 대한 욕심을 버리고 비교와 선택을 통한 경쟁 구도를 최소화하면 인위적인 사업을 줄일 수 있습니다. 국가가 세금을 확보해 온갖 사업을 벌이는 것보다, 오히려 사업을 최소화한다면 다스리지 못할 일이 없게 됩니다. 국가 차원에서의 작은 정부 실현입니다. 국가 차원의 욕심을 비우고, 사회의 경쟁 구도를 최소화하는 일이 더 바람직하다는 의미입니다.

6. 충(沖), 빈 공간, 비어 있는 영역에 대한 이해

　노자(老子) 도덕경(道德經) 1~3장에서는 하나, 둘, 셋의 객체 사이에 만들어지는 속성에 대해 살펴보았습니다. 4장은 3개의 객체를 확장한 상황을 설명하고 있습니다. 객체들 사이에 비어 있는 공간이 등장합니다. 객체가 서로 떨어져 위상 사이에 간극이 발생하고, 객체들 간에는 빈 공간이 채워집니다. 그 간극, 즉 빈 공간을 표현한 글자가 바로 충(沖)입니다.

　두 객체 사이에 존재한다는 의미의 중(中), 그리고 비어 있지만 100% 아무것도 없는 것이 아니라 약간의 물(氵)이 존재한다는 의미가 합해진 글자가 충(沖)입니다. 우리가 살고 있는 지구에서의 빈 공간, 대기를 의미합니다.

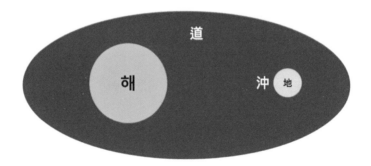

객체(만물) 사이에 존재하는 빈 공간, 충(沖)

道沖而用之, 又不盈也. 淵呵似萬物之宗.
도충이용지 우불영야 연아사만물지종

鉡其銳, 解其紛, 和其光, 同其塵. 湛呵似或存.
좌기예 해기분 화기광 동기진 담아사혹존

吾不知誰之子也, 象帝之先.
오부지수지자야 상제지선

도(道)는 비어 있어 형체가 없으나,

그것을 사용할 때에는 넘치는 법이 없다.

깊고 깊구나! 마치 만물의 근원 같다.

날카로움은 무디게 하고, 분열은 풀어 해소하며,

빛은 부드럽게 하고, 티끌 같은 진흙은 하나로 뭉치게 한다.

깊고 깊구나! 마치 존재하는 것 같다.

나는 어떤 분인지 알지는 못하지만, 그 모습은 천제보다 앞선
존재이다.

첫째 구절, '道沖而用之, 又不盈也. 淵呵 似萬物之宗.' 도(道)는 비
어 있지만 그것을 활용할 수 있으며, 그 쓰임은 다 채울 수 없다.
깊구나! 마치 만물의 근원이 되는 것과 같다.

도(道)의 속성은 마치 빈 공간과 같습니다. 형체나 모습이 눈에
보이지 않지만, 우리를 둘러싸 전체를 채우고 있으며 무한한 작용
을 만듭니다. 물(氵)이 포함되어 있는 빈 공간입니다. 도(道)는 활용

할 수 있지만, 그릇을 가득 채우는 것처럼 모두 다 활용할 수는 없습니다. 우리는 올바른 길(道), 방법(道)의 일부분만 활용하고 있다는 의미입니다. 100% 올바른 길과 방법(道)을 선택한 것 같은 일도 꼭 그렇지만은 않습니다. 다른 방법은 있기 마련입니다.

세상만사를 이루는 모든 법칙과 올바른 길을 어떻게 다 알 수 있겠습니까? 그래서 깊은 바다(淵)와 같다고 감탄하고 있습니다. 마치 만물의 종주(宗主), 근원이 되는 것 같다고 설명하였습니다. 깊은 바다(淵)의 속성을 모두 알 수 없듯이 도(道)에 대해 우리는 다 알 수 없습니다. 이를 깊은 바다(淵)와 같다고 비유하여 표현하고 있습니다. 여기에서 사용된 연(淵)이라는 글자는 연못이 아니라 바다와 같은 넓고 깊은 물을 의미합니다.

둘째 구절, '銼其銳, 解其紛, 和其光, 同其塵. 湛呵 似或存.' 그 예리함을 꺾어 무디게 하고, 분열을 해소하며, 그 빛을 조화롭게 하고, 티끌과 먼지와 같은 흙을 뭉치게 한다. 깊이 잠겨 있구나! 마치 존재하는 것 같다.

첫째 구절에서 도(道)는 수분을 함유한 비어 있는 공간(沖)이라고 했습니다. 지구 대기의 속성에 해당합니다. 공기 속에 포함되어 있는 수분과 물의 작용과 순환에 의해서 날카로운 태양 빛이 누그러집니다. 그 강렬한 태양의 빛은 조화롭게 되어 생명이 살 수 있는 정도를 이룹니다. 모든 생명체는 그 빛의 에너지를 이용해 살아갑니다. 물의 작용과 순환에 의해 먼지와 진흙은 뭉쳐져서 흙이 됩니다. 사막과 같은 상태에서는 티끌과 먼지와 미세한 모래 가루는 분열되고 흩어져버립니다.

흙은 티끌과 작은 크기의 다양한 유기체 부산물과 바위에서 부서진 미세한 가루가 뭉쳐 덩어리를 이룬 상태입니다. 그런 덩어리를 이루기 위해서는 적당한 양의 수분에 의한 응집력이 필요합니다. 생명체는 태양의 빛을 통해 에너지를 얻고, 흙으로 이루어진 땅을 통해 양분을 흡수하며 살아갈 지지 기반을 얻습니다. 그것이 우리가 살고 있는 지구의 모습입니다.

4장의 첫 2개 구절은 생명체가 살아가기 위한 조건을 설명하고 있습니다. 그 근원적인 방법과 작용은 비어 있어 눈에 보이지는 않지만, 도(道)에 의해서 이루어진다는 설명입니다. 3차원 공간에 만물이 존재하고, 생명의 순환 작용이 이루어지는 모습의 근원적 속성을 설명하였습니다.

셋째 구절, '吾不知誰之子也, 象帝之先.' 나는 누구의 자식인지 모르겠지만, 그 모습은 천제(天帝)보다 먼저 있었으리라.

여기에서 나(吾)는 성인(聖人)입니다. 제후나 왕의 관점에서 언어를 사용하고 있습니다. 도덕경(道德經)을 읽는 사람은 신하 계층의 대부(大夫)도 아니고 정계나 공직에 진출하기 전 귀족 계층인 선비(士)는 더욱 아닙니다.

왕이나 제후, 또는 그런 성인(聖人)이 될 태자(太子)라고 불리는 사람이 누군가에게 묻고 있습니다. "너는 누구의 자식이냐?" 즉, 너는 이 세상에서 어떤 존재인가? 어디에서, 무엇을 하는 사람인가? 성인(聖人)이 그런 질문을 했을 때 답을 하지 않고, "저도 제가 누구인지 모르겠습니다" 하는 형태로 답할 수 있는 사람은 없습니다. 왜냐하면, 그런 사람은 불손죄로 죽음에 처해지기 십상이기 때문입니다.

성인(聖人)의 입장에서 질문하고 있음을 이해하면 의미 이해가 쉬워집니다. 성인(聖人)인 내가 근원을 모르는 일은 하늘의 신(神), 천제(天帝)일 뿐입니다. 비어 있는 공간(冲)과 그것을 이루는 법칙(道)은 하늘의 신(神)인 천제(天帝)보다 먼저 존재했다는 설명입니다. 즉 해와 달, 그리고 별, 인간이 살고 있는 땅(지구)을 포함한 빈 공간은 이미 인간이나 신이 존재하기 이전에 존재하고 있었다는 철학입니다.

상제지선(象帝之先)의 제(帝)는 인간이 만들어낸 언어로 표현할 수 있는 가장 근원적인 존재의 상징입니다. 중국의 전설상의 다섯 황제(五帝)를 의미하든, 하늘의 천제(帝)를 의미하든 무엇으로 이해해도 좋습니다. 하지만 여기서 의미하는 바는 우리가 표현할 수 있는 가장 근원적인 존재보다 앞선 형태로 이미 하늘, 땅, 해, 별, 달을 포함한 빈 공간을 채우는 우주는 이미 존재하고 있었다는 세계관입니다.

인간의 인식과 언어가 만들어내는 어떤 것보다도 더 앞선 세계가 존재하고 있었다는 시각은 인식과 언어가 만들어내는 것 자체에 한계가 있다는 의미를 지닙니다. 현대 과학 기술로 우주를 관찰하고, 우주에 대한 이해를 조금씩 더하고 있는 사실도 무한한 우주의 한 점에서 만들어지는 인식과 지식의 크기에 해당하는 한계성을 지니고 있다는 의미로 확장하여 생각해볼 수 있습니다.

제(帝)는 우리가 상상하고 그려낼 수 있는 한계를 의미합니다. 또 다른 의미로는 우리 생각의 자유, 상상이 만들어낸 허구적 형태의 신(神)에 해당합니다. 허구가 빚어낸, 믿음이 이끄는 허상입니다. 즉, 실체가 아닌 개념에 해당합니다.

우리의 인식과 사고라는 영역에서 신(神)이라는 개념과 자유라는 개념은 거의 같은 시점에 탄생했다고 볼 수 있습니다. 둘 사이의 공통점은 한계에 제한을 두지 않는다는 점, 한계를 초월한다는 관념에서 출발합니다.

신(神)이라는 관념 생성의 근간에는 믿음(信)이라는 속성이 존재합니다. 원시시대 동굴 벽화에 소 떼를 그린 것은 많은 소를 사냥하여 고기를 얻고자 하는 희망과 믿음을 그림이라는 언어로 표현한 것입니다. 그런 방식으로 꿈에 그리던 일에 대한 믿음을 강화하고 그 믿음이 확장, 발전되면서 신(神)이라는 관념이 만들어졌습니다. 신(神)의 형체와 모습은 인간의 언어를 통해 가다듬어지고 표현되었습니다. 시대를 거치는 동안 그 시대의 역사와 사회적 관점에서 모순된 일부는 제거하고, 일부는 승화시켜 초월적 존재로 발전시켰습니다.

4장에서 설명하고 있는 사항은 객체, 즉 물질이 덩어리를 이루는 상태를 벗어나 공간(沖)을 형성하는 구조와 모습입니다. 공간이라는 것이 생성되면서 만들어지는 속성에 대한 설명입니다. 물질 사이에서 비어 있는 공간(沖)의 길이는 객체 사이의 거리를 의미합니다. 물질 사이의 상호 간 영향력은 물리적 관점에서 만유인력과 중력의 법칙에 따라 거리 제곱에 비례하여 줄어듭니다. 물질이 인접해 붙어 있는 상황을 다룬 철학이 1~3장이라면, 4장은 공간을 추가하여 세상을 확장된 형태로 이해하는 사고의 틀입니다.

즉, 4장의 구조적 근간에는 공간이라는 차원이 있습니다. 공간을 이루는 것이 존재하지 않고 온 우주가 물질로 꽉 차 있는 상태를 상상해보면 쉽게 이해할 수 있습니다. 우리가 살고 있는 세계와는 전혀 다른 모습의 세계일 것입니다. 빈 공간(沖)이 있음으로써 물질 간의 거리에 따라 다른 영향력이 발생합니다.

3차원 공간에서 영향력은 상호 간의 힘과 에너지에 대한 관계를 의미합니다. 영향력의 많고 적음을 기준으로 우리는 자유라는 개념을 만들었습니다. 객체 간에 전혀 영향력이 없는 상태를 완전한 자유도를 갖는다고 설명합니다. 영향력이 있다는 것은 상대 객체에 대해 구속력을 갖는다는 의미와 동일합니다. 자유도가 적은 경우입니다.

공간의 거리에 따라 물질 사이에, 그리고 사람 사이에 영향을 주고받는 정도가 달라집니다. 상황의 밀접도와 환경에 따라 관계의 정도가 다르게 형성됩니다. 우리는 우리를 둘러싼 모든 것에 대해 영향을 주고받지만, 대부분은 접촉한 상태가 아닌 일정한 거리를 두는 상태에서 관계가 이루어집니다.

특히, 인간관계의 측면에서 바라보는 자유도는 타인에 대한 영향과 구속력에 대한 이해 관점입니다. 영향력을 주고받는 일은 몸에 줄을 감고 시합하는 줄다리기와 같은 양상을 지닙니다. 힘이 센 사람 입장에서는 상대를 내 의지에 따라 끌어당기는 시합을 의미하지만, 힘이 약한 사람에게는 영향력에 의해 끌려가는 일이 벌어지는 양상입니다.

사회에는 사람들 사이에 눈에 보이지 않는 관계의 줄이 존재합니다. 자유롭다고 느끼는 사람일수록 관계가 형성하는 줄에 영향을 적게 받고 있다는 것을 의미합니다. 그런 영향에 연연하지 않아도 되기 때문에 자유를 느낄 수 있습니다. 사회 속에서 서로를 바라보는 시각, 대하는 방식과 법칙, 영향은 관계에 따라 달라집니다.

4장 이해 과정에서 주의할 사항은 공간이라는 개념이 생성되기 때문에 상호 간 거리의 정도가 의미를 지닌다는 점입니다. 눈에 보이지는 않지만 수분을 포함한 공간의 무엇인가에 의해 태양 빛의 강렬함이 누그러지고 생명이 살아갈 수 있는 적당한 에너지가 전달됩니다.

우리가 살아가는 세계는 해와 별, 그리고 지구 사이의 비어 있는 공간, 즉 자유 영역에 만물이 채워져 있는 구조입니다. 그 만물(萬物) 사이에는 공간이라는 거리가 존재하고, 그 거리에 따라 보이지 않는 힘과 영향력의 끈이 작용하고 있습니다. 그런 일체의 작용과 관계가 이루어지는 원리의 집합을 도(道)라고 부릅니다.

만물이 인접하여 붙어 있는 우주와는 달리 충(沖)이라는 빈 공간이 존재함으로써 만들어지는 법칙이 도(道)입니다. 지구라는 계에서 충(沖)은 단순한 빈 공간이 아니며, 물(氵)에 의해 공간의 변화와 작용(用)이 이루어진다는 점을 세상의 기본 틀로 설명하고 있습니다. 충(沖)은 해와 지구라는 항성, 행성 크기의 관점에도 존재하지만 미세한 먼지와 모래 같은 작은 알갱이 사이에서도 작용합니다. 또 물리적으로 더 작은 분자나 원자 사이에서도 존재하고 작용합니다. 물론 2,500년 전 분자나 원자 단위의 작은 영역을 이해할 수는 없었지만, 원자핵과 전자 사이의 공간이 형성되어 있고 강한 상호작용력에 의해 물질이 구성된다는 사실은 그때나 지금이나 변함이 없습니다.

무한히 큰 우주 공간으로 확장을 이루는 관점에서 바라보는 시각과 무한히 작은 영역으로 축소한 관점에서 바라보는 시각이 모두 펼쳐져 있습니다. 그 빈 공간의 영향력과 거리도는 다른 표현으로 '자유'라고 이해할 수 있습니다. 자유에 대한 인식의 한계는 인간의 인식과 관찰 능력에 따라 제한됩니다.

자유 공간이 넓어지면 넓어질수록 상호 간 힘과 작용이 약해지고 자유도는 높아집니다. 자유 공간의 거리 변화에 따라 태양의 빛은 세기를 달리하여 봄, 여름, 가을, 겨울의 계절 구분을 만듭니다. 땅에서는 티끌과 같은 유기물이 분해된 먼지(塵)와 암석과 같은 무기물의 작은 알갱이들이 자유도에 따라 결합하는 힘이 달라져 흙의 찰기가 달라집니다.

물질 사이에 공간이 존재함으로써 자유라는 개념이 생성될 수 있습니다. 서로 간에 미치는 영향과 관계는 어느 정도의 거리를 넘어서는 경우 영향력이 0에 가까운 지점에 다다르게 됩니다. 한계 지점이라는 범위가 형성을 의미합니다. 한계 지점을 넘어서는 순간 서로 간의 구속력은 없어지며 아무런 관계를 갖지 않습니다.

자유와 영향(구속)은 서로 다른 반대적 속성을 표현하는 단어인 것처럼 여겨지지만, 서로 상호 보완적인 의미를 지닙니다. 관계의 관점에서 직선상에 표현하는 경우 하나의 틀을 이루는 개념에 해당합니다.

마지막 구절의 상(象)은 도(道)에 의해서 이루어지는 일련의 작용과 활동의 모습을 의미합니다. 빈 공간을 형성하는 틀에서 이루어지는 우주의 모습(象)은 하늘의 신, 천제(帝)보다 먼저라는 뜻입니다. 1장에서도 설명했지만 우리는 모든 것을 다 알지 못합니다. 지식과 인식의 한계점이 광활한 우주 작용(道) 중 먼지만큼도 안 되는 미약한 수준이기 때문입니다.

4장의 내용을 제대로 설명하기에는 필자의 지식과 표현력이 한참 부족합니다. 바라보는 관점과 이해의 깊이에 따라 해석하는 사람이 무한한 확장을 이룰 수 있기 때문이기도 합니다. 공간이라는 개념이 생성되면서 갑자기 무한히 많은 변수와 법칙이 등장할 수 있는 요인이 발생합니다. 그래서 그런 것들을 동시에 살펴보는 일은 결코 쉽지 않습니다. 무한한 변수를 지닌 우리 사회를 이해하는 일이 어려운 이유와 비슷합니다.

마치 4살짜리 아기가 자신과 접하는 사물과 사람에 대한 인식을 넘어 공간의 모든 환경과 물질, 사람들에 대해 인식을 넓히는 과정과 유사하다고 할 수 있습니다. 세상에 대한 인식이 3살 때와 다르게 급격히 확장되는 시기입니다. 그런 인식을 기반으로 직접 맞닿는 객체 이외에도 자신을 둘러싼 환경과 체계에 대한 이해를 시작합니다. 무엇보다도 활동의 범위가 현저히 넓어집니다. 땅과 붙어 기어 다니는 수준을 넘어 걷고 뛰어다니기 시작함으로써 자신 스스로의 활동에 대한 자유도를 한층 높이는 시기에 해당합니다. 무한한 가능성을 기반으로 급격히 성장하는 시기이지만 인간으로서의 한계는 분명히 존재합니다. 아직 4살의 아이에 불과하기 때문입니다.

철학적 관점에서 조심스럽게 다루어야 할 부분은 한계를 넘어서는 영역에 대해 접근하는 방법입니다. 이때에 믿음이란 도구를 사용하고, 믿음을 강요하는 일에 의지한다면 신(神)에 대한 접근 방법에 해당하는 일입니다. 종교적 관점의 접근 방법이라는 의미입니다.

자유도가 높아지는 것은 영향 거리가 멀어진다는 의미를 지닙니다. 거리가 멀어지면 자유롭고 독립적이라는 의미를 갖지만, 한편으로는 혼자가 되는 상황을 의미합니다. 인간은 사회를 이루어 살아가는 존재이기 때문에 홀로 살아가려면 많은 노력이 필요하고 제약이 따릅니다. 인간이기 때문에 혼자가 되는 일은 오히려 자유도가 낮아지는 방향에 해당할 수 있습니다. 삶을 유지하는 노력에 드는 어려움 이외에 고독과 외로움의 늪에 빠지기 쉽습니다. 우리는 고독과 외로움에 대해 두려워합니다. 그 두려움을 잠재우고, 삶의 편리를 위해 어떤 형태로든 관계를 맺으려 합니다. 그 과정에서 종속되는 일조차 서슴지 않습니다.

두려움에 초점을 맞추어 세상을 바라보는 일을 경계할 필요가 있습니다. 강렬하고 날카로운 상황을 두려워하고, 분열되어 흩어지는 상황으로 인해 발생하는 위기에 대한 두려움에만 초점을 맞추어 세상을 바라보는 관점은 스스로를 나약하게 만들고 의지하려는 성향을 부추깁니다.

원시시대에는 맹수와 추위, 더위, 폭풍, 가뭄 등 인간의 한계를 넘어서는 초자연적 현상을 두려워했기 때문에 초월적 믿음에 의지하려는 성향이 강했습니다. 믿음에만 의지하는 경우 세상에 대한 이해를 올바르게 구하지 못하고 잘못된 방향의 길로 향할 수 있습니다.

과학과 기술이 발달한 현대에서도 이런 맥락의 실수를 벌이기 쉽습니다. 과학과 기술이 이끄는 편리함보다 그 날카롭고 위험한 요소에 대한 두려움이 앞서기 때문입니다. 이해가 부족한 가운데 두려움을 부추기는 일이 커지면 커질수록 과학적 방법과는 다른, 믿음에 의존하려는 성향이 강해집니다.

비과학적인 요소에 의존하고 있는지, 종교적 믿음이라는 요소에 의존하고 있는지 판단이 명확하지 않다면 해당 관점에서 한 발 물러나 그 영향력을 최소화하고 자유로운 상태에서 판단을 구하는 시도가 필요합니다. 철학이라는 도구가 제공하는 방법이 바로 그것입니다.

7. 중(中), 인간 의지의 중심(中心)

노자(老子) 도덕경(道德經) 5장에서 설명하는 핵심 사항을 찾기 위해서는 중(中)이라는 글자 쓰임에 대한 이해가 필요합니다. 누구에게, 왜 중(中)이 적용되는지 살펴봐야 합니다.

5장에서는 자연계의 속성을 바라보던 1~4장의 관점을 훌쩍 뛰어넘어 인간을 대상으로 바라보는 시각의 대전환이 이루어져 있습니다. 1~3장에서 객체의 존재와 그 관계를 설명한 이후, 4장에서는 객체 간의 거리, 빈 공간(沖)이 포함된 영역으로 확장됩니다. 5장에서는 인간 사회에서 만들어지는 인간 간의 보이지 않는 끈, 영향력에 대해 설명하고 있습니다. 그리고 인간의 중심에 자리하고 있는 것이 무엇인지 설명하고 있습니다.

인간이라는 존재와 의미에 대해 몇 가지 질문으로 시작해보겠습니다. 인간은 어떤 존재인가요? 어떤 의미를 지닌 존재일까요? 인간의 가장 근원적 속성은 무엇일까요? 이런 질문들에 대한 접근과 해석은 다양할 수 있습니다.

인간은 유기체로 구성된 육체 속 보이지 않는 빈 공간(沖)에 마음(心)이라는 것을 담고 살아가는 생명체입니다. 인간의 마음(心)은 이분법적 논리에 치우쳐 비교 선택하기도 하고, 욕심에 빠져들기 쉬우며, 힘과 영향력 관점에서 서로 간 적당한 거리 유지에도 실패하기 쉽습니다. 하지만 그런 불협화음을 만드는 삶 속에서도 스스로 나름대로의 길(道)을 찾아가며 살아가는 존재입니다.

인간이 지향해야 하는 방향 및 인간의 근원적 속성은 자신 스스로 마음(心)의 중(中)심에서 나옵니다. 인간의 마음(心)은 신체의 비어 있는 공간에 위치합니다. 물론 현대 의학적 지식으로 뇌 영역을 각각의 역할로 나누고 뇌 세포가 상호작용을 이루어 만들어내는 일련의 활동이라고 설명할 수 있지만, 그것은 물질적 관점에서 바라본 마음(心)의 위치를 연결 추정한 관점에 해당합니다. 어떤 방식으로 상호작용이 이루어지고, 어떻게 생각의 전환을 이루며, 어떻게 생각과 의지가 존재하는지 명확한 이해는 아직 한참 부족합니다. 1장에서 설명한 무(無)와 유(有)가 중첩되는 부분에 대한 이해를 구하는 과정에서 보이는 부분, 즉 유(有)를 먼저 바라보고 그 쓰임을 찾는 방법을 사용하기 때문에 마음(心)에 대한 이해를 구하는 일이 한쪽 면에 집중되어 있습니다.

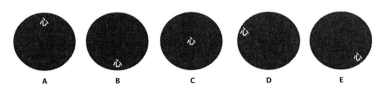

인간 마음의 중심(中心)

노자(老子) 사상(思想) 5장에서는 물리적, 의학적 관점에서의 영역과 상호작용에 대한 해석이 아니라 사회적 인간으로서 인간의 존재와 의미 관점에서 마음의 역할과 의의를 설명하고 있습니다. 인간이라는 존재에 내재하는 중심(中心)에 마음이 위치하며, 인간은 자기

유불도 동양 3대 철학에 대한 이해

자신에게 중심(中心)을 두어야 한다는 의미를 전달하고 있습니다. 즉, 인간은 자신의 자유 의지에 따라 사는 존재라는 설명입니다.

인간 마음의 중심 위치를 도형에 표현하면 A부터 E까지 다양한 형태로 그 위상을 표현할 수 있습니다. 어떤 것이 바람직한 모습일까요? 마음은 주된 관심을 두는 곳, 관심이 향하는 방향에 위치한 모습일 수 있습니다. 다른 사람에게 보이는 모습과 형태에 의존하는 모습일 수도 있으며, 반대로 외모와 형식에는 관심이 없을 수도 있습니다. 마음이 하늘 방향으로 붕 떠올라 있는 모습일 수도 있고, 반대로 가라앉아 무겁게 자리할 수도 있습니다. 한쪽 방향으로 치우쳐 있을 수도 있고, 중심을 잡고 균형을 이룬 모습일 수도 있습니다. 고정된 관점에서 무엇이 항상 '좋다' 또는 '좋지 않다'라고 평가하는 것은 무리가 있습니다. 때와 상황에 따라서 항상 일정하지 않기 때문입니다.

하지만 특정 조건과 상황을 부여하면 그 시점에서는 어떤 위상을 지닌 모습이 가장 바람직한 것인지 표현하는 일은 가능합니다. 사람들은 대개의 경우 D, E의 양상처럼 편향된 모습보다는 C와 같이 균형이 잡힌 모습을 더 선호합니다. 이런 경우에도 사람들이 더 좋아한다고 표현할 수는 있지만 '더 바람직하다'와 같이 단언하기는 어렵습니다. 가치와 의미 관점에서 무엇이 더 좋다고 이야기하기 어렵기 때문입니다.

필자가 마음을 다양한 위치에 도식화하고 표현한 이유는 인간의 마음(心)은 인간이라는 존재 내부에 어느 위치에도 있을 수 있으며, 그 마음(心)이 전달하는 무게와 중심은 다양할 수 있다는 점을 설명하기 위한 의도입니다. 더 중요한 사실은 마음(心)은 인간이란

존재 내부에 위치한다는 점입니다. 외부 요인과 타인의 힘에 의해
영향을 받아 영혼이 몸을 탈출한 듯한 모습은 있을 수 있지만, 인
간의 마음(心)의 근원적 속성은 인간 내부에 존재하며 스스로의
자유 의지에 의존하다는 점입니다.

✤ 도덕경 5장

天地不仁, 以萬物爲芻狗. 聖人不仁, 以百姓爲芻狗.
천지불인　이만물위추구　　성인불인　이백성위추구

天地之間, 其猶橐籥與. 虛而不屈, 動而愈出.
천지지간　기유탁약여　허이불굴　동이유출

多聞數窮, 不若守於中.
다문삭궁　불약수어중

천지는 어질지 않아서, 만물을 짚 강아지처럼 처리한다.
성인도 어질지 않아서, 백성을 짚 강아지처럼 처리한다.
하늘과 땅 사이는, 그 모습이 풀무와 같다.
안이 비어 있지만 오그라들어 있지 않고, 움직일수록 오히려
(공기가 더) 나온다.
많이 듣는 경우 오히려 궁하게 되고, (자신의) 중심을 지켜 수행
하는 것만 못하다.

첫째 구절, '天地不仁, 以萬物爲芻狗. 聖人不仁, 以百姓爲芻狗.' 하늘(天)과 땅(地)은 어질지(仁) 않아서, 만물을 지푸라기로 만든 강아지와 같이 대한다. 성인(聖人)도 어질지(仁) 않아서, 백성을 지푸라기로 만든 강아지와 같이 대한다.

2,500년 전 사람들의 세계에서 가장 크고 존엄한 존재는 하늘이고 땅입니다. 모든 존재를 포함하여 품어주며, 지지하고 살 수 있도록 생명의 기반을 제공하는 존재이기 때문입니다. 그 다음으로 존엄한 존재는 하늘에서 내린 성인(聖人)입니다. 그런 하늘과 땅이라는 존재가 만물을 대하는 방식과 성인(聖人)이 사람을 대하는 방식은 동일하게 어질지(仁) 않습니다.

즉, 항상 나에게 인간적이고 현명하고 평등을 이루는 관계를 기대하는 것과는 거리가 먼 일입니다. 인(仁)이라는 글자는 통상 사람(亻) 둘 이상의 관계에 있어서 서로 평등하며 인간적이고 현명하게 조화를 이루는 모습을 의미합니다. 필자가 인(仁)을 설명하면서 '통상'이라는 수식어를 붙였습니다. 일반적으로 기대하는 생각이 그렇다는 의미입니다.

평등, 인간적, 현명함이라는 단어는 상황과 조건에 따라 얼마든지 그 내용과 의미가 달라질 여지가 있습니다. 전 인류의 사람들이 보편적으로 동일한 기준과 수준의 행위를 기대하거나 명확히 정의하는 일이 어려운 관념의 단어입니다.

그렇기 때문에 내가 최선을 다해 어진(仁) 관점에서 다른 사람을 대하고 행동한다 하더라도, 다른 사람이 볼 때 전혀 그렇지 않을 수 있습니다. 이렇게 저렇게 바꾸어 해석할 수 있는 성질의 것이라면 객관적 관점에서 그 속성을 정리하여 설명하는 일은 결코 쉽지 않습니다.

하늘(天)과 땅(地)이 만물(萬物)을 대할 때에 어질지(仁) 않다고 설명하고 있습니다. 왜 그럴까요? 어질다는 것은 관점과 조건, 기준에 따라 유동적이기 때문이다. 하늘과 땅이 만물을 대하는 방식은 한마디로 무심(無心)합니다. 인간의 마음(心) 쓰는 일과는 상관이 없습니다. 어질(仁)거나 인간적인 감정을 요구하는 일과는 전혀 다릅니다. 스스로 운행(自然)되는 원칙과 방식을 따를 뿐입니다. 어떤 사물이든, 사람이든 특별히 대할 이유도 없습니다. 만물(萬物)의 모든 것은 각각의 모습을 지닌 하나의 객체일 뿐입니다.

그 쓰임이 제사 지내는 동안 생명체를 대신하는 제물 역할이라면, 그 시간 동안 그런 쓰임에 따라 활용되는 존재라는 의미로 충분합니다. 제사 이후 그 의의가 다하면 들판에서 쉽게 구할 수 있는 볏짚 줄기에 불과합니다. 하찮게 버려지는 불쏘시개로 사용되면서 그 존재의 의의가 종료됩니다.

성인(聖人)도 하늘과 땅을 본받아 어질지(仁) 않은 방식으로 사람들을 대합니다. 사람들이 역할을 다한 후 그 쓰임이 끝나면 불쏘시개로 쓰거나 가차 없이 버립니다. 누구도 특별히 여기거나 중요하게 대할 이유도 없습니다. 그저 사회를 이루는 하나의 존재일 뿐입니다.

하늘과 땅(天地)이 만물(萬物)을 대하는 방식과 성인(聖人)이 사람을 대하는 방식을 동일한 논리로 적어보니 무시무시한 언어가 기술되고 있습니다. 사람들의 통상적 가치관과는 상당히 차이가 있습니다.

노자(老子) 사상(思想)에 문제가 있는 것일까요? 전혀 그렇지 않습니다. 이미 짐작한 분도 있겠지만, 필자의 해석에 오류가 있었기 때문입니다. 백성(百姓)이라는 단어를 국민이라는 의미로 해석하였기 때문입니다. 백성(百姓)을 보편적 국민이라는 관념으로 설명하면서 논리적으로 어이없는 결과를 만들었습니다.

고대 문헌을 읽을 때 주의할 사항은 그 당시 사용되었던 단어가 현대의 의미와는 다르게 사용될 수 있다는 점입니다. 백성(百姓)은 제후나 왕이 자신의 신하 또는 지방 관리에게 성씨(姓氏)를 내려준 귀족 계층을 의미합니다.

성인(聖人)이 지푸라기로 만든 강아지(芻狗)처럼 대하는 대상은 백성(百姓)입니다. 왕-신하-서민의 계층적 구조로 볼 때에 서민(庶民)은 국가를 이루는 기반입니다. 성인(聖人)을 대신하여 서민(庶民)을 통제하고 일을 시키는 계층은 신하의 계층인 백성(百姓)입니다. 3장에 나오는 현(賢)자가 속해 있는 계층에 해당합니다. 그런 백성(百姓)을 대할 때에는 무심(無心)하게 대하라는 의미입니다.

백성(百姓)을 대하는 과정에서 인자하고 평등한 어진(仁) 방식은 불필요합니다. 오히려 성인(聖人)과 신하(臣下)와의 관계에 있어 적절하지 않을 수 있습니다. 인(仁)이라는 상황과 기준에 따라 얼마든지 달라질 수 있는 속성에 의존하면 영리하고 교활한 백성(百姓)에 의해 제후나 왕이 농락당할 가능성이 높습니다. 제후나 왕이 현명하지 못할수록 그런 일이 일어나기 쉽습니다.

둘째 구절, '天地之間, 其猶橐籥與. 虛而不屈, 動而愈出.' 하늘(天)과 땅(地)사이의 공간은 풀무(橐籥)와 같다. 속이 비어 있지만 오그라들어 있지 않고, 움직일수록 더욱 (공기가) 나온다.

하늘과 땅 사이 비어 있는 공간은 풀무의 모습과 유사하다고 비유하고 있습니다. 풀무는 철을 녹이고 가공하는 과정에 공기를 불어넣어 화로의 온도를 순간적으로 높이기 위한 도구입니다. 철을 가공하고 다루는 일은 춘추전국시대 최고의 기술에 해당합니다. 철제 무기와 농기구 제작은 국가를 부강하게 만드는 원천이었습니다.

그런 철기 제작을 용이하게 만든 도구가 풀무입니다. 손이나 발로 바람을 불어넣는 풀무가 발명되기 이전에는 사람이 입으로 공기를 주입하여 화로의 온도를 높이는 방식을 사용했습니다. 입으로 불어넣는 공기로 화력을 올려 철광석을 녹이는 방식으로는 가공할 수 있는 양이 제한적이었습니다. 풀무를 활용하여 공기를 불어넣음으로써 기존 방식의 70배 이상의 효율을 가져왔습니다. 이를 통해 대량으로 철을 녹여 철제 무기와 농기구를 만들 수 있었습니다.

풀무라는 도구와 기술을 통해 본격적으로 농업 활동에 철제 농기구 사용이 가능하게 되었습니다. 단단한 철제 농기구로 땅을 깊게 파고 곡식을 심는 심경법이 개발되었고, 농업 생산량 증대에 크게 기여했습니다. 식량 생산의 증가는 인구의 증가를 낳고, 인구의 증가는 식량 생산을 늘리기 위해 더 많은 토지를 필요하게 만들었습니다.

짧은 시간 기름진 토지를 더 많이 확보하는 가장 쉬운 방법은 전쟁을 통한 영토 확장이었습니다. 춘추전국시대에 국가 간 전쟁이 잦았던 동인에는 풀무라는 발명품을 통한 철 가공 기술 향상을 들 수 있습니다.

하늘과 땅(天地) 사이 비어 있는 모양(沖)과 풀무의 빈 공간(沖)을 대조하여 설명하고 있습니다. 하늘과 땅(天地)이 만물을 대하는 것처럼 성인(聖人)이 백성을 대하는 일은 비슷합니다. 하늘(天)이 내려준 최고의 기술을 활용하여 땅(地)을 일구어 식량 생산의 증대를 이루었으나, 인간은 그 기술을 활용하여 참혹한 전쟁 무기를 생산하고 전쟁을 벌이는 교활하고 어리석은 모습을 보였습니다. 참으로 안타까운 일이 아닐 수 없습니다.

식량과 무기는 인간 사회에서 힘과 권력을 제공하는 핵심 수단에 해당합니다. 현대에서도 최고의 기술은 힘과 권력을 유지하는 기반을 제공한다는 면에서 과거와 크게 달라진 점이 없습니다. 식량이나 자원을 의미하는 재화인 부(富)는 기술을 촉발시키고, 기술은 힘과 권력과 결탁하여 특정 계층의 부(富)를 쌓고 유지하는 일을 반복하고 있습니다. 그런 체계 순환을 반복해온 인류는 그 거대한 흐름에 빨려 들어가는 모습입니다. 오히려 권력과 부(富), 급격한 기술 변화 소용돌이 속에 인간성을 잃어가는 형국입니다.

셋째 구절, '多聞數窮, 不若守於中.' 많이 들을수록 오히려 궁색함이 더해지고, 중심을 지키는 것만 못하다.

세 번째 구절에는 주어가 생략되어 있습니다. 하늘(天)의 위치에 성인(聖人)이 있고, 저 낮은 곳(地)에 가득한 서민(庶民)이 있다면, 중간자적 위치에 있는 사람은 백성(百姓)입니다.

이 구절의 뜻은 높은 곳에서 내리는 언어와 지시를 많이 들으면 들을수록 오히려 자신의 행동에 궁색함이 더해진다는 의미입니다. 명령이 많으면 많을수록 일관성이 무너지고 요구 사항이 많아지기 쉽습니다. 그리고 이행하기가 어려워집니다.

하지만 신하인 백성(百姓)이 명령을 무시하거나 등한시할 수는 없습니다. 명령을 따르기 위해 서민들을 혹독하게 대하고 강압하기 쉽습니다. 하지만 서민들도 행할 수 있는 일의 양에는 한계가 있기 마련입니다. 그런 과정이 반복되는 삶은 어렵고 곤란해지는 반면 실질적 효율성은 떨어지게 됩니다.

풀무를 두드려 철을 가공하는 대장장이의 경우에도 열심히 일을 하는 과정에 어떻게 두드려라, 빨리 두드려라 지시를 받으면서 일을 하는 것보다 자신이 자율의지에 따라 자신의 능력과 속도에 맞추어 일을 하는 편이 더 효율적입니다.

5장은 2장의 비교와 대조의 방법과 3장에서 설명한 위상 및 계층적 관계 구조를 동시에 활용하여 설명하고 있습니다. 그리고 4장에서 나오는 빈 공간에서 발생하는 자유도에 따른 권력(힘)의 영향력이 작용합니다. 인간은 힘과 권력이라는 외부 요인에 의해 좌지우지되기 쉬운 속성을 지니고 있지만, 마음(心)의 중심에 자리하고 있는 것은 자유 의지에 따른 삶이라는 설명입니다.

5장은 성인(聖人)의 관점에서 어떤 쓰임이 있을까요? 중간 위치의 사람들이 중심을 잃고 일을 올바로 수행하지 못하는 경우 국가 체계가 위험에 놓일 수 있습니다. 성인(聖人)은 서민(庶民)을 포함하는 온 국민을 다스리는 입장이지만, 현실적으로 서민을 직접 대하고 다스리지는 않습니다. 그 대리자 역할을 중간 계층에서 하고 있습니다. 그 중간 계층과 관계에서 발생하는 문제점을 풀무에 비유하여 설명하고 있습니다.

풀무에 비유한 설명의 과정에서 숨겨져 있는 교훈이 있습니다. 하늘과 땅의 최고의 기술이라도 성인(聖人)이 어떤 방향으로 활용하는지에 따라 서민을 배불리는 농기구 제작 도구로 사용될 수도 있고, 잔혹한 전쟁터로 이끌고 가는 칼과 창을 만드는 도구로 활용될 수도 있다는 점입니다.

즉, 성인(聖人)이 마음의 중심을 지키지 못하고 현(賢)자로 불리는 신하에 의해 정치가 좌지우지는 되는 경우 참혹한 전쟁터로 나라를 이끌고 갈 수 있습니다. 국가의 부(富)를 추구하는 일도, 권력의 힘을 추종하는 일도, 기술 경쟁력을 확보하는 일도 모두 세상을 대립과 경쟁의 장으로 만드는 인간의 어리석은 욕심 때문에 문제가 발생합니다.

5장을 이해하는 가운데 오해하지 말아야 할 것은 성인(聖人)이 신하인 백성(百姓)를 지푸라기 강아지처럼 대하는 일을 하찮게 여기는 것이라 생각하면 곤란합니다. 성인(聖人) 자신의 욕심, 사심을 버리고 대하라는 의미입니다. 그리고 신하의 역할, 쓰임의 관점에서 제 역할을 다하는 것에 만족해야 합니다. 신하에게 그 이상을 기대하는 것은 성인(聖人)이 스스로 마음의 중심을 잃고 의지하는 일입니다.

인간의 마음(心)은 본래 비어 있는 상태입니다. 헛된 욕심으로 마음을 채우는 경우 자신 스스로를 재촉하게 될 뿐만 아니라, 주위 사람의 부추김에 취약해집니다. 한쪽으로 치우치는 형태로 이끌리기 쉽습니다. 치우침이 극에 다할 때 궁하다 또는 궁지에 몰린다는 표현을 사용합니다. 위의 '인간 마음의 중심(中心)' 그림을 살펴보면 마음이 어떤 위치에 있는지 쉽게 이해할 수 있습니다.

우리가 명심해야 할 사항은 자신 마음의 중심(中心)을 지키는 일입니다. 앞서 2장에서 배운 '상생'과 3장의 '욕심을 비우고, 다투지 않는다(不爭)'라는 교훈을 따르는 일이 우선이며, 이를 바탕으로 4

장의 언급된 모습과 같이 조화(和)를 이루는 세상을 만드는 일이 성인(聖人)이 추구해야 할 방향입니다. 그리고 어떤 외부 영향에 좌지우지되지 않는 자유 의지를 갖추는 일이 성인(聖人)이 따라야 할 삶입니다.

노자(老子) 도덕경(道德經)은 절제되고 축약된 짧은 문장이지만, 어떤 글보다도 철학적 전개와 각 장의 연결성이 높습니다. 한 글자도 허투루 사용된 글자가 없으며, 사용된 언어는 다양한 함축적 뜻을 지닙니다.

워낙 짧은 구절에 그런 의미를 담고 있기에 항상 우리의 이해가 부족할 수 있습니다. 이때 자신 생각의 틀을 정리하여 체계화하는 일을 게을리하고 남의 말을 빌어서 '이렇다 저렇다', 즉 소위 '카더라'에 열중하는 일에 대해 경계할 필요가 있습니다. 정작 필요한 사항은 스스로의 생각 도구를 활용하여 자신 마음의 중심을 가다듬는 일입니다.

유불도 동양 3대 철학에 대한 이해

8. 인간의 지속성(谷神不死)

　노자 도덕경 6장의 핵심은 인간은 지속적으로 삶을 이어간다는 세계관입니다. 인류의 지속성을 잃고, 생명의 순환이 끊어지는 일은 인간이라는 종의 멸망을 의미합니다.

　춘추전국시대에는 잦은 전쟁으로 수많은 사람들이 참혹한 죽음을 맞았습니다. 전쟁의 폐해로 농토의 황폐화, 이어지는 흉년, 전국을 휩쓰는 역병이 잦았습니다. 그럼에도 불구하고 인간은 삶을 이어가고 또 이어갑니다. 슬픔과 절망을 잊고 지워버렸습니다. 어떤 어려움 속에서도 아이를 낳아 세대를 교체하고, 지난 세월의 상처를 씻어내며 다시 삶을 이어갑니다. 고난과 역경의 기구한 운명이 찾아와도 그것을 참고 이겨냈습니다.

　생명의 세대교체를 통해 삶을 이어가는 일이란 더 없이 신비로운 일입니다. 6장은 세상의 구조적 측면에 종의 지속성을 유지하는 일에 대해 설명하고 있습니다. 인간의 관점에서 살펴보면 인류 사회의 끈질긴 지속성의 원동력이 무엇인지 설명하고 있습니다.

　인류 사회가 맞이하고 싸워 이겨내는 커다란 재앙과 불행에 대한 회복력이 무엇인지 정확히 표현하고 설명하는 일은 쉽지 않습니다. 이에 대해 첫 구절에 4글자로 제시하는 언어가 '谷神不死(곡신불사)'입니다. 삶의 터전에서 생명은 죽지 않고 지속된다는, 간결하면서도 강렬한 뜻이 담긴 표현입니다.

✤ 도덕경 6장

谷神不死. 是謂玄牝.
곡 신 불 사　　시 위 현 빈

玄牝之門, 是謂天地之根, 綿綿 呵若存, 用之不勤.
현 빈 지 문　　시 위 천 지 지 근　　면 면　아 약 존　　용 지 불 근

(사람이 살아가는) 이 세상의 생명은 신비스럽게도 죽지 않는다.
이는 깊고 오묘한 여성의 힘 때문이다.
오묘한 여성의 (생명 생산) 작용, 그것이 하늘과 땅을 이루는 (생명의) 근원이기 때문이다.
(생명이) 끊임없이 이어지고 이어져 존재하는 것은,
그 (생명을 잉태하고 낳는) 행함을 괴로운 일로 여기지 않기 때문이다.

첫째 구절, '谷神不死. 是謂玄牝.' 삶의 터전 곡(谷)에서 생명은 신기하게 죽지 않고 이어진다. 그 이유는 심오한 여성성(性) 때문이다.

둘째 구절, '玄牝之門, 是謂天地之根, 綿綿 呵若存, 用之不勤.' 심오한 여성성(性)이 이루는 연결 고리이자, 방법(門)은 하늘과 땅에

서 (생명이 멸망하지 않는) 근간을 이루는 이유이며, (실타래같이 길게) 이어지고 이어져, 같은 존재가 지속되는 것은, 그 이루어짐이 괴롭지 않기 때문이다.

도덕경(道德經) 6장은 번역하기 상당히 까다롭습니다. 2,500년 전 사람들이 사용하는 단어의 의미와 전달하는 느낌이 현대 언어와 상당한 차이가 있기 때문입니다. 과거 여성에 대한 인식이 현저히 낮게 이루어졌기 때문에 여성을 다룬 언어의 표현이 곱지 않았습니다. 그런 이유로 심각하게 왜곡되어 번역되는 일이 잦습니다.

해석에 무엇인가 이상한 느낌이 든다면, 노자의 철학에 대한 의구심을 갖기 이전에 먼저 번역자의 해석과 철학을 의심하는 것이 바람직합니다. 1~5장에서 살펴본 철학적 구조와 논리적 글의 전개, 그리고 한 글자 한 글자 엄선하여 치밀한 전개를 이룬 글의 모습을 볼 때에 갑자기 글이 수준 이하로 추락하는 일은 석연치 않습니다. 갑자기 여성 비하 또는 여성 편견의 시선으로 세상을 바라보는 관점에서 글을 서술하고 있다는 주장은 전혀 어울리지 않는 일입니다.

많은 해석자들이 도덕경(道德經)을 올바르게 이해하지 못하고, 자신 사고의 틀을 활용하여 여성에 대한 생각을 드러내곤 합니다. 비틀어진 교육과 비틀어진 사회적 풍조와 생각의 틀이 만들어내는, 두려워해야 할 결과의 산물입니다. 아무리 좋은 글이라도, 아무리 좋은 그림이라도 비뚤어진 색안경을 쓰고 바라본다면 제대로 보기 어렵습니다. 대다수의 사람들이 그런 안경에 의존해 보고 있다면 정상 시각으로 보는 사람의 감상이 오히려 이상하겠지요. 올바로 보기 위해서는 스스로 자신의 눈앞에 비뚤어진 색안경이 있는지 살펴보는 일이 필요합니다.

6장은 구절을 나누어 이해하는 것보다 내용의 연결 차원에서 하나의 문장처럼 한 호흡으로 이해하길 권합니다. 먼저 사용되고 있는 글자의 쓰임을 명확히 이해하고 시작하겠습니다. 글자에 대한 이해가 부족하면 자칫 왜곡하는 실수가 벌어지기 쉽기 때문입니다.

곡(谷)은 현대 사회에서는 주로 계곡, 골짜기(谷)라는 의미로 사용됩니다. 하지만 우리가 살고 있는 동네의 지명을 살펴보면 그런 좁은 의미가 아니라는 것을 알 수 있습니다. 심곡동, 내곡동, 중곡동, 동자골, 피맛골, 상골, 하골, 신골, 묏골, 먹골 등 곡(谷)이라는 글자가 사용되는 지명을 심심찮게 확인해볼 수 있습니다.

곡(谷)은 사람이 살아가는 동네, 단위의 사회를 의미합니다. 우리말에 해당하는 글자는 골, 골짜기입니다. '골'이라는 지명은 조금 더 정(情)이 가는 표현입니다. '골'이 고을이란 표현으로 변형되어 활용되고, 고을이라는 언어는 마을이라는 언어와 같이 통용되며 전해왔습니다. 곡(谷)은 산의 능선 아래쪽 위치에 있는, 물이 흘러내리는 계곡을 한정하여 부르는 글자는 아닙니다. 우리가 살아가는 삶의 터전을 모두 일컫습니다. 크게 보면 생명이 살아가는 모든 땅을 의미합니다.

신(神)은 여기에서 관념적 의미의 추상명사가 아닙니다. 동사 또는 부사로 사용되고 있습니다. 사람이 사는 터전은 참 '신비롭습니다'. 또는, 사람이 살아가는 터전은 '신비롭게도' 죽지 않습니다. 생명의 지속성은 끊기지 않고 이어진다는 설명의 서술어 또는 강조

유불도 동양 3대 철학에 대한 이해

하는 역할의 글자입니다.

도덕경(道德經)이 쓰인 2,500년 전은 아직 종이가 없었던 시대입니다. 비단이나 대나무, 목간에 글을 기재하려면 글자 수를 최소화하여 쓰는 일이 절실합니다. 그래서 주어나 목적어 등을 생략하여 표현하곤 했습니다. 우리가 해석을 실수하는 주요 원인이 여기에 있습니다.

첫 구절에서도 주어가 생략되어 있습니다. 사람이 사는 터전을 이야기하는 것인지, 모든 생명을 아울러 이야기하는 것인지 명확하지 않습니다. 글 전체의 맥락을 통해서 이해할 필요가 있습니다. 주어 대입을 어떻게 해도 내용에 무리가 없는 경우에는 주어가 생략될 수 있습니다. 즉, 일반적인 상황의 경우 주어가 생략될 수 있습니다. 현대의 언어에서도 이는 별반 다르지 않습니다. 그러므로 첫 구절에서 주어는 '사람' 또는 '모든 생명체' 둘 다 적용하여 해석이 가능합니다.

시위(是謂)라는 글자는 '~이라 일컫는다'와 같이 완곡한 표현으로 해석하거나, '~이유, 까닭이다, ~때문이다'라는 의미로 원인에 대한 직접적인 설명의 표현입니다.

현(玄)이라는 글자에 대한 의미는 밤하늘을 바라보는 상황을 상기해보면 쉽습니다. 밤하늘 별의 개수, 하늘의 깊이에 대해 가늠할 수 있는지요? 보이는 것의 구분이 불가하고, 보이는 것이 몇 퍼센트인지 알 수 없는 상황, 또는 달빛도 별빛도 보이지 않는 컴컴하고 어두운 상황을 의미하는 글자입니다.

빈(牝)은 생명체의 암수를 구분할 때 사용하는 단어입니다. 사람으로 표현하면 여성과 남성을 구분하는 글자로, 여성을 의미합니다. 여기에서는 현(玄)이라는 글자와 어우러져, 아득하고 깊어 이해할 수 없는 여성의 특질, 여성성(性)을 표현하고 있습니다. 필자는 사람으로 한정하여 여성이라는 단어를 활용하여 설명하고 있지만, 생명의 암수 구분의 차원에서 암컷이라는 지칭도 가능합니다. 동물과 인간을 한데 묶어서 도매금으로 처리하여 해석하고 싶지 않았기 때문에 여성성(性)이라고 설명합니다.

남과 여의 인간 공통적 요소가 아니라 여성만이 할 수 있는 특성(性)이 있습니다. 아이를 잉태하고, 배 속에서 키우며, 때가 되면 우리가 살고 있는 공간으로 새 생명을 내보내는 일입니다.

물리적, 생의학적인 관점에서 아기가 머물고 자라난 자궁에서 세상으로 나오는 통로를 문(門)이라 지칭할 수도 있지만, 잉태하고 키우며 세상으로 나오는 과정(門)과 방법(門)을 문(門)이라 할 수 있습니다. 즉, 생명의 연결 고리를 잇는 방법(門)을 갖추고 이를 수행할 수 있는 능력을 지닌 여성 고유의 특성(性)을 의미합니다.

철학적 관점에서는 한정된 물리적, 해부학적, 생체의학적 시각이 아니라 이런 일련의 과정을 포함한 생명을 잇는 연결 통로 혹은 방법(門)으로 이해함이 적절합니다. 보이는 모습(有)을 기준으로 이해하는 일은 50%도 살피지 못하는 일에 해당한다는, 1장에서 설명한 사항을 잊지 않아야 합니다.

근(根)은 뿌리를 의미합니다. 가장 근원, 근간이 되는 일을 한다는 의미입니다. 나무의 뿌리가 하는 일을 상기해보겠습니다. 나무가 지지하고 설 수 있도록 만들어주고, 물과 양분을 공급합니다. 겨울이 되면 물의 공급을 차단하여 나뭇잎이 시들어 떨어지도록 합니다. 나무 속 수분을 최소화함으로써 수분이 얼어 팽창함으로써 나무줄기가 터지는 일을 방지합니다. 이렇게 뿌리는 생명 지속 작용의 근간이 됩니다.

마찬가지로 하늘과 땅의 모든 생명체가 갖는 여성성(性)은 생명을 잇는 작용의 근간을 이룬다는 의미입니다. 위 문장 앞뒤를 모두 제거하고 '천지지근(天地之根)'에 대해서만 주목해보겠습니다. 하늘과 땅의 근원, 근간을 이루는 요소는 무수히 많이 존재합니다. 무엇이 어떤 것에 대해 근간을 이루는지는 논란이 있을 수 있습니다. '무엇이'는 문장의 주어라는 측면에서 여성성(性)이라고 쉽게 이해할 수 있지만, '어떤 것에 대해, 어떤 작용을 이루기에 하늘과 땅의 근원일까?'라는 부분을 명확히 살펴보는 일은 지나치기 쉽습니다. 근간이 되는 의의를 찾지 못하는 일입니다. 여성(性)이 인류를 이어가는 근간이라는 인식이 부족했기 때문에 여성을 낮추는 문화가 지속되었습니다. 나무의 굵은 줄기와 풍성한 나뭇잎과 같이 드러나 보이는 모습만 바라보는 시각에 의존해 인식하기 때문입니다.

면(綿)이라는 글자는 목화솜에서 추출되는 무명실입니다. 실이 끝없이 이어지고 이어지는 모양을 표현하기 위해 면(綿)을 중복 사용하여 면면(綿綿)이라고 표현했습니다. 한 세대에서 다음 세대로 이어지는 연속성을 의미하는 표현입니다. DNA 전달에 의해 동일한 인간 형질이 반복해서 이어지는 것을 의미하기도 합니다. 그 다음 표현인 약존(若存)은 거의 같은 존재를 이룬다는 표현입니다. 현대의 생체유전자공학에서 설명하는 바와 다르지 않습니다.

물론 2,500년 전에 DNA라는 것을 이해했을 리는 없습니다. DNA와의 연관 설명은 현대의 유전자공학적 관점에서 필자가 덧붙인 설명입니다. 하지만 철학적 관점이라는 것은 포괄적이면서도 어떤 한 부분의 관점을 배제하지 않는 면밀함도 필요합니다. 물리적, 생의학적인 관점에서 보이는 모습에만 의존하여 해석하다 보면 유전적 관점의 시각을 놓칠 수 있습니다. 즉, 한쪽 면만 바라보고 해석함으로써 발생하는 취약점은 나노생체공학, 유전자공학과 같은 다른 분야에서 일어나는 윤리적, 철학적 문제에 대한 설명에 궁해지기 쉽습니다. 그렇기 때문에 철학적 사고 방법을 펼치는 과정에서 정형화된 방법에 의존하는 일은 조심해야 합니다. 자칫 생각의 틀과 구조를 제한적으로 이해할 수 있기 때문입니다.

용지불근(用之不勤)이라는 구절에서 용(用)은 '활용된다. 작용한다'라는 동사로 사용되고 있습니다. 지(之)는 큰 의미 없이 넘어가도 좋습니다. 문장에서 그냥 '그렇게(之) 활용된다, 그렇게 작용한다' 정도의 의미입니다. 굳이 '그렇게'가 무엇인지 명확히 한다면, 앞의 문장 전체를 의미한다고 볼 수 있습니다. 즉, 하늘과 땅의 근원이 되는 작용과 의의를 의미합니다.

'불근(不勤)'의 의미는 무엇일까요? 근(勤)은 근면하다, 열심히 일한다는 의미로 쓰이기도 하지만, 여기에서 의미는 '괴롭다'는 뜻에 가깝습니다. 구절 전체를 풀이해보면 '괴롭거나 고통스럽지 않게 작용이 이루어진다'라는 설명입니다. 쉽게 표현하면 괴로운 일로 여기지 않는다는 의미입니다.

반대의 경우를 생각해보겠습니다. 아이를 낳아 기르는 활동, 생명을 이어가는 활동이 괴롭고 고통스럽다면 인간 삶의 터전에 생명이 온전히 이어질 수 있을까요? 현대 사회 저출산 문제의 근원은 생명을 잇는 활동이 괴롭고 힘들다는 인식에서 출발합니다. 젊은 여성의 가치관에서 그런 활동과 가치의 의미가 퇴색되고 있습

유불도 동양 3대 철학에 대한 이해

니다. 그 일은 괴롭고 힘든 삶의 연속이라는 시각이 팽배하기 때문에 출산과 양육을 기피하는 풍조가 커지고 있습니다. 문제에 대한 근원적 인식이 달라지면, 그 문제에 대한 해결 방법 또한 달리할 수 있습니다. 얼마 안 되는 선심성 보조금을 활용하는 안이한 해결이 아니라, 여성의 가치와 의미를 되찾는 일에 힘쓰는 일이 필요합니다.

5장에서 사회의 계층을 이루는 힘과 영향력의 구조적 관점에서 잃기 쉬운 자유 의지를 설명했습니다. 6장은 여성성(性)에 근간을 두는 작용, 아이를 잉태하고 낳고 기르는 일이 괴롭지 않다고 설명하고 있습니다. 괴로운 일로 받아들일 사항이 아니라, 여성의 자유 의지에 의해 인류가 지속되어야 한다는 점을 바탕으로 설명하고 있습니다.

5장, 6장 모두 자유라는 관점에서 인간은 사회 속에서 어떤 형태로든 힘에 의해 영향을 받고 제한되고 구속됩니다. 하지만 궁극적으로 인간 스스로의 의지, 즉 자유에 의한 삶을 이루는 것이 바람직한 방향이라는 의미가 내포되어 있습니다. 외부 요인에 의한 영향이 커지면 커질수록 인간 자유 의지가 설 자리는 줄어듭니다. 그리고 그런 삶은 괴로운 일이 되기 쉽습니다.

인간이 사회를 만들어 수많은 관계 속에서 살아가는 가운데 완벽한 자유라는 것은 있을 수 없습니다. 그것은 자유에 대한 의미를 심각하게 오해하는 일입니다. 자유를 외연적인 모습이나 상태, 조건에서 찾을수록 왜곡된 방향으로 나를 이끌기 쉽습니다. 보이는 것에 의존하고 보이는 상태와 조건에 의지하여 나의 자유를 맡기는 일이기 때문입니다.

6장에서는 인류의 삶이 지속적으로 이어지는 근원적 요인에 대해 설명하고 있습니다. 인류의 세대가 연결되는 생명과 역사의 순환 과정에 대한 근본 요인에 대한 설명입니다. 우주에서 바라본 인류 모습에 대한 축약된 시선입니다.

이와 눈높이를 같이하여 인류를 하나의 생명체로 축약해서 생각해보면, 인류의 삶이 현재 괴로움에 처해 있는지 쉽게 이해할 수 있습니다. 눈과 귀는 즐거운데 다리 한쪽은 병들어 있고, 양팔은 동서로 나뉘어 서로 싸우고 있습니다. 그런 상태에서 서로 다른 의미의 자유를 논하고, 자유를 추구한다고 입으로 떠들고 있습니다. 참으로 신(神)기한 일입니다. 세상(谷)은 그렇게 이어지고 이어지고(綿綿) 있습니다(不死).

9. 대자연의 영속성(天長地久)

  노자 도덕경 6장에서 인류의 지속성을 다루었다면 7장에서는 대자연의 영속성을 설명하고 있습니다. 우리가 살고 있는 세계(天地)는 무한히 장대(長)하고, 무한히 오래(久) 이어질 것이라는 세계관을 담고 있습니다.

  과학과 기술의 발달만큼 세계를 바라보는 관점과 인식의 수준이 성장하지 못한 현대 사회는 대자연을 파괴하며 생명의 다양성을 잃어가고 있습니다. 환경 파괴, 오염, 공해, 온난화 등의 위기로 스스로를 몰아가고 있습니다.

  생명 순환과 공존을 이루는 지구라는 공간에서 생명의 흐름과 기운을 스스로 끊어버리는 일에 해당합니다. 6장의 주제를 역행하는 일이지요.

  인간의 이기심과 탐욕이 만들어내는 참사입니다. 탐욕도 사심도 없는 하늘과 땅은 대자연의 순리에 따라 무구한 지속성을 이어갑니다.

⊕ 도덕경 7장

天長地久.
천장지구

天地之所以能長且久者, 以其不自生也, 故能長生.
천지지소이능장차구자   이기부자생야   고능장생

是以聖人退其身而身先, 外其身而身存.
시이성인퇴기신이신선   외기신이신존

不以其無私與, 故能成其私.
불이기무사여   고능성기사

하늘은 장대하고 땅은 오래될 것이다.

하늘과 땅이 장대하고 오래될 수 있는 것은 스스로를 위한 삶이 아니기 때문이다.

그래서, 길고 오래 살 수 있다.

이런 이유로 성인은 뒤로 물러나도 늘 사람들 앞에 서고,

자신을 제외하여도 늘 사람들 속에 존재하게 된다.

자신의 사심에 집착하지 않기 때문에, 능히 자신의 사심을 이룰 수 있다.

첫째 구절, '天長地久.' 하늘(天)은 장(長)대하고, 땅(地)은 오래 지속(久)된다.

둘째 구절, '天地之所以能長且久者, 以其不自生也, 故能長生.' 하

유불도 동양 3대 철학에 대한 이해

늘과 땅(天地)이 장(長)대하고 오래 지속(久)될 수 있는 이유는 스스로 살겠다고 하지 않기 때문이다. 그래서 능히 장대하고 오래 지속될 수 있다.

셋째 구절, '是以聖人退其身而身先, 外其身而身存. 不以其無私與, 故能成其私.' 그래서 성인(聖人)은 그 자신을 뒤로 물림으로써 자신을 앞에 세우고, 그 자신을 밖에 둠으로써 그 안에 자신이 존재하게 된다. 사심이 없이 대하기 때문에, 그래서, 능히 그 사사로움을 이룰 수 있다.

하늘(天)과 땅(地)은 가장 근원적인 존재에 해당합니다. 4장에서 천제(帝)가 존재하기 이전에 존재했다고 설명했습니다.

동양 사상에서 하늘(天)은 무한한 크기와 존엄성을 지닌 존재입니다. 무한히 열려 있는 형태이며, 어느 곳, 어떤 사물, 어떤 사람과도 맞닿아 있는 존재입니다. 그래서 사람들은 잘못을 꾸짖을 때에 '하늘이 무섭지 않느냐!'라고 호통칩니다. '하늘을 우러러 한 점 부끄러움'이 없는 정직과 성실, 그리고 양심을 요구하곤 합니다.

땅(地)은 우리가 딛고 살아가는 터전입니다. 삶의 고통과 괴로움을 짊어지고 가는 현실 세계의 기반입니다.

우리의 세계를 천하(天下) 또는 지상(地上)이라 부르는 이유입니다. 우리가 인식하는 온 우주를 하늘(天界)과 땅(地界), 그리고 그 하늘 아래와 땅 위에서 살고 있는 우리의 현실 세계(世界)로 나누는 관점입니다. 하늘 위(天上界)와 땅 아래(地下界)는 인간의 영역을 넘어서는 곳입니다. 하늘 위 열린 영역(天上界)과는 반대로 땅 아래에 대한 인식은 죽음을 의미합니다. 즉, 닫힌 영역(地下界)에 해당합니다.

4~6장에서 설명한 자유라는 관점에서 살펴보겠습니다. 하늘(天)은 열린 영역으로 무한에 가까운 자유도를 지닌 공간입니다. 땅(地)은 닫힌 영역으로 자유도가 0에 가까운 속박된 세계입니다. 인간은 그런 하늘과 땅(地)의 중간계(中間界)에 살고 있습니다. 그 삶의 방식은 땅(地) 위에서 땅(地)을 딛고 지지하며 살고 있지만, 결국은 땅(地)에 의존하는 삶입니다.

지구상의 만물은 중력이라는 큰 힘의 틀 속에 살아갑니다. 땅을 벗어나 날 수 있는 새들도, 지면에 밀접하게 붙어 살아가는 동식물모두 동일합니다. 그 속에서 인간은 식물처럼 이동이 불가능한 존재도 아니며 동물처럼 본능에만 의존해 활동하는 존재도 아닙니다. 스스로의 자유 의지에 의해 활동할 수 있는 존재입니다. 하지만, 지구라는 커다란 틀 안에서 제한된 자유를 누리는 존재입니다.

인류는 하늘과 닿아 있는 대기를 통해 숨쉬며 땅이라는 터전에서 곡식을 길러 식량을 얻어 살아갑니다. 그 과정에 도구를 만들고 사회를 이루며 살아갑니다. 지식과 기술을 축적하여 인간 삶과활동의 자유도를 높일 수 있는 방향으로 문명을 발전시키고 있습니다. 하늘을 날고 전 세계 사람과 어디에서나 실시간으로 대화할수 있는 재주를 부리기 시작했습니다.

반면, 인간 삶의 자유도가 높아지면 높아질수록 같은 세계에서살아가는 동식물 삶의 자유도는 제한되어 낮아지고 있습니다. 인간의 욕심과 사심으로만 우리가 살고 있는 세계를 채우고 있기 때문입니다. 그 탐욕과 사심은 넘치고 넘쳐서 다시 공해와 온난화, 자원 고갈이라는 위기로 인류를 몰아가고 있습니다. 물질 위주의 체제와 문명이 만들어낸 부작용입니다. 보이는 것에 의존한 삶의 탐욕과 경쟁이 만드는 위기입니다. 사심과 탐욕에게 마음을 넘겨주고 정신적 자유를 스스로 구속하는 일에 해당합니다.

하늘을 우러러 바라보던 마음, 밤하늘에 끝없이 펼쳐진 우주에 비하여 보잘것없는 아주 작은 생명체라는 겸양의 마음은 어디로 갔는가? 땅을 딛고 동식물들과 이웃하여 살아가던 마음, 생명에 대한 소중한 인식은 어디로 갔는가? 우리가 잃어가는 것입니다.

---　◈　---

과거는 올바르게 바라보는 시각이 필요하다.
미래는 열린 시각으로 바라보아야 한다.

溫故知新

우리 사회에 필요한 것은
인간의 따듯함(溫), 선량(良)함,
사회 공동체를 이루는 관점에서 서로 공(恭)경하고,
나누며 사는 검(儉)소하고 절제(儉)된 삶이다.
더하여, 나를 겸손히(讓) 여기며
양(讓)보하는 미덕을 이루는 사회이다.
이것이 공자가 이루고자 한 사상의 체계
온(溫), 양(良), 공(恭), 검(儉), 양(讓)이다.

Ⅲ

공자(孔子)가 바라본 인간의 삶,
논어(論語)

1. 논어를 올바르게 읽기 위해서

생각의 틀 두 번째, 공자(孔子)의 철학인 논어(論語)에 대해 살펴보겠습니다.

왜 공자의 철학을 두 번째로 설명을 이어가는가? 살짝 기분이 언짢은 분도 있을지 모르겠습니다. 특별한 의미를 둔 것은 아니지만, 철학이 형성된 시대적 순서에 따라 노자(老子), 공자(孔子), 불가(佛家)의 사상을 정리하였습니다.

노자의 도덕경(道德經)이 성인(聖人) 계층을 위한 책이고, 논어(論語)는 사대부(士大夫) 중간 계층을 위한 글이라는 점에서 대상 독자가 다릅니다. 불가(佛家)의 반야심경(般若心經)은 속세를 떠나 세상의 관계를 끊고 자신을 바라보는 글이라는 관점의 차이도 존재합니다.

어떤 것이 더 좋고 어떤 것이 먼저가 되어야 한다는 등 비교와 위상을 논하는 일보다, 각각의 사상에 대한 구조와 의미를 이해하는 것이 더 필요한 일입니다. 어떤 생각의 틀을 더 중요하게 여겨야 한다는 관점도 논의(論議)의 대상이 아닙니다.

3가지 생각의 틀은 세상을 바라보는 관찰자, 즉 관점이 다릅니다. 그렇기 때문에 세상에 대한 이해의 방향이 다르고, 해석하는 방식 또한 다릅니다. 3대 사상을 통합적으로 이어받아 활용해온

유불도 동양 3대 철학에 대한 이해

우리 생각의 틀을 정리하여 올바로 이해하고 활용하는 것이 더 바람직합니다.

때에 따라서는 공자의 철학 활용이 유리한 경우가 있을 수 있으며, 어떤 경우는 불가의 방법론이 더 유용할 수 있습니다. 읽고 받아들이는 사람이 가려서 이해하고 활용할 사항입니다.

인간은 세상에 대해 360도 입체적으로 내부와 외부 작용까지 모두 이해할 수는 없습니다. 신(神)이 아닌 이상 불가능한 일이기 때문입니다. 그러므로 어느 위치에서, 어느 관점에서 바라보는지에 따라 보이는 부분이 다를 수 있습니다. 관점과 시각의 차이는 항상 존재합니다.

논어(論語)는 글의 제목부터 그런 사상(思想)이 반영되어 있습니다. 공자(孔子) 한 사람의 관점으로 일관되게 세상을 바라보는 방법을 설명한 글이 아닙니다. 공자와 제자들 사이 대화를 통해 세상을 바라보는 방법을 설명하는 형식을 사용하고 있습니다. 방법론의 형태부터 노자(老子) 도덕경(道德經)과 큰 차이가 존재합니다.

논어(論語)라는 글의 제목부터 해체해보겠습니다.

논(論)은 言+스+冊로 이루어진 글자로 언(言)어를 기반으로 사회(스)의 근간을 이루는 내용을 담은 책(冊)입니다. 언어를 활용한 사회 구조와 체계, 현상에 대한 토론과 대화를 의미합니다. 어(語)는 言+吾로 이루어진 글자로 나(吾)의 언어(言)입니다. 그냥 언어가 아니라, 나의 생각이 담겨 있는 언어입니다.

사회를 이루는 내용을 담은 책이라는 점에서 알 수 있듯이 사회의 근원적 의미부터 사회의 체계, 질서, 정치, 문화, 그리고 사회가 지향해야 하는 방향성과 신념 등이 실려 있습니다. 그런 글이 대화와 토론을 위한 논제 제기 형식으로 총 20개의 장에 걸쳐 전개되어 있습니다.

전편 1~10장은 주로 대화의 형식을 띤 공자 철학에 대한 설명의 글입니다. 후편 11장~20장은 각각의 철학적 주제에 대해 토론을 위한 글이라고 이해할 수 있습니다. 그래서 전편 1~10장을 읽을 때에는 글의 구조와 이해에 중점을 두는 것이 좋고, 후편 11~20장을 읽을 때에는 해당 주제에 대한 토론을 추천합니다. 후편의 경우 많은 논제에 대해 명확한 해답이 있다고 단정하는 일보다 다양한 방법에 대한 이해를 구하고, 사회를 바라보는 관점을 교환함으로써 사고의 폭을 넓히는 일이 더 바람직합니다. 각 편의 마지막 10장과 20장은 약간 예외적인 형태와 소재를 다루는 형식에도 주목해볼 만합니다.

본격적으로 논어의 구조와 그 철학을 이해하기에 앞서, 몇 가지 주의할 사항을 살펴보겠습니다.

첫째, 글의 목적과 의도를 이해하고 읽어야 합니다. 해당 구절과 장에서 전달하고자 하는 주제와 목적을 놓치고 읽다 보면 글이 전하는 의미를 파악하기 어렵습니다. 그냥 '누가 ~카더라' 수준으로 읽고 지나가기 쉽습니다. 자칫 구시대적인 관념과 이야기로 취급하기 쉽습니다. 나의 철학으로 받아들이는 과정이 부족하기 때문입니다. 공자가 전달하는 국가관, 사회관, 세계관에 대한 의의와 이해의 관점을 놓치고 읽는다면 무엇을 얻을 수 있을까요? 읽는 사람에게 무엇이 남을까요? 필자도 궁금합니다. 관점을 살피는 동안

주의할 사항은 공자의 철학적 그릇의 크기를 나의 철학적 그릇의 크기로 오해하는 실수를 벌이지 않는 일입니다. 항상 내가 이해하지 못하고 있는 부분이 있을 수 있다는 전제 아래에서 출발해야 한다는 점을 강조합니다.

둘째, 고대의 한자어는 현대에서 사용되는 한자의 뜻과 상이할 수 있습니다. 전달하고자 하는 언어의 느낌과 연결되는 언어적 관념이 다를 수 있습니다. 한자는 상형문자로 글자의 형태가 의미를 지닙니다. 즉, 위에서 논어(論語)를 설명할 때 글자를 해체하여 분석하고 다시 조합해가면서 의미를 풀어낸 것처럼 글자의 의미를 하나하나 공들여 이해할 필요가 있습니다. 어려운 글자, 뜻의 이해가 불분명한 글자에 대해서는 이를 세심히 살피고 의미를 확인하는 과정이 필요합니다. 대략 넘겨짚고 지나가면 자칫 현대를 살고 있는 나의 생각대로 자의적으로 해석하는 실수를 범하기 쉽습니다.

셋째, 언어는 그 시대의 상황과 역사와 문화를 반영합니다. 고대의 상황과 역사, 문화에 대한 이해가 부족하기 때문에 해석의 어려움에 봉착하는 경우가 많습니다. 현대 환경과 물질문명의 관점에서 출발하여 논어를 바라보면 자칫 오해하기 쉽습니다. 또 그들의 사회적 체제에서 일어나는 사건과 상황에 대해 현대의 관점에서 인식하면 과소평가를 하게 되기도 합니다. 현대는 물질문명이 고대와 비교할 수 없을 정도로 발달했지만, 사회 구조와 정신적 측면까지 발전을 이루었다고 생각하기는 어렵습니다. 논어(論語)를 되돌아보고 그 사상(思想)을 연구하는 이유이기도 합니다.

넷째, 절제되고 생략된 구문과 함축적, 이중적 언어 사용에 대한 해석에 주의가 필요합니다. 아직 종이가 발명되기 이전이기 때문에 글을 쓰는 지면에 제한이 많은 시대였습니다. 대나무를 쪼개어 죽간을 만들어 한 글자 한 글자 기재했던 시기입니다. 친절한 설명을 길게 늘여 쓰기에는 물리적으로 제한이 많습니다. 그래서 짧고 함축된 언어를 자주 사용합니다. 특히, 이중적 의미를 지닌 글자를 자주 활용하여 하나의 글자에서도 여러 가지 뜻과 의미를 전달하는 구절이 많습니다. 중의적 표현을 이해하고 그에 따라 여러 관점에서 해석할 필요가 있습니다.

다섯째, 무엇보다도 글의 흐름을 놓치지 않고 읽는 것이 중요합니다. 앞 구절과 뒤에 이어지는 구절이 어떤 연관성을 이루고 이야기가 진행되는지 세심히 살펴야 합니다. 해당 구절에서 제시하는 교훈, 그 구절이 포함된 장에서 전달하려는 큰 주제, 그리고 교훈과 연관된 흐름을 놓치지 않아야 합니다. 흐름을 놓치고 읽는다면 논어(論語)의 철학적 구조를 이해하는 일이 어렵습니다.

흔히 공자(孔子)의 논어(論語)에 대해 구조가 없다고 설명하곤 합니다. 구조가 없는 것이 아니라 구조가 눈에 들어오지 않는 것입니다. 앞뒤 구절의 흐름과 구조에 대한 이해가 부족하다는 의미입니다.

논어(論語)를 읽는 과정에서 자의적 해석에 빠지거나 과거의 해석을 맹신하는 경우 올바른 이해를 얻기 어렵습니다. 해석에 오류가 있는 글이 마치 정석인 것처럼 이미 너무 많이 넘쳐나고 있습니다.

논어(論語)라는 글자를 해체하여 설명했듯이, 논어(論語)를 읽을 때 자신의 관점에서 자신(吾)의 언(言)어로 풀이하는 과정은 좋은 방법이라고 할 수 있습니다. 자신(吾)의 언(言)어로 풀이하기 어렵다면 묻고, 대화하고, 토론하는 일을 권합니다. 그것이 논(論)어에서 전달하는 학습(學習)의 과정이자 방법입니다.

유불도 동양 3대 철학에 대한 이해

안타깝게도 2023년 현재 시중에서 확인할 수 있는 99%의 논어 해석과 해설은 송나라 주희의 졸렬한 해석과 관점을 베끼고 전달한 일의 반복입니다. 대부분의 사람들이 이를 맹신하며 따르고 있습니다. 동네 훈장 선생님이 훈계하며 가르치면 그것이 무조건 옳다고 받아들이는 모습입니다. 자신 생각의 근육을 키우는 일 없이 무조건 받아들이는 일은 철학을 학습하는 사람이 가장 피해야 할 사항입니다.

　한자가 어렵다면, 구절의 의미에 대한 이해가 어렵다면 하루에 한 구절 한 구절 천천히 배우고 익히면 충분합니다. 짧은 시간 동안 많은 내용을 얻으려는 욕심에 정작 하나도 제대로 익히지 못하는 사람들이 많습니다. 논어(論語)를 읽어봤다는 것을 자랑하려는 사람이 아니라면, 논어(論語)의 사상과 교훈을 나의 철학으로 받아들이고 내 것으로 만드는 것이 더 좋지 않겠습니까? 필자가 과한 표현으로 기존 글을 비판한다고 생각되면, 위의 다섯 가지 주의 사항을 적용하며 기존의 글을 읽어보길 권합니다. 무엇이 부족한지 찾을 수 있을 것입니다.

2. 논어의 구조

논어(論語)의 구조는 온(溫), 양(良), 공(恭), 검(儉), 양(讓) 5개의 큰 틀로 이루어져 있습니다. 공자는 사회의 한 일원으로서 인간 사회를 바라보며 세상을 해석했습니다.

그 첫 번째 시선은 인간의 가장 근원적 성질을 바라보는 것입니다. 인간의 가장 근원적인 성질과 본성을 따듯함, 온(溫)이라고 생각했습니다. 노자(老子) 도덕경(道德經) 1장에서 설명하는 주제와는 출발부터 비교됩니다. 세상을 이루는 제1원칙이나, 객체와 세상의 구조를 이해하기 위한 설명과는 전혀 다른 관점입니다. 공자(孔子)는 따듯한 마음으로 인간을 바라보고, 사회에서 가장 중요한 요소를 인간의 따듯함(溫)에 두고 있습니다.

두번째 틀은 어질음(良)입니다. 같은 의미의 한자로 인(仁)이라는 글자가 활용됩니다. 어질다(良, 仁)는 속성은 인간미(人間美)를 바탕으로 합니다. 어리석지 않고 현명(賢明)하다는 의미를 지니고 있습니다. 또한 좋다는 뜻의 선(善)이라는 글자가 의미하는 바를 포함합니다. 흔히 선량(善良)하다고 사용하는 단어는 선(善), 량(良)이라는 같은 의미를 중복 사용하여 그 속성을 강조한 표현입니다. 즉, 어질다(良, 仁, 善)는 것은 착하고(良), 인간적이며(仁), 좋고(善), 현명(賢明)한 성질을 모두 아우르는 의미입니다.

세 번째 틀은 함께하는 마음, 공(恭)입니다. 사람들이 사회를 이룰 때 가장 필요한 속성이 함께하는 마음(恭), 즉 공심(共心)입니다. 어질다(良, 仁)는 속성의 영향 범위는 주로 관계에 직접 연결되는 사람에게 활용되는 표현입니다. 반면 함께하는 마음인 공(恭)은 공동체라는 확장된 관계 속에서 형성되는 마음에 해당합니다. 사회 공동체에서 함께하는 마음의 시작은 공동체를 이루는 구성원에 대한 공경(恭敬)에서 출발합니다. 구성원을 가볍고 하찮게 여기는 마음은 그들과 내가 다르다는 인식에서 비롯됩니다. 타인과 나를 분리하고, 타인을 하찮게 여기고, 나를 우선하는 마음은 사심과 욕심에서 비롯됩니다.

네 번째 틀은 검(儉)입니다. 검(儉)이라는 글자는 인간(亻) 사회(厶)에서 사람들이(人人)이 먹고사는 것(口口)을 같이 나누는 모양을 지니고 있습니다. 사람들이 사회에서 생업을 통해 얻은 것을 같이 나누고, 사회 공동체를 이루는 모습입니다.

사회가 커지면 커질수록 사회 공동체는 큰 집단이 만드는 효율성과 규모의 이익을 누리게 됩니다. 더 많은 사람이 체계를 이루어 공동으로 일함으로써 더 큰 사업을 이룰 수 있습니다. 그런 이점을 활용하여 인류는 원시 부족 형태에서 점점 사회 공동체의 규모를 확장하여 통합된 국가 형태로 발전했습니다.

하지만 규모가 커지면서 사회의 비효율적인 모습도 함께 발생합니다. 사회 계층이 분리되고, 사회적 계급이 형성되면서 분배의 불균형이 발생합니다. 힘과 권력을 가진 상위 계층은 더 많은 이익을 가져갔고, 그 이익을 계속 유지하기 위해 자신들에게 유리한 제도와 체계를 만들었습니다. 일그러진 체제 속에서는 모든 사람이 같이 나누는 효율성은 더 이상 발휘되지 않습니다. 효율성과 균형보다 힘과 권력을 확보하는 일이 더 중요하게 여겨지고, 그것을 통한 이익을 얻는 일에 더 관심이 경주됩니다.

공자(孔子)는 그런 제도와 사회의 체계 자체를 부정한 것은 아닙니다. 오히려 예(禮)를 통해서 사회의 제도와 질서 체계를 더 엄격히 유지하고자 했습니다. 다만, 체계를 유지한 가운데 지배 계층에 대한 교화(敎化)를 통해서 다 같이 잘사는 사회를 이루고자 했습니다.

검(儉)의 의미는 사회적 공동체를 이루는 가운데 낭비를 최소화하고, 중복성을 배제하여 사회의 효율성을 극대화하는 방향으로 이끄는 일을 뜻합니다. 낭비하지 않고 절약하는 의미 이외에도, 효율성 차원에서 사회 체계와 구조에 접근하는 방법입니다. 즉, 국가 측면에서 낭비하지 않는 일에 해당하며 상위층인 고위 공직자부터 실천하는 검소한 자세와 생활 태도를 의미합니다.

다섯째 틀은 겸양과 양보를 의미하는 양(讓)입니다. 사회 속에서 분업과 협업을 이루고 나누는 과정에서 필요한 사항으로 검(儉)이 효율성의 관점에서 바라본 시각이라면, 양(讓)은 분배 관점의 시각입니다. 사회가 커지고 복잡하게 변할수록 분배의 문제는 사회적으로 커다란 고민거리입니다. 이에 대한 해결책으로 제시한 사항이 겸양(讓)과 양(讓)보의 미덕입니다. 단순히 물질적 관점의 분배가 아니라, 마음에서 우러나오는 나눔의 덕목이라 할 수 있습니다.

공자(孔子)는 제후나 왕의 관점이 아닌 사회의 한 일원으로 사회를 이끌어가는 지도층인 대부(大夫)의 관점에서 세상을 바라보는 틀(思想)을 정리하였습니다. 인간의 본질과 사회를 이루는 인간 사이의 관계를 기반으로 사회 공동체가 지향하는 방향으로 사상(思想)을 정리했습니다. 공자가 이루고 싶었던 정치 체계를 의미하기도 합니다.

공자(孔子)는 자신의 사상(思想)을 기반으로 정치를 이룰 나라를 찾아 천하(天下)를 떠돌아다닌 것으로도 잘 알려져 있습니다. 14년 간 천하(天下)를 주유하면서 공자와 제자들은 세상을 더 넓게 바라볼 수 있었습니다. 사상적 틀이 더 확장되고, 예리하게 다듬어져 논어의 편찬으로 이어졌다고 여겨집니다.

논어의 대화적 서술 방식은 개인의 서술과는 다릅니다. 질문과 답을 구하는 형식은 아주 특별한 장점을 지닙니다. 종이가 없던 시대에 대나무 편에 내용을 기재하고, 그것을 끈으로 엮어 하나의 구절을 만들었습니다.

이런 방식은 오히려 논어(論語)를 구조적으로 편찬하는 데 효율적일 수 있었습니다. 철학적 구조를 마련하여 기본 틀을 세운 후, 제자들이 공자(孔子)와의 대화를 통해 배웠던 사항을 각각의 죽간에 기재하고, 그것을 주제와 교훈 및 사건의 흐름 순으로 쉽게 위치를 바꾸거나 끼워넣을 수 있다는 장점이 있습니다.

붓을 들어 종이나 비단에 쓰는 방식과는 현저히 다릅니다. 노자(老子) 도덕경(道德經)이 5,472자의 짧은 글이라는 점에 비해 논어(論語)는 두 배가 훨씬 넘는 1만 3천 자에 이릅니다. 거의 같은 시대에 이런 방대한 분량의 글이 구조적으로 서술될 수 있었던 이유입니다.

논어(論語)는 5개의 철학적 틀을 차례대로 서술하고 있습니다. 1장 온(溫), 2장 양(良), 3장 공(恭), 4장 검(儉), 5장 양(讓)을 이루고,

6장은 다시 온(溫)을 기반으로 서술되어 있습니다. 이후 20장까지는 같은 순서로 주제가 반복되는 구조입니다. 그래서 해당 장을 읽는 과정에 그 뜻과 전달하는 바에 대해 이해가 부족할 경우 해당 장을 이루는 철학적 틀이 무엇인지 헤아려보면 이해 과정에서 도움이 됩니다.

공자가 추구한 사상의 틀은 1장 10구절의 자금(子禽)과 자공(子貢)의 대화에서 찾아볼 수 있습니다.

> **子禽問於子貢曰: "夫子至於是邦也, 必聞其政, 求之與,**
> 자금문어자공왈　부자지어시방야　필문기정　구지여
>
> **抑與之與?"**
> 억여지여
>
> **子貢曰: "夫子 溫良恭儉讓以得之. 夫子之求之也, 其諸異**
> 자공왈　부자 온량공검양이득지　부자지구지야　기제이
>
> **乎人之求之與!"**
> 호인지구지여

자금(子禽)이 자공(子貢)에게 물어보기를, "공자께서 어떤 나라에 도착하시면, 반드시 그 다스림(政治)을 들으시니, 그것을 구하시고, 물러나신 후에 그것을 함께 나누시었습니까?"

자공이 말하기를, "공자께서는 따듯함, 선량함, 공경, 검소, 겸양을 그 다스림에 관하여 얻으시니, 공자께서는 그것을 구한 것이다. 그것은 다른 사람들이 구한 것과는 다른 것이다."

유불도 동양 3대 철학에 대한 이해

몇 가지 질문으로 이 글의 설명을 시작해보겠습니다. 이 글에서 서술자는 무엇을 전달하고 싶은 것일까요? 어떤 주제에 대해 설명하고자 하였을까요? 왜 자금이 자공에게 질문하고 있을까요? 둘 사이의 관계는 무엇일까요? 해석 과정에 이해가 부족하다고 생각되는 글자는 없었는지? 억지로 대충 의미를 넘겨짚고 해석한 글자는 없었나요? 둘 사이 질문에 관련된 시대적, 상황적 의의는 무엇일까요? 어떤 상황에서 이런 질문을 하고 있으며, 그 답으로 설명한 내용의 시대적 배경과 의의는 무엇일까요? 이 글에 사용된 함축적, 중의적 표현의 글자는 무엇일까요? 이전 1.9 구절과 어떤 연관성이 있을까요?

위의 질문에 대해 답을 구해보겠습니다. 자금(子禽)은 공자의 제자 중에 특별히 눈에 띄지 않던 제자입니다. 논어(論語) 1.10 구절과 19.25 구절에서 2번 등장하며, 모두 자공(子貢)과의 대화에서 질문자입니다. 질문자의 역할은 답을 알고서 가르쳐주는 스승의 역할이거나, 답을 구하는 제자의 역할 또는 답에 대해 전혀 모르고 엉뚱한 방향으로 자신의 생각을 드러내는 사람일 수 있습니다. 자금(子禽)은 답을 구하는 사람에 해당합니다.

자금(子禽)의 자(子)는 귀족 계층에 대해 상대를 부를 때 통상적으로 사용하는 존칭에 해당하는 글자입니다. 노자(老子), 공자(孔子), 맹자(孟子) 등, 뒤에 자(子)가 나오는 경우 학문 수양의 경지가 어느 정도 이상을 의미하는 학문의 큰 스승인 경우가 많습니다. 앞에 자(子)가 나오는 경우 그런 스승의 2세대, 즉 제자들의 이름에서 많이 찾아볼 수 있습니다. 이는 예(禮)를 기초로 질서를 이루는 문화 체계에서 스승과 같은 반열에 이름을 올리는 것을 삼가는 의미로 이해해볼 수 있습니다.

　자금(子禽)은 공자의 제자이긴 하나 40년 정도 연하로 알려져 있습니다. 즉, 2세대보다 더 후배인 3세대 제자에 속합니다. 자공(子貢)은 30살 연하이지만 공자와 함께 14년간 전국을 떠돌며 세상 공부를 같이했던 제자입니다. 갖은 어려움과 역경을 같이 보내고, 세상을 바라보는 공자의 시각을 공자 곁에서 체득하며 배운 인물입니다. 공자(孔子) 사상(思想)이 중국 전체에 두루 퍼지는 데 주요 역할을 한 제자로 평가됩니다.

　자공(子貢)은 자로(子路), 안회(顏回)와 더불어 공자(孔子)의 3대 제자로 불리기도 합니다. 자로(子路)는 9살 연하로 제자 가운데 가장 나이가 많았습니다. 공자(孔子)와 같은 연배의 사람으로 아우의 역할, 동반자적 역할입니다. 전국을 떠도는 동안 공자를 모시고 갖은 어려움을 헤쳐가는 조력자에 해당합니다. 안회(顏回)는 공자보다 30살 아래입니다. 청빈한 생활을 추구한 것으로 잘 알려져 있습니다. 가난하여 오래 살지 못했기 때문에, 학문을 널리 펼치거나 공자의 철학을 세상에 확장시키는 역할보다 삶의 실천적 방향성을 일깨워준 인물로 의의가 깊습니다. 자공(子貢)은 노나라와 위나라에서 재상을 지냈고, 뛰어난 언변과 처세술로 많은 부(富)를 축적하였습니다. 그 재력을 바탕으로 공자 사상이 전국으로 확장될 수 있도록 기여했습니다. 그런 자공(子貢)에게 자금(禽獸)이 질문하는 상황입니다.

　자금(子禽)의 금(禽)이라는 글자는 금수(禽獸)라는 단어로 많이 활용됩니다. 짐승이라는 뜻입니다. 문화적 이해가 부족하고, 동물적 감각에 의해 세상을 살아가는 사람을 의미합니다. 동물과 같은 무지한 상태의 사람을 의미한다기보다, 동물적 감각에 의해 관계를 잘 맺고 사회생활을 하는 성향이 발달했다고 생각해볼 수 있습니다.

자공(子貢)의 공(貢)이라는 글자가 '이바지하다'라는 뜻을 지녔다는 점에서 크게 대비되는 인물의 등장입니다. 공자(孔子)의 사상(思想)을 잘 모르는 제자가 공자 사상(思想)의 천하 전파에 크게 이바지한 제자에게 묻고 있는 상황입니다. 1.10 구절에서 이런 상황을 들어 설명하는 이유는 공자의 철학은 '이런 것이다'라고 설명하려는 의도입니다.

첫 구절 자금(子禽)의 언어는 공자(孔子)가 14년간 전국의 여러 나라를 떠돌면서 '찾아다닌 것이 무엇인가?'라는 질문입니다. 그 나라의 다스림(政)에 대해 들으셨는데, 구하신 것이 무엇이고, 나누신 것이 무엇일까요? '求之與, 抑與之與'의 구절에서 해석에 주의할 사항은 '之'는 구체적인 어떤 것을 지칭한다기보다 구함을 이루다(求之), 나눔을 이루다(與之)의 의미라는 점입니다. 행위가 이루어지는 과정과 결과를 이어주는 설명자에 해당합니다. 단어 끝에 나오는 與는 어조사로 음운을 맞추기 위한 글자로써 특별한 의미는 없습니다. 억(抑)은 '물러나다, 숙이다, 굽히다, 가라앉히다'를 뜻하는 글자로, 구하자마자 나누는 것이 아니라 어느 정도 시간을 갖고 얻은 것을 정리한 후 나누는 것을 의미합니다.

그 질문에 대해 자공(子貢)의 답변에 그 해답이 있습니다. '溫良恭儉讓以得之'가 의미하는 바입니다. '온양공검양(溫良恭儉讓)'으로써 얻는 바를 이루셨다는 설명입니다. 득(得)이라는 것은 단순히 '얻다'라는 표현이 아니라 '깨달음을 얻다'라는 의미입니다. 쉽게 표현하자면 득도(得道), 즉 올바른 길(道)을 찾고 도(道)를 얻었다는 설명입니다.

그리고 그다음 구절에 공자가 구한 것(夫子之求之)은 다른 사람들이 구한 것과 다르다는 점(其諸異乎人之求之)을 강조하여 부연하고 있습니다.

논어(論語) 전체를 읽기 전이라도, 이 구절을 통해 공자가 구하고 찾아다닌 것이 무엇인지 유추해볼 수 있습니다. 이것이 공자가 세상을 바라보는 시각의 틀입니다. 앞서 설명한 바와 같이 논어(論語)는 언제라도 죽간 한 개씩 교체가 가능한 책이었습니다. 온양공검양(溫良恭儉讓)의 주제 순서대로 구절을 조정하고 배치했기 때문에 글의 흐름을 살펴서 읽어가면 이해에 큰 도움이 됩니다.

1.10 구절은 양(讓)에 해당합니다. 양(讓)은 사회 속에서 서로 도움을 이루며 살아가는 가운데 발생하는 미덕입니다. 양(讓)보하고, 자신을 내세우지 않는 겸양(讓)을 의미합니다.

양(讓)이라는 글자를 풀어보면 언(言)어를 통한 도움(襄)입니다. 1.10 구절에서도 그 의미가 적용되고 있습니다. 공자는 대화를 통해 '논어는 이렇다', '자신이 추구한 바', '자신의 철학이 무엇이다'라고 직접적으로 언급하지는 않았습니다. 제자 자공(子貢)의 언어를 빌어서 간접적으로 설명하고 있습니다. 겸양(讓)의 미덕을 활용한 가르침입니다.

춘추전국시대 어지러운 세상을 떠돌며 공자가 제자들과 추구했던 것이 무엇인지, 제자들과 함께 나누었던 것이 무엇인지 설명하였습니다. 인간의 모습을 날것 그대로의 상태, 즉 아직 길들여지거나 다듬어지지 않은 상태를 자금(子禽)에 비유하고 전국을 떠돌며 세상을 배우고 익힌 상태를 자공(子貢)에 비유하여 대화를 이끌어가고 있습니다.

유불도 동양 3대 철학에 대한 이해

흔히 자공(子貢)이 처세에 능하고 언변이 수려하여 협상과 대화에 능하며 그 재능을 활용하여 부(富)와 권위를 쌓은 제자로 알고 있습니다. 제자들을 저울질하고 비교, 평가하는 해석은 그런 일을 좋아한 호사가들이 만들어놓은 관념에 해당할 수 있습니다. 물론 그런 성향과 기질을 바탕으로 인간 모습 단편에 대한 이해를 구할 수는 있습니다.

하지만 우리가 인생을 살면서 얻고 구(求)해야 할 것이 무엇인지, 함께 나누어야(與) 할 것이 무엇인지 깊이 생각해보아야 합니다. 논어를 학습하면서 공자가 추구한 온양공검양(溫良恭儉讓)을 함께 나눌 것인지, 편협한 유학자적 시각을 답습할 것인지는 독자가 선택할 일입니다.

1.10 구절에 대해 여러 질문을 제시하고, 길고 장황하게 설명한 이유는 생각의 틀에 대한 이해를 같이 나누고 싶었기 때문입니다. 조금 더 나아가 1.9 구절과 어떤 연결성이 있는지 살펴보겠습니다.

曾子曰: "愼終, 追遠民 德歸厚矣."
증자왈　신종　추원민　덕귀후의

증자(曾子) 왈 _(학문이 또는 행위가) 진심을 다해 이루어지고, 멀리 서민을 추구하면, 덕이 두텁게 _(서민들에게) 돌아갈 것이다."

1.10 구절에 앞서 1.9 구절에서는 증자(曾子)가 학문의 목적, 군자의 삶이 추구해야 하는 방향을 설명하고 있습니다. 학문을 하는 이유는 제후와 왕(君)을 모시기 위함도 아니며 부귀영화(富貴榮華)

를 추구하려는 목적도 아닙니다. 가족과 이웃에 한정된 행복을 추구하는 삶도 아닙니다. 저 먼 곳에서 생업(生業)을 이루고 살아가는 서민(庶民)을 바라본다면, 그 덕이 두텁게 펼쳐진다고 설명하고 있습니다. 즉, 사회 전체의 덕(德)을 추구하고 있습니다.

1.10 구절에서는 1.9 구절에 이어, 멀리 서민들까지 덕(德)이 펼쳐지는 관점에서 여러 나라의 정치 모습을 온양공검양(溫良恭儉讓)의 5가지 관점에서 살펴보았음을 설명하고 있습니다. 그런 과정을 14년간 수행한 후 깨달음(得)을 얻은 공자는 다시 고국인 노나라로 돌아와 후학 양성에 힘쓰다 생을 마감합니다.

3. 논어 해석 방법론

논어(論語)는 많은 사람들에 의해 해석되고 연구되었지만 역사적 사료와 문화에 대한 이해 부족, 그리고 무엇보다 공자의 생각과 사상에 대한 철학적 접근 방법이 부족했기 때문에 그 의의를 올바로 이해하는 데 많은 어려움이 있었습니다. 해석하는 사람이 살아가는 시대와 환경에 따라 논어를 바라보는 관점이 다를 수 있다는 점은 논어를 이해하는 과정에서 큰 변수입니다. 즉, 논어는 관점에 따라 다르게 해석될 수 있습니다.

논어(論語)는 송나라 시대 유학자인 주희(朱熹)에 의해 그 시대의 상황에 맞추어 「논어집주(論語集註)」라는 형태로 주석이 추가되고 해석되었습니다. 주희(朱熹)의 주석은 논어를 이해하는 데 도움을 주기도 하지만, 공자의 생각과 사상을 주희(朱熹)의 관점, 즉 전혀 다른 방향으로 유도하는 문제점을 지니기도 합니다. 주희(朱熹)의 논어에 대한 관점은 정답일 수도 있고, 아닐 수도 있습니다. 논어를 읽고 어느 한 관점에서 바라본 단면에 주석을 덧붙인 것에 불과할 수 있습니다. 이 점을 이해하고 주석을 참고하는 것이 좋습니다.

그렇기 때문에 논어(論語)를 읽을 때는 번역이나 해석, 주석이 아니라 원전의 글을 읽고 이해하는 방식을 추천합니다. 한자에 대한 이해가 부족하다면 글자 하나씩 사전을 찾아가며 이해하면 충분합니다. 논어를 이해하는 과정에서 다른 사람의 생각을 무작정 받아들이는 일보다, 언어와 문화적 차이를 살펴보고 공자의 생각과 사상을 유추하여 해석하는 일이 더 바람직합니다. 이를 위해서는 다양하고 체계적인 접근 방법이 필요합니다.

3장 앞머리에서 해석 절차와 방법을 언급한 이유입니다. 논어(論語)를 올바로 해석하기 위해서는 다양한 관점의 접근 방법이 필요합니다. 공자와 그 제자가 설명하는 인생관, 정치관, 국가 및 세계관, 인간관계론 등을 포괄적으로 다루기 때문입니다. 필자가 제시하는 방법 또한 전부가 아닐 수 있습니다. 논어를 이해하기 위한 도구의 일부를 제시한 것에 불과합니다. 이를 이해하고 방법론을 다시 요약하여 살펴보겠습니다.

첫째, 글의 목적과 의도를 찾자.
둘째, 한자의 뜻과 의미에 대해 명확히 하자.
셋째, 시대 상황과 역사적, 문화적 배경을 반영하며 이해하자.
넷째, 생략, 함축적, 중의적 언어 해석에 주의하자.
다섯째, 글의 흐름을 놓치지 않고 이해하자.

✿ 글의 목적과 의의 vs 글의 흐름 이해

각 구절의 목적과 의의를 찾는 일은 필수입니다. 논어(論語)의 모든 구절은 의미 없이 작성된 구절이 없습니다. 그 제자들과 토론과 토론을 거쳐서 엄선된 내용을 실었기 때문입니다. 해당 구절이 전달하는 교훈과 목적, 의의가 미미하다고 생각된다면 읽는 사람의 해석 방법에 문제가 있다고 여기면 틀림없습니다. 즉, 논어(論語)가 부족한 것이 아니라 내가 부족한 것입니다.

논어(論語)는 사회 속에서 개인이 지녀야 할 인생관을 전달하고 있습니다. 인격 수양을 위한 교과서적 속성을 지닙니다. 사회 속에서 어울려 살아가는 방법을 다양한 분야에 걸쳐 설명하고 있습니다. 국가관과 올바른 사회관을 설명하고 있으며, 더 확장하여 국가를 초월한 인류 사회가 지향해야 하는 세계관에 대한 설명입니다.

이런 체계에 대한 구조적 틀과, 그 틀 속에서 나타나는 다양한 모습이 유기적 관계를 이루는 올바른 형태와 방법을 대화 식으로 설명하고 있습니다. 논어(論語)가 지니는 철학적 탐구 방법은 인간 사이의 관계에 대한 고찰이라고 할 수 있습니다. 그 사회적 관계 속에서 나를 어떻게 발전시키고 완성할 것인가에 대한 질문과 그에 대한 해답입니다. 개인 삶에 대한 방향성을 제시하고 있으며, 이를 확장하여 가족 내에서 올바른 관계를 설명하고 그 관계 속에서 다시 나의 역할과 의미를 되돌아봅니다.

그리고 범위를 넓혀 이웃과 사회로 관계를 확장합니다. 예(禮)라고 널리 알려진 용어는 단순히 예절이나 에티켓을 지칭하는 용어가 아닙니다. 사회 속에서 이루어지는 모든 체계의 순서와 질서를 의미합니다. 사회를 다스리는 올바른 정치와 관계 구조가 포함된 개념입니다.

논어(論語)는 개인, 가족, 사회, 국가, 세계 속에서 이루어지는 관계와 이에 대한 체계(禮)를 이루는 올바른 방법을 설명하고 있습니다. 하나의 사물이나 현상을 이해하기 위한 서양의 철학적 주제와 그에 대한 분석 방법과는 현저히 다릅니다.

흔히 논어(論語)를 구조가 없는 대화의 나열이라고 설명하곤 합니다. 이는 논어(論語)에 대한 이해가 부족하기 때문에 발생하는 오해입니다. 관계 관점에서 바라보는 동양적 사고의 틀과, 하나의 객체나 현상에 대한 분석을 연구하는 서양적 사고의 틀은 시작부터 다르기 때문에 서양적 학문의 방식으로 이해하려는 과정이 빚어낸 오류입니다. 방법이 다르고 추구하는 목적이 다른 글을 똑같은 방식으로 이해하기는 어려울 수밖에 없습니다.

그래서 세계관, 정치관, 사회관을 제시하는 함축된 대화의 의미와 목적과 구조를 추출하는 일은 쉽지 않습니다. 각각의 글에서 다른 배경, 절차, 방법, 목적이 기재되어 있기 때문에 어떤 상황에서 어떤 의도를 품고 대화를 이어가는지 놓치기 쉽습니다. 전체와 부분을 동시에 바라보는 능력이 필요합니다.

논어(論語)는 세상을 어떻게 이해하고 어떻게 바라볼 것인가에 대한 답을 제시하며 토론하는 방법론을 담고 있는 대화입니다. 주제의 틀과 글의 구조를 이해하고 각 구절에서 다루는 대화의 소재와 의도를 이해하고 읽는다면 대화의 목적과 방향을 잃지 않을 수 있습니다.

논어(論語)를 해석하는 가운데 특히 주의할 사항은, 공자(孔子) 또는 그 제자를 칭찬하고 숭상하기 위한 글이 아니라는 점입니다. 그런 방향으로 해석과 설명이 기울고 있다면 논어(論語)가 제시하는 각 장의 대(大)주제와 각 구절의 소(小)주제 이해에 대한 방향성을 잃고 있음을 상기해야 합니다. 어떤 특정인을 기리고 찬양하기 위해 쓰인 글이 아니기 때문입니다.

그렇기 때문에 사람을 비교하여 평가하는 해석이 이루어지고 있다면 더욱 조심히 살펴야 합니다. 사람을 비교 평가하는 수준으로 논어(論語)라는 글을 전락시키는 오류를 범할 수 있기 때문입니다. 그것은 공자의 철학을 인간 비교 평가 수준으로 낮추는 일입니다.

글의 흐름과 주제에 집중하지 못하기 때문에 이분법적으로 남을 평가하고 비교하는 해석으로 치우칩니다. 비교와 대조를 통한 이분법적 설명은 가장 단순하고 쉬운 장점을 지닌 방법이지만 더 큰 관점의 시각을 놓치기 쉽습니다.

앞 구절과 해당 장의 주제를 놓치지 않고 논어(論語)를 읽다 보면 구절 사이의 연결 고리가 보이고, 그 사상(思想)을 이해하는 즐거움이 배가될 수 있습니다. 논어(論語)라는 글이 향하는 방향, 지향점을 이해할 수 있기 때문입니다.

⑧ 한자의 뜻과 의미 vs 함축적, 중의적 표현

인간의 사상(思想)을 다루는 글인 철학책을 읽는 동안 이해해야 할 사항이 있습니다. 소설이나 시, 수필 등에서 다루는 언어와는 다르다는 점입니다. 독자에게 관심을 유도하고 아름답게 표현하며 생각을 흥미진진하게 이끌어가는 글이 아니라는 점입니다.

철학적 글은 글자와 단어 하나에도 그 뜻에 의미를 부여하고 가

러서 사용합니다. 그래서 자칫 딱딱하고 지루하며 재미가 없다고 느껴질 수 있습니다. 한자로 서술되어 있기 때문에 한글로 번역하면 비슷한 의미인 듯하지만 자칫 어설픈 해석에 의해 다른 의미로 전락하기도 합니다. 용도와 의미를 명확히 구분하여 사용하지 않기 때문에 벌어지는 오류입니다.

2,500년 전에 사용된 글자의 의미는 지금과는 다른 경우가 많습니다. 의미의 깊이와 정도(뉘앙스) 또한 확연히 달라진 경우가 많습니다. 심지어 고대와는 정반대의 뜻으로 활용되는 글자도 있습니다.

언어와 문자는 해당 시대의 모습과 역사를 담고 있습니다. 문화를 반영하는 거울과 같습니다. 역사와 문화가 다르면 의미가 다를 수 있다는 점을 이해해야 합니다. 그래서 단어가 지니는 역사와 문화의 의미론적 연결 고리를 찾는 과정이 필요합니다. 단어와 글자 형성의 어원을 바탕으로 글을 이해하는 방법을 권합니다. 언어의 원형적 의미를 찾아가는 과정이라고 할 수 있습니다. 그런 과정을 통해 해당 문맥에서 그 글자가 사용된 숨은 의미를 찾아내고 이해할 수 있습니다.

그리고 해석 과정에서 문법적 구조를 기반으로 의미를 명확히 살펴볼 필요가 있습니다. 글을 이끄는 주어가 무엇인지, 목적어가 무엇인지 대략 넘어가다 보면 자칫 누가 누구에게 전달하는 글인지 헷갈리기 쉽습니다. 죽간에 기재된 글이라, 글자 수를 줄이는 과정에서 최대한 주어나 목적어를 생략하여 기재하고 있습니다. 상황에 따른 다양한 방법론을 포괄적으로 설명하기 위해 의도적으로 주어, 목적어를 생략한 글이 많기 때문에 바라보는 사람의 관점에 따라 다른 해석을 만들기 쉽습니다. 번역과 해석의 과정에 이런 노력과 주의를 기울이지 않는다면 그 의미에 대해 해석자 관점으로 대충 넘겨짚어 설명하고 결론짓기 쉽습니다.

1.10 구절에서 설명한 단어들 가운데 위와 같은 차이를 이해할 수 있는 사례가 있습니다. 자금(子禽)과 자공(子貢)에 대한 설명입니다. 의미론적 연결 고리와 구조, 단어의 어원이 주는 의미 차이를 살펴보지 않고 글을 해석하는 경우 글에 대한 이해가 크게 달라집니다.

금(禽)과 공(貢)이 제시하는 비교, 대조적 뜻과 함께 중의적이고 함축적인 의미를 살피지 않는다면 구절이 설명하는 숨은 의미에 제대로 접근하기 어렵습니다.

명사(名詞)뿐만 아니라 구(求)한다는 것과 얻는다(得)는 서술의 의미를 전달하는 동사(動詞)에서도 차이에 대한 명확한 이해가 필요합니다. 1.10 구절에서는 '얻는다(得)'는 의미의 동사(動詞)가 '깨닫다(得)'로 의미론적 확장이 이루어져 사용되었습니다. '得'이라는 글자에 대해 통상 '얻는다'는 의미로 1.10 구절을 해석한다면 문맥의 의미가 상당히 퇴색됩니다. 구절에서 전하고자 하는 글의 목적이 무엇인지 이해가 어려울 수 있습니다. 하지만, '得'이라는 글자를 불가(佛家)에서 부처가 깨달음을 얻는(得) 일과 같은 의미로 받아들이면 문맥이 확연히 달라집니다.

논어(論語)를 이해하는 과정에서는 아주 작은 차이에 대한 이해도 명확히 하려는 세심한 노력이 필요합니다. 보이는 대로 대충 이해하고 글을 넘기다 보면 별 의미 없는 생각들로 가득한 논어(論語)를 읽고 끝내기 쉽습니다. 하지만, 깨달음을 얻는 일에 대해 영화나 소설의 이야기 같은 환상에 빠지지 않도록 주의할 필요가 있습니다. 깨달음(得)은 크고 거창한 사건을 통해 얻기(得)보다, 미묘하고 작은 차이에 대한 이해를 통해서 얻는(得) 일에 더 가깝기 때문입니다.

1.10 구절에서 구(求)한다는 의미와 함께 사용된 나눈다는 뜻의 글자, 여(與)가 상징하는 의미를 살펴보겠습니다. 구하고(求之) 나누는(與之) 일이 어떤 의미를 내포하고 있을까요? 1.1 구절 논어(論語) 첫머리에서 제시한 학습(學習)이라는 단어와 맥락을 같이합니다. 여러 나라에서 올바른 정치가 이루어지는 모습을 구하고 배워서 제자들과 그것을 나누어 익히는 과정을 경험하였습니다. 인간은 날것의 상태(禽), 동물과 같은 상태(禽)에서 배움을 구(求)하고, 몸에 그것을 체화(習)하고 나누며(與) 살아갑니다. 인간(子)이 살아가면서 노력을 다 바쳐(頁) 행하는 일에 해당합니다. 1.1 구절에서 삶의 시작과 의의를 제시했다면, 1.10 구절은 그 완성을 이루는 모습에 대한 설명이라고 할 수 있습니다.

✦ 역사와 문화의 연속성

문화의 계승과 전달이 이루어지지 않는 상태를 단절이라고 합니다. 문화가 단절되어 과거에 대한 기록 또는 유물이 남아 있지 않다면 과거에 대한 이해가 어려운 것은 당연합니다. 과거의 생활과 방식은 현대와 현저히 다를 수 있기 때문입니다.

논어(論語)를 읽는 중에 해석의 실마리를 얻지 못하는 경우가 있

유불도 동양 3대 철학에 대한 이해

을 수 있습니다. 글의 목적과 의도, 문맥적 연관성, 단어의 쓰임과 어원적 의미를 살펴보는 일에도 한계가 존재할 수 있습니다. 문화적 단절의 기간과 폭이 크면 클수록 그런 현상이 심화됩니다.

이런 경우에 활용할 수 있는 방법은 유사한 형태의 문화유산을 찾아보고 참고하는 일입니다. 논어(論語)에서 이야기하는 상황과 100% 일치하지는 않을지라도 접근하는 과정에서 해석의 실마리를 찾을 수 있습니다.

문화는 과거에서 현재, 그리고 미래로 시간적 연속성을 지니고 전달됩니다. 또한 호수의 물결이 파동을 이루며 전파되는 것처럼 물리적 인접 위치의 지역과 사회와 국가로 전파되는 특성도 있습니다. 시간적 흐름에 단절이 있더라도 공간적 관점에서 전파된 문화가 다른 지역과 사회에서 맥을 이어 계승되었을 수 있습니다.

우리가 이루는 사회의 체계와 문화는 갑자기 하늘에서 뚝 떨어져 생겨난 것은 없습니다. 어떤 형태와 관계로든 시간과 공간적 관점에서 연결이 되어 있습니다. 그래서 과거와 현재의 사회 체계와 문화적 관점을 이해하는 일은 큰 의미를 지닙니다. 연결되고 이어지는 관계를 정확히 이해함으로써 전체의 모습을 이해할 수 있습니다. 마치 퍼즐 맞추는 일처럼 하나씩 맞춰가다 보면 중간에 비어 있는 곳과 연결 지점이 채워지고 전체적인 그림의 정체를 이해할 수 있는 것과 같습니다.

위에서 언급한 5가지 방법을 활용하여 3장 23구절에 대한 의미를 살펴보겠습니다.

子語魯大師樂曰: "樂其可知也. 始作 翕如也, 從之 純如也
자 어 노 대 사 악 왈   악 기 가 지 야   시 작 흡 여 야   종 지 순 여 야

皦如也 繹如也, 以成."
교 여 야 역 여 야   이 성

　필자는 위 구절을 처음 읽었을 때 도무지 이해할 수 없었습니다.
그래서 시도한 일은 대형 서점에 들러 논어를 서술한 거의 모든 책
을 찾아보고, 인터넷을 뒤져 해석을 참고하였습니다. 거의 모든 서
적의 해석이 비슷한 설명이었으며, 그 해설을 통해 구절이 전하는
의의를 찾기는 어려웠습니다.

　음악 영역에 대한 설명이라는 점에서 2,500년 전의 글이 전달하
는 의의와 음악에 대해 잘 모르는 나의 이해 간극은 더 클 수밖에
없었습니다. 문화적, 철학적 이해의 단절이라고 할 수 있습니다.
2,500년 전 음악에 대한 연속성 측면에서 이해를 구하기 어려울
뿐만 아니라 중국과 한국이라는 국가, 사회, 지리적 문화의 편차도
존재합니다.

　명확한 사항은 논어(論語)가 공자(孔子)의 모습이나 음악적 능력
을 자랑하고 숭상하려는 목적으로 쓰인 글이 아니라는 점입니다.
3장의 대(大)주제는 함께하는 마음, 즉 공(恭)입니다. 23구절의 소
(小)주제 역시 함께하는 마음인 공(恭)입니다. 아울러 이해하기 어
려운 구절일수록 한자가 의미하는 바에 대해 모르고 있다는 전제
에서 시작해야 한다는 마음가짐입니다.

　그런 의미인 것 같다는 남들의 설명만 듣고 대략 넘겨서는 구절
이 어떤 의미를 전달하는지 그 의미를 깨닫기(得) 어렵습니다. 그래

　　　　　　　　　유불도 동양 3대 철학에 대한 이해

서 선택한 방법은 우선 퍼즐의 일부분을 찾는 것처럼 글의 흐름과 연속성을 찾는 일에 집중했습니다. 음악이라는 문화적 관점의 연속성과 글 흐름의 연속성을 동시에 살펴보았습니다.

3.23 구절은 3.20 구절에서부터 3.24 구절까지 하나의 이야기를 구성하는 글의 연속성을 지니고 있습니다. 앞뒤의 구절을 모두 이해하고 3.23 구절을 풀어나가는 일은 흡사 앞, 뒤, 양옆의 퍼즐을 먼저 끼운 후에 나머지를 맞추는 방식과 비슷했습니다. 이와 같은 과정에 따라서 각각의 구절을 먼저 살펴보겠습니다.

✤ 3.20

子曰: "「關雎」, 樂而不淫, 哀而不傷."
자왈　　관저　　락이불음　애이불상

공자께서 말씀하시길, "「관저」는 즐겁지만 음탕하지 않고, 슬프지만 마음에 상처를 주지 않는다."

시경의 첫 번째 시(詩)인 「관저(關雎)」를 활용하여 시(詩)라는 문화의 속성에 대해 설명하고 있습니다. 시(詩)는 사람들 마음에 감정을 전달합니다. 정도를 지나치지 않고 균형을 이루면서(禮) 사람들에게 정서(詩想)를 일깨워주는 도구입니다.

잠시 공자(孔子)가 강조한 덕목 가운데 예악(禮樂)에 대해 살펴보겠습니다. 예(禮)는 순서와 질서 체계를 의미합니다. 사회적 질서의 쓰임은 혼란을 최소화하는 데 있습니다. 즉, 예(禮)는 사회 체계에서 순서의 조화를 이루어 사람들의 관계를 편안하고 즐겁게(樂) 만드는 용도입니다. 악(樂)이라는 글자는 즐겁다(樂)는 의미 이외에도 음악(樂)을 뜻하기도 합니다. 음악(樂)이 추구하는 바는 음의 조화와 균형, 질서를 통해 사람들에게 감동을 준다는 점에서 예(禮)와 일맥상통합니다.

문(文)화적 관점에서 사람의 마음을 즐겁게(樂) 만들고 감정을 이끌어내는 일은 마음의 사악함을 덜어내는 활동입니다. 그러나 그것이 지나쳐 사회 질서와 조화(禮)를 어지럽히는 방향으로 작용한다면 곤란합니다.

이 짧은 구절이 전달하고자 하는 의도는 단순히 시(詩)가 주는 감동과 즐거움이나 주의해야 할 사항이 아닙니다. 그렇게 이해한다면 '공자(孔子)는 시(詩)라는 영역에 대해 일가견이 있었구나!'라는 정도입니다. 공자(孔子)에 대해 칭찬을 더하는 의미가 전부입니다. 논어(論語) 해석에서 특히 주의해야 할 사항은 '공자나 제자를 숭상하기 위함이 아니다'라는 점입니다.

해석에 크게 문제가 없으며 특별한 의미가 없는 것 같은데 무엇이 부족한 것일까요? 대략 설명하고 넘어간 부분이 있습니다. 관저(關雎)를 고유명사로 보고 특별한 관심을 두지 않았습니다. 관저(關雎)는 '관관저구(關關雎鳩)'로 시작되는 시경(詩經)의 첫 번째 작품입니다.

관저(關雎)는 호숫가에 사는 독수리, 즉 물수리입니다. 맹금류 중에서 물수리는 호수나 강의 최고 강자입니다. 물수리가 '저…

구…', 길게 뽑아내는 소리는 호수 건너편 산에 메아리로 울려퍼집니다. 조용한 호수의 적막을 깨뜨리는 우렁찬 소리입니다. 마치 주(周)나라 개국(開國)의 기상을 드러내는 듯한 힘찬 모습입니다.

시(詩) 「관저(關雎)」는 물수리(關雎), 군자(君子), 아리따운 여인, 그리고 군자와 여인 사이에서 사랑의 감정이 움트는 모습을 표현한 노래입니다. 시경(詩經)의 첫 번째 작품으로써 '시작'이라는 의미를 담고 있는 상징성에 더 큰 의미를 부여할 수 있습니다. 국가의 '시작'에는 힘찬 기상과 함께 희망을 가득 품고 그 구성원이 아름답게 살아간다는 의미가 내포되어 있습니다. 그런 모습을 관저(關雎)에 비유하여 담아낸 시(詩)입니다.

관저(關雎)가 상징하는 속성은 자유입니다. 호숫가의 최고 강자로 하늘과 물 위를 자유롭게 날아다닙니다. 관저(關雎)는 신의와 약속을 상징합니다. 암수 평생 짝을 바꾸지 않고 살아가는 지조를 지니고 있습니다. 한번 맺은 신의와 약속은 잊지 않는다는 의미입니다. 그런 의미를 담아 주나라 왕조의 힘차고 당당한 시작을 상징합니다.

시(詩) 「관저(關雎)」에서 겉으로 보이는 모습보다 중요한 부분이 있습니다. 인간 마음의 따듯함(溫)이 담겨 있습니다. 남녀 간의 따듯한(溫) 마음이 예(禮)를 넘어 과한 상태로 치닫는 경우 음탕하고 서로에게 상처를 주는 부작용이 발생하게 됩니다. 따듯한 마음을 지닌 경우 나에게만 즐거움(樂)이 넘치는 일은 없습니다.

이웃과 사회와 함께하는 따듯한(溫) 마음이 주류를 이루는 국가에서 지도층(君子)은 괴로움과 곤란, 역경에 처해 있는 이웃을 등지고 자신만 배부르고 즐거운 일을 취하지 않습니다.

시(詩)에는 사악한 마음이 없다(思無邪)고 논어(論語) 2.2 구절에서 설명했습니다. 국가의 시작, 초심(初心)의 단계에서는 주로 사악한 마음이 아니라 순수함을 지니고 출발합니다. 인간 사회의 가장 순수하고 근원적인 속성, 따듯한(溫) 사랑의 마음이 그것입니다.

3.20 구절을 해석하는 과정에서 관저(關雎)라는 하나의 단어에 담긴 시대적, 역사적 의미와 시(詩)라는 문화적 표현의 도구가 갖고 있는 상징성과 중의적 의미에 대해 살펴보았습니다.

미리 언급해본다면, 다음 구절에서 다루는 것은 국가 시작 이후에 살펴야 하는 첫 번째 관심 사항에 대한 설명입니다.

❀ 3.21

> 哀公問社於宰我, 宰我對曰: "夏后氏以松, 殷人以柏,
> 애공문사어재아　재아대왈　　하후씨이송　은인이백
>
> 周人以栗, 曰使民戰栗." 子聞之, 曰: "成事不說, 遂事不諫,
> 주인이율　왈사민전율　　자문지　왈　성사불설　수사불간
>
> 既往不咎."
> 기왕불구

애공(哀公)이 재아(宰我)에게 사직(社稷)신의 신주(神主)에 관하여 묻자, 재아(宰我)가 대답하기를, "하후(夏后)씨는 소나무를 사용했고, 은(殷)나라 사람은 잣나무를 사용했고, 주(周)나라 사람

은 밤나무를 사용했습니다. 서민(民)들에게 전율(戰栗)을 일으
키려는 것이지요."

공자께서 이 말을 들으시고 말씀하시길, "완성된 일(成事)은 거
론하지 않고, 완성에 이르는 일(遂事)은 간언하지 않고, 이미 일
어난 일(旣往)은 탓하지 않는 법이다."

이 구절은 노(魯)나라 임금(君)인 애공(哀公)과 신하인 공자의 제
자 재아(宰我)의 문답을 듣고 공자(孔子)가 추후 보충 설명하는 형
식을 취하고 있습니다. 3명이 이끄는 대화의 구도에 대해서 이해하
고 주의를 기울여 해석할 필요가 있습니다.

논어(論語)는 대부분의 구절이 공자(孔子)와 제자의 대화를 통해
가르침을 전달하는 형태인 점을 고려할 때 3자 형식의 구도가 이
루어지는 구절은 특별한 의미를 지닙니다. 대화자마다 다른 관점
으로 세상을 바라보고 있습니다. 그에 따라 전달하는 교훈도 다르
다는 점을 주의 깊게 살펴볼 필요가 있습니다.

이전 3.20 구절에서 '애이불상(哀而不傷)'이라는 구문이 있었습니
다. 공교롭게도 이 구절의 질문자는 애공(哀公)입니다. 어떤 연관성
이 있을까요? 상징적 측면에서 연결성을 제공합니다. 노(魯)나라 27
대(代) 제후(諸侯)인 애공(哀公)은 27년간 노(魯)나라를 다스렸지만 9
대(代) 제후(諸侯)인 환공(桓公)의 후손 계(季)씨, 맹(孟)씨, 숙(叔)씨
세력에 의해 정치적 영향력을 잃고 근근이 버티는 군주(君主)였습
니다. 명목만 임금(君)인 애공(哀公)은 슬픈(哀) 처지가 아닐 수 없습
니다.

그런 임금에게는 현자(賢者)와 같은 신하(臣下)가 곁에 있기 어렵

습니다. 국가를 마음대로 주무르는 세도가 계(季)씨, 맹(孟)씨, 숙손(叔孫)씨에 의해 임금 근처에는 아둔한 신하만 남기 때문입니다.

공자(孔子)의 제자 재아(宰我)는 논어에서 주로 꾸중을 듣거나 엉뚱한 답을 하는 상대역으로 등장합니다. 호칭에서도 알 수 있듯이 재(宰)상이라는 글자 뒤에 따라오는 이름이 나(我)입니다. 나에게 재(宰)상 같은 존재입니다. 재(宰)상은 신하 가운데 가장 높은 지위, 우두머리에 해당합니다. 신하들 사이에 우두머리가 되어야 할 존재가 자기 자신에게 재(宰)상 역할을 하니 한마디로 제멋대로라는 의미입니다. 한편으로는 공직보다 자신(我)을 우선한다는 이중적 의미를 지니고 있습니다. 재아(宰我)는 논어(論語)에서 대부분 그런 역할로 대화에 참여하고 있습니다. 장점으로는 변론에 거침이 없고 응변에 뛰어나다는 점입니다. 말 잘하는 정치인입니다. 어떤 사안이 올바르지 않더라도 제후의 질문에 대해 즉시 그럴듯하게 응대하여 마치 그 답이 올바른 것 같은 착각마저 불러일으킵니다. 높은 위치에 올라간 이유입니다. 하지만, 현실은 그런 사람이 높은 위치에 많으면 많을수록 제후(諸侯), 애공(哀公)은 슬픈 상황에 처하게 됩니다.

애공(哀公)과 신하(臣下) 재아(宰我)라는 등장인물의 구도만으로도 좋지 않은 정치 모습이 무엇인지 알 수 있습니다. 말로만 그럴듯하고 정치인 자신의 이익을 위하는 경우입니다. 국가가 서민을 바라보지 않는 관료로 채워질 때에 국가는 슬픔이 가득한 상황으로 치닫게 된다는 의미를 담고 있습니다.

애공(哀公)과 재아(宰我)의 질문과 답에 대해 살펴보겠습니다. 3.20 구절에 이어서 생각해보면 물수리, 관저(關雎)의 우렁찬 기상으로 국가 시작을 이루었습니다. 그 기상을 이어받아 최우선으로 할 일은 국민들의 생업인 농업을 잘 이끌어 국가를 부강하게 만드는 일입니다. 서민들의 삶을 여유롭고 온(溫)정이 넘치는 방향으로 이끄는 일입니다.

그런데 애공(哀公)의 마음은 사직(社稷) 신(神)의 신주(神主)에 가 있습니다. 즉, 농업(農業)을 의미하는 사직(社稷)을 잘 이끄는 일이 아니라, 그 신(神)을 모실 때 사용하는 나무로 만든 위패(位牌)에만 마음이 쏠려 있습니다. 정치적 방향이 적절한 듯 보이는 모양새이지만, 어긋난 방향입니다. 서민을 잘살게 이끄는 일이 정치적 과녁의 목표인 듯 보이지만 화살에만 관심을 보이고 있습니다. 제사를 지내는 의미에 대해서는 잊고 사직신(社稷神)을 숭상하는 형식, 제사의 제기(祭器)에 더 관심을 두는 모양새입니다. 군주(君主)의 시각이 짧고 어리석다는 의미를 전달하고 있습니다.

유교적 제사(祭事) 문화가 지탄을 받는 부분도 이와 같이 형식에 치우치는 그릇된 모양새 때문입니다. 형식만 강조하고 제사의 의의를 잊기 때문입니다. 논어(論語)를 대충 공부한 유학자들이 자신의 관점으로 논어(論語)를 애공(哀公)처럼 짧은 식견으로 바라보기 때문에 나타나는 일입니다.

제사 지낼 때 사용하는 위패를 무슨 나무로 만들든 그것이 무슨 큰 의미가 있겠습니까? 물론, 모든 일에 정성(誠)을 다하는 과정에 대해 의미를 부여할 수는 있습니다. 이 세상에는 아무 의미 없고 아무 가치 없는 일은 없기 때문입니다. 하지만 국민의 생업과 삶보다 다른 곳에 더 관심과 중점을 두는 일을 바람직하다고 할 수는 없습니다. 이런 경우에도 과녁을 명중시키기 위해서는 화살의 형태와 재질이 중요하다고 주장한다면 할 말을 잃게 됩니다. 제사의 형식 하나하나에 정성을 다함으로써 서민들을 잘 다스리고, 농업을 관장하는 일도 잘 이룰 수 있다고 주장한다면 어쩔 수 없습니다. 하지만 그런 주장은 순서와 가치에 대한 의의가 뒤바뀌어 있다는 점을 이해해야 합니다. 지도자의 시각이 어긋나고 편견이 지나칠수록 그 국가와 사회는 슬픈 상황에 처하게 됨은 경계할 일입니다.

3.20 구절에서 다룬 시(詩)를 활용해서 살펴보겠습니다. 길가의 작은 풀 한 포기에서도 시심(詩心)은 일어나고 생명의 의미를 크게 부여할 수 있습니다. 인간이기 때문입니다. 작은 생명에 대해서도 따듯한 마음을 잃지 않는 존재이기 때문입니다. 풀 한 포기 생명이 자라나는 경외로운 모습은 시인, 식물학자, 다큐멘터리 제작자의 관점에서 큰 의미가 있을 수 있습니다. 하지만 농부의 입장에서 한 여름 김매기가 한창 진행되는 옆에 와서 시심(詩心)에 빠져 '작은 풀 한 포기가 잘 자라는 모습을 보니 만물이 잘 자라는구나!' 읊조리는 모습을 본다면 어떤 마음이 들까요?

정치를 관장하는 임금(君)의 위치에서 정성을 다하고, 정치적으로 우선 살펴야 할 사항은 서민들의 삶입니다. 길가의 풀 한 포기, 제사에 쓰이는 위패의 나무 종류가 아닙니다. 안타깝게도 이 구절은 애당초 질문자의 시각이 어긋나 있는 상황입니다.

애공(哀公)이 묻는 상황에서 신하(臣下) 재아(宰我)가 그런 관점의 질문은 좋지 않다고 주장하며, "위패의 나무가 아니라 서민들의 삶에 관심을 두셔야 합니다"라고 대답한다면 재아(宰我)의 목이 몇 개라도 부족할 것입니다. 조직 사회는 그렇게 이루어지기 어렵습니다. 애공(哀公)의 질문에 대해서 탐탁지 않게 여기고 답을 하지 않는 일 또한 쉽지 않습니다. 그 질문이 올바른 것이든 아니든 임금(君)의 질문에는 응답을 해야 합니다.

　재아(宰我)가 선택할 수 있는 답은 어떤 것들이 있을까요? 이 시점에 이런 질문을 제시하는 이유가 있습니다. 논어(論語)는 대화를 통해 교훈과 가르침을 주지만 일방적으로 해답을 건네는 방식의 글이 아니라는 점을 강조합니다. 즉, 주입식 교육의 교재가 아닙니다. 상황을 제시하고 다양한 생각을 불러일으키며 그것에 대한 답을 스스로 찾도록 이끄는 열린 방식의 교재입니다. 4지 선다형의 답을 주로 요구하고 평가하는 현대의 교육 방식으로 공자(孔子)의 사상(思想), 논어(論語)를 가르치는 일은 쉽지 않습니다. 훈장 선생님이 가르치면 듣고 암기하는 모습을 상상한다면 큰 오해입니다. 지식을 많이 외우는 형식에만 의존해서 사람을 선발하는 일을 반복하면 문제의 상황에서 대화와 토론을 통해 의견을 나누고 최선의 방향을 선택하는 일에 취약할 수 있습니다. 그 과정에서 서로 이해하며 타협하고 양보하는 능력이 부족해지기 쉽습니다.

　재아(宰我)의 답변에 대해 나 스스로 고민해볼 필요가 있습니다. 재아(宰我)는 하(夏)나라에서는 소나무, 은(殷)나라에서는 잣나무, 주(周)나라에서는 사람들이 밤나무를 사용했다고 답하며 밤나무를 사용한 이유는 서민(民)들에게 전율(戰栗)을 일으키려는 것이라 설명합니다. 왜 그런 답변을 제시했을까요?

　위에서 필자가 재아(宰我)를 낮게 평가하여 설명했다고 재아(宰我)의 수준이 낮은 사람이라고 생각하면 곤란합니다. 재아(宰我)의 수사적 능력과 민첩성이 낮다는 의미는 절대 아닙니다. 논어(論語)

에서 주로 공자에게 꾸중을 듣는 역할로 등장했을 뿐이지, 실제로 그랬는지는 아무도 모릅니다. 검증해본 일도 없고, 굳이 검증해볼 필요도 느끼지 않습니다. 누군가는 그런 역할도 해야 하기 때문입니다.

뒤에 이어지는 공자(孔子)의 설명을 살펴보면, 애공(哀公)의 질문에 대한 직접적인 답 대신 국가를 다스리는 올바른 방법으로 설명을 이어갑니다. 재아(宰我)의 입장과 상황에서 보면 공자의 답변은 오히려 곤란한 응대였을 수 있습니다. 재아(宰我)의 설명을 살펴보면 역사적 관점에서 답변하고 있습니다. 공자의 제자답게 온고지신(溫故知新)의 방법을 활용하고 있습니다.

중국 고대 왕조의 시작은 하(夏)나라(BC 2070~1600년 추정)입니다. 역사가 시작된 이래 최초의 고대 국가에서 사직(社稷) 신(神)의 위패는 소나무를 사용했다는 설명입니다. 소나무는 동북아시아인의 삶에서 가장 기초가 되는 나무입니다. 나무의 재질이 단단하며, 어느 곳에서나 쉽게 구할 수 있었습니다. 집을 짓는 기둥과 대들보부터 수레, 농기구, 밥그릇, 수저에 이르기까지 온갖 생활 도구로 활용되었습니다. 소나무는 화력이 세고 불이 잘 붙어 땔감으로도 좋습니다. 떡을 만들 때에 그 향을 활용하여 송편이라는 문화를 만들었습니다. 항균 약리 성분을 지닌 솔잎은 약재로도 활용되었습니다. 소나무는 가지, 잎, 솔방울 어느 하나 버릴 곳이 없이 요긴하게 쓰였습니다. 현대에서도 한, 중, 일 3국에서는 소나무의 근원지가 자국이라고 논쟁을 벌일 만큼 소나무에 대한 가치와 의의는 특별합니다.

중국 역사의 두 번째 왕조는 은(殷)나라(BC 1600~1046년)입니다.

은(殷)나라는 하(夏)나라를 이어받은 두 번째 국가입니다. 초기 국가와는 달리 문명이 번창하는 단계에 해당합니다. 즉, 삶을 사는 최소한의 틀을 벗어나 아름다움을 추구하는 단계입니다. 소나무가 다양한 쓰임에 의의가 있었다면 잣나무는 번영과 아름다움에 의미를 둘 수 있습니다. 땔감으로만 쓰이는 솔방울과 다르게 잣방울에서는 잣 열매를 수확할 수 있습니다. 잣은 무기질과 비타민이 풍부하며 마음을 안정시키며 피부 미용에 뛰어난 효과가 있습니다. 목재로써 단단한 소나무와 달리 잣나무는 재질이 가볍고 향기가 좋습니다. 부드럽고 가공이 쉬워 고급 목재로 활용됩니다. 두 번째 왕조에서 잣나무로 사직의 신(神)을 모시는 신주(神主)를 만들었다는 것은 국가가 아름다운 번영을 추구했다는 의미를 부여할 수 있습니다.

세 번째 왕조인 주(周)나라(BC 1046~256년)는 제후국인 노(魯)나라(BC 1042~249년)의 모(母)국입니다. 잣나무는 아름다움을 추구하는 관점에서 효용성이 있지만, 쉽게 얻을 수 없었기 때문에 귀족들이 주로 누릴 수 있었습니다. 반면 밤나무는 열매가 크고 풍성한 수확을 얻을 수 있습니다. 잣나무에 비해 높지 않고 열매를 따기 쉽기 때문에 서민들에게 실용적인 나무입니다. 서민의 삶에 보탬이 되는 나무입니다. 그래서 밤나무는 숲속이 아니라 농가 근처에서 더 쉽게 찾아볼 수 있습니다. 그런 취지에서 밤나무를 활용했다는 의미입니다.

하지만 '서민(民)들에게 전율(戰栗)을 일으키려는 것'이라는 묘한 설명을 덧붙였습니다. 재아(宰我)를 등장시켜 일부러 이런 답을 제시하고, 그것의 의미를 찾아내는 효과를 노렸다는 느낌마저 듭니다. 전율(戰栗)이라는 단어는 관점에 따라 여러 가지 의미로 해석해 볼 수 있습니다. 춘추전국시대에 제후들이 자국의 세력을 강화하고 영토를 넓히기 위해 전(戰)쟁을 일삼았던 일에 초점이 맞추어져 있습니다. 전쟁에 앞서 국가의 선대(先代) 임금(君)들, 종묘(宗廟)와 토지의 신인 사직신(社稷神)에게 제사를 지내기 때문에 전율(戰栗)이라는 표현을 사용했습니다. 전쟁이 국가 생존 및 멸망의 관점에서 중요한 시대였던 당시에는 국가에 충성을 다하는 발언으로 해석할 수도 있지만, 현대의 관점에서 바라보면 전쟁에 대해 은근히 비꼬는 표현으로 해석할 수도 있습니다.

애공(哀公)과 재아(宰我)의 대화와 별개로 공자가 전달하고 싶었던 사항은 국가 개국 초기 나라를 다스리는 데에 명심해야 할 사항입니다. 애공(哀公)의 질문에 대해 연관 관계를 찾기가 쉽지 않습니다. 질문에 대한 답이 동떨어진 공자의 설명이 자칫 엉뚱하다고 느껴질 수도 있습니다.

사직(社稷)은 농업을 뜻하는 단어입니다. 서민들을 잘살게 하려면 생업인 농사(事)에 관심을 기울여야 합니다. 신(神)에 의존하고 신(神)을 대하는 형식에 더 관심을 둔 애공(哀公)의 질문의 근원에는 농사를 잘 이루려는 마음이 있습니다. 다만 바라보는 시각이 짧아 질문의 방향이 어긋나 있을 뿐입니다. 그래서 공자(孔子)는 서민들이 잘살 수 있도록 국가를 올바로 이끄는 방법 3가지에 대해 설명하고 있습니다. 지나간 일에 대해 구차하게 거론하지 말고, 현재 이끄는 일에 대해서는 하나의 방향으로 굳게 추진할 것이며, 그 과정에서 이미 벌어진 일에 대해서는 탓하기보다 해결의 관점에서 접근하라는 주문입니다.

유불도 동양 3대 철학에 대한 이해

새로운 정치를 이루는 데 주의할 사항은 첫째, 기존 성과나 은공 (成事) 또는 실패에 대해 돌아볼 수는 있지만 그것을 구차하게 거론하는 일은 불필요하다는 점입니다. 과거의 일을 들춰서 정치적 반대파를 처단하는 도구로 활용하는 일은 경계해야 합니다. 둘째, 기존에 진행을 이루고 있던 사업(遂事)을 뒤집고 무의미한 일로 전락시키는 일에 대해서는 신중히 고민해야 합니다. 그런 과정이 반복되다 보면 국가적 낭비가 심하게 됩니다. 체계의 질서를 자주 빠르게 바꾸면 서민들은 정치적 변화에 대처하기 어렵습니다. 어떤 방향에 맞추어 살아가야 하는지 난감하게 됩니다. 셋째, 이미 일어난 일(旣往)에 대해서는 탓하지 않아야 합니다. 이미 일어난 실수라면 그 부족한 부분에 대해 되돌리고 바로 세우면 충분합니다. 실수가 아니라 자만과 태만이 원인이 되어 할 일을 다하지 못했다면 그런 관료는 활용하지 않으면 됩니다. 이미 일어난 일을 탓하느라고 내 일에 관심을 저버리고 소홀하여 망쳐버리는 것은 어리석은 일입니다.

공자(孔子)의 답변에서 가장 주목해야 할 사항은 정치 방법에 대해 설명한 내용이 아니라, 누구를 바라보고 무엇을 위해 그런 일을 하는가에 있습니다. 제후 자신의 입장에서 이로운 방향이 아닙니다. 신(神)에 의지하려는 마음가짐도 아닙니다. 전해오는 형식에 치우친 절차나 방법을 지키기 위함도 아닙니다. 근원적으로 서민들이 잘살 수 있도록 국가를 다스리기 위한 방법과 과정입니다. 제사를 지내는 근원적 이유와 동일합니다.

공자(孔子)가 답변을 통해 보여준 태도 또한, 질문자와 답한 사람을 탓하거나 허물을 들추는 방식이 아닙니다. 바로 바라보아야 할 사항에 대한 설명으로 일관하고 있습니다. 세상의 많은 일에서 양자 간의 관계가 쟁점이 되기도 하지만, 그 쟁점의 다툼 자체는 무의미한 경우가 허다합니다. 관점이 어긋난, 의미 없는 일을 두고 열심히 논쟁하고 정치적 다툼을 일삼는 경우 세금 낭비만 초래하게 됩니다. 누군가는 본질을 바라보고 설명하는 사람이 필요하다는 의미입니다. 3자의 구도를 엇갈리도록 글의 구조를 만든 이유입니다.

공자가 제시한 3가지 교훈에서 성사(成事), 수사(遂事), 기왕(旣往)에 대해 시간적 흐름과 그에 따른 불설(不說), 불간(不諫), 불구(不咎)의 의미를 살펴보겠습니다.

성사(成事)는 이미 시간상 완결(成)이 이루어진 일이나 사건(事)입니다. 과거의 일에 대해 성공적 결과를 자랑하거나 업적을 늘어놓지 말라는 의미로 불설(不說)이 사용됩니다. 과거의 일에 대해 기뻐하고, 헤아리며, 아첨하며, 따른다는 의미로 해석한다면 불열(不說)이라고 독음하고 이해할 수 있습니다. 두 가지 모두 과거에 집착하지 말라는 의미로 받아들일 수 있습니다.

수사(遂事)는 진행되고 있는 일(事)에 해당합니다. 진행 정도에 있어서 거의 완결을 이루는 단계를 의미합니다. 이 시점에 간섭하거나 관여하지 않는다는 의미로 불간(不諫)이란 표현이 사용되었습니다. 진행되고 있는 일에 대해 비난(諫)하거나 간(諫)섭 행위를 하지 말라는 의미입니다.

기왕(旣往)은 이미 벌어진 일(事)입니다. 성사(成事)와 시점상 구분 없이 혼용하여 사용하는 경우도 있지만, 현재 인식하는 시점에 더 가깝습니다. 그리고 다소 부정적 사건과 결과를 지칭하는 경우가 많습니다. 재아(宰我)의 답변(遂事)을 보면 90% 정도는 훌륭한 답이지만, 마지막 10%, '전율을 일으키기 위함'이라는 구절에서 어긋난 설명을 더하고 있습니다.

공자(孔子)는 기왕(旣往) 벌어진 사건에 대해 탓하지 않고 국가를 다스리는 3가지 교훈을 전달하고 있습니다. 이미 벌어진 일(旣往)에 대해 허물(咎)을 잡고 비난(咎)하는 것은 과거에 집착하는 일에 해당합니다. 앞으로 달려갈 때 지나온 길에 대해 기억하고 그 과정의 어려움을 잊지 않는 지혜는 필요하지만 뒤를 바라보고 앞으로 달려간다면 곤란합니다.

하나의 구절에 대해 이런 방법의 해석이 100% 옳다고 주장할 이유는 없습니다. 상황에 따라 다른 해석이 가능할 수 있기 때문입니다. 논어(論語)는 하나의 고정된 관점에 국한하지 않고 대화를 나누는 사람의 관점과 이를 옆에서 지켜보는 관찰자의 관점에서 다양한 해석을 시도할 수 있도록 만들어진 글입니다. 시간, 공간, 문화, 관습, 태도, 자세, 입장 등을 고려하여 다양한 면을 적용하여 살펴보는 배움(學)의 자세가 필요합니다. 그리고 시간을 들여 부단히 노력하여 익히는 과정(時習之)이 수반되어야 합니다.

✤ 3.22

子曰: "管仲之器小哉!"
자왈　관중지기소재

或曰: "管仲儉乎?"
혹왈　관중검호

曰: "管氏有三歸, 官事不攝, 焉得儉?" "然則管仲知禮乎?"
왈　관씨유삼귀　관사불섭　언득검　　연즉관중지예호

曰: "邦君樹塞門, 管氏亦樹塞門, 邦君爲兩國之好,
왈　　방군수색문　　관씨역수색문　　방군위양국지호

有反坫, 管氏亦有反坫. 管氏而知禮, 孰不知禮?"
유반점　관씨역유반점　관씨이지예　숙부지례

공자께서 말씀하시길, "관중(管仲)의 사람됨의 그릇은 작다!"
어떤 사람이 말하기를, "관중(管仲)은 검소하였습니까?" 공자께
서 말씀하시길, "관씨(管氏)는 집을 세 군데나 가지고 있으며 공
무(官事)를 돌보지 않았는데, 어떻게 검소할 수 있겠는가?"
(어떤 사람이) 말하기를, "그렇다면, 관중(管仲)은 예(禮)를 알았습
니까?" (공자께서) 말씀하시길, "나라의 임금이 문 앞에 (시야를 가
리는) 가림나무를 심자, 관씨(管氏)도 역시 가림나무를 심었다.
나라의 임금이 두 나라 사이의 우호 증진을 위하는 자리에 술
잔을 놓는 잔대를 설치하자, 관씨(管氏)도 잔대를 설치하였는
데, 이런 관씨(管氏)가 예(禮)를 안다고 하면, 누가 예(禮)를 모르
겠는가?"

먼저 글의 목적과 의도를 찾아보겠습니다. 이 구절은 관중(管仲)이라는 사람을 평가하거나 폄하하려는 목적이 아닙니다. 관중(管仲)을 통해 검(儉)소함과 예(禮)의 의미를 설명하기 위함도 아닙니다. 이전 구절의 흐름을 놓치지 않고 연계하여 이해할 필요가 있습니다. 3.20 구절은 국가의 설립을 의미하며, 3.21 구절은 설립 후에 국가를 이끌어가는 방향성(民)과 주의해야 할 사항 3가지를 언급했습니다. 이 구절에서는 관(管)직의 우두머리(仲)에 해당하는 사람의 자질(器), 관중기지(管仲之器)에 대해 설명하고 있습니다. 즉, 주요 요직의 공직자에 대한 자질과 선발 기준을 의미합니다.

한자의 뜻과 의미에 대해 조금 더 살펴보면 관중(管仲)은 공자가 살던 동시대 사람 이름 또는 관(管)직의 서열 두 번째(仲)에 해당하는 사람입니다. 중의적 표현에 해당합니다. 논어에서는 관중(管仲)이라는 인물이 전반부인 3.22 구절에서 나오고, 후반부인 14.9, 14.16, 14.17 구절에 등장합니다. 전반부와 후반부는 글의 성향과 의도가 다릅니다.

여기에서 등장하는 관중(管仲)은 관포지교(管鮑之交)로 잘 알려져 있는 제(齊)나라 관중(管仲)과는 동명이인(同名異人)입니다. 여기에서는 수백 년 후 공자가 살고 있는 시대의 노(魯)나라 관중(管仲)으로 관(管)직의 서열 두 번째(仲), 임금을 바로 보좌하는 사람에 해당합니다.

국가를 다스리는 관점에서 검(儉)이라는 글자는 검(儉)소함이라기보다는 효율성, 그리고 낭비를 하지 않는 것을 의미합니다. 국가의 정책이 올바르고 방향이 명확하면 실행 과제가 이리저리로 표류하지 않습니다. 공직자들이 업무를 효율적으로 수행하면 중복과 낭비가 최소화됩니다. 세금을 헛되게 쓰지 않기 때문에 나라 살림이 구태여 커질 필요가 없습니다. 그런 모습이 검(儉)입니다.

고위 공직자를 관중(管仲)이라 표현하지만, 공자는 그 사람됨을 알기에 관씨(管氏)라고 소인(小人) 부르듯 호칭하고 있습니다. 관중의 그릇이 작기(小) 때문에 그렇게 표현하였습니다.

예(禮)는 국가와 사회 체계의 순서와 질서를 의미합니다. 당시 체계를 따르면 임금의 궁궐과 똑같은 대문을 갖추고, 임금과 같은 격식의 술잔을 활용하는 일은 교만함이 지나친 일입니다. 체계에 따른 질서, 즉 예(禮)를 모르는 사람입니다. 예(禮)는 드러나는 형식이전에 마음의 배려와 순서에 따른 질서가 기본을 이룹니다.

공자(孔子)가 검(儉)과 예(禮)를 언급하는 이유는 국가 체계를 이루는 공직 사회에서 이 두 가지를 갖추지 못한 사람은 곤란하기 때문입니다. 그런 자질 미달의 고위 공직자가 이끄는 관료 조직은 위와 아래로 체계가 올바로 설 수 없습니다. 순서와 질서를 헤아리지 못하기 때문입니다. 드러나 보이는 모습과 형식은 체계적인 듯 보일 수 있지만 그 본바탕이 틀어져 있다면 국가는 험난하고 슬픔이 이어지는 길로 향하게 됩니다. 그런 사람이 수행하는 공무는 일의 순서와 질서에 따르는 본바탕을 헤아리지 않기 때문에 효율성이 떨어지고 재정의 낭비가 심화되기 쉽습니다. 그래서 첫 번째 자질로 검(儉)을 추구하는 사람인지 언급하고 있습니다.

수색문(樹塞門)이란 문이 열리고 닫히는 동안에도 집 내부와 집 안의 활동이 보이지 않도록 문 앞에 심는 나무들입니다. 나무들이 빽빽이 심어져 있어 가려주기 때문에 집에 누가 출입하는지 모르게 하고, 누가 찾아와 문 앞에서 기다리는 동안에도 외부에 노출

되지 않는 은밀성을 보장합니다. 수색문(樹塞門)을 갖추고 있다는 것은 임금만 그럴 수 있다는 체계의 질서, 예(禮)를 이해하지 못하는 사람인 동시에 은밀히 정치를 하는 사람이라는 의미를 지닙니다.

반점(反坫)은 춘추전국시대의 문화적 이해가 필요한 단어입니다. 현대로 견주면 야외에서 정상급 회담이 이루어질 때에 각 정상의 좌우측에 협탁을 마련하고 그 위에 음료를 준비한 상황과 유사합니다. 당시에는 협탁 대신에 흙으로 빚은 큰 항아리와 같은 받침대를 놓음으로써 허리를 숙이지 않고 술잔이나 물잔을 들고 마실 수 있었습니다. 반점(反坫)을 사용한다는 것은 누구에게도 허리를 굽히지 않는 권력을 갖추고 있다는 의미를 품고 있습니다.

시대적 배경을 살펴보면, 공자(孔子)가 살았던 노나라는 27대 애공(哀公)의 시대였습니다. 9대 환공(桓公)의 후손인 계(季)씨, 맹(孟)씨, 숙손(叔孫)씨 세 가문에 의해 나라가 좌지우지되던 시기였습니다. 삼환(三桓)이라 불리는 이 세도가는 환공(桓公) 후실 부인들의 후손입니다. 제후 애공(哀公)은 허수아비와 같은 역할이었고 이들에 의해 국가의 봉토와 권력이 3분(分)되어 운영되는 형태였습니다. 그런 노(魯)나라의 명목상 2인자인 관중(管仲)은 삼환(三桓)의 권력을 등지고 나라를 그들의 뜻에 따라 주무르는 역할이었습니다. 그렇기 때문에 관중(管仲)은 세도가 각각의 봉토에 집을 마련하여 정치를 행하고 있었습니다. 집이 세 군데(管氏有三歸) 있다는 글자의 의미입니다. 부와 권력을 지닌 사람이 많은 토지와 집을 소유함으로써 벌어지는 탐욕의 성장과 국가적 폐해는 과거나 현재가 다르지 않습니다.

계(季)씨, 맹(孟)씨, 숙손(叔孫)씨의 식읍(食邑) 3곳에 집을 두고, 그 곳에 돌아다니면서 삼환(三桓)의 명령을 받들어 나라를 다스렸으니 정작 국가와 서민에 대한 일(官事)은 관심 밖입니다(不攝). 국가를 올바로 다스리는 일은 이루어지지 않습니다. 삼환(三桓)의 재산을 불리기에 바쁘고, 그들의 관심에 따라 재정을 사용합니다. 어떻게 검(儉)하다고 할 수 있겠습니까?

공자(孔子)의 설명에 대해서 그 의미를 구하기 위해서는 당시 시대적 배경에 대한 이해가 필요합니다. 3.20~3.22 구절의 흐름을 다시 살펴보겠습니다. 국가를 세운 후(3.20 구절), 그 나라를 이끄는 방향성을 바르게(良)하여 서민(民)을 향하고(3.21 구절), 그다음 할 일은 현명하고 올바른 인재를 국가의 고위 공직자로 등용하는 일(3.22 구절)입니다. 3.22 구절은 국가 고위 공직자의 자질과 자격에 대해 설명하고 있습니다.

그 첫 번째 조건이 검(儉)이라는 덕목입니다. 사심과 자신의 이익을 위해 일을 하는 사람이라면 곤란합니다. 군주(君主)가 있음에도 불구하고 사사로운 자들(三桓)의 힘과 권력에 의지하고 이권(利權)에 얽혀 있는 사람은 자격 요건에서 제일 먼저 제외되어야 합니다. 그런 사람은 관직에서 소임을 다할 수 없기 때문입니다.

두 번째 요구 사항은 투명해야 한다는 점입니다. 공무 수행 과정에 가림막으로 은폐하고, 비공개적인 행위를 일삼다 보면 비리와 비위가 생겨나기 쉽습니다. 국가 체계에 따른 법과 질서를 준수하고 이에 대해 투명함을 보장하는 일이 필요합니다. 은밀히 행하는 일을 최소화할수록 국가는 신뢰가 확보되고, 그 구성원은 신뢰를 바탕으로 안정된 삶을 영위할 수 있습니다. 투명함과 신뢰는 국가가 행하

유불도 동양 3대 철학에 대한 이해

는 과제에 대한 효율성(儉)을 지지하고 지원합니다. 사업 추진에 불필요한 낭비를 최소화할 수 있는 동력을 제공하기 때문입니다.

세 번째 요건은 겸손하고 양(讓)보의 미덕을 갖춘 사람입니다. 체계의 질서(禮)에 대한 기본 정신이 부족하면 곤란합니다. 자신의 허리를 굽힐 줄 모르고, 권위적이고 거만한 사람은 조직 전체를 그런 방향으로 이끌며 조직 문화를 경직되게 만듭니다. 아랫사람 위에서 군림하고 자신의 이익을 위해 아랫사람들에게 어떤 불합리한 일이라도 요구하는 사람이기 쉽습니다.

사회를 이루는 사람들이 계층과 계급을 떠나 같이 공존하고 같이 살아가는 마음, 공심(共心)이 부족한 사람은 위 3가지 덕목을 갖추기 어렵습니다. 3장의 큰 주제인 공(恭)이라는 덕목이 요구하는 사항입니다. 국가는 사람이 모여 이루는 큰 틀이기 때문에 공(恭)이라는 마음가짐이 필수적입니다.

그런 자질과 태도를 갖춘 사람으로 국가의 인재(人材)를 채우는 것이 국가 기틀을 튼튼히 하는 일입니다. 그러면 인재(人材)를 등용한 후에 살펴야 하는 일은 어떤 것일까요? 그것에 대한 설명이 다음 3.23 구절에서 이어집니다.

✺ 3.23

子語魯大師樂曰: "樂其可知也. 始作 翕如也, 從之 純如也
자 어 노 대 사 악 왈   악 기 가 지 야   시 작 흡 여 야   종 지   순 여 야

皦如也 繹如也, 以成."

교여야 역여야 이성

공자가 노나라 태사(大師)에게 음악에 관하여 전하기를, "음악의 편안함은 가히 알 수 있는 것입니다. 시작 후, 여러 가지 소리가 혼연일체를 이루다가, 그것을 이어서 순음, 교음, 현악기의 당기는 음이 소리를 이루어 완성합니다."

이전 구절의 주제와 교훈 전개 흐름을 상기하며 이 구절의 목적과 의도를 살펴보겠습니다. 국가 핵심 인재를 구한 후에 할 일은 인재를 통해 국가를 올바르게 이끌어가는 일입니다.

국가를 다스리는 방법으로써 공자(孔子)는 체제의 질서, 즉 예(禮)라는 도구를 특히 중요하게 여겼습니다. 체제의 질서를 이루기 위해 무엇보다 필요한 것은 조화와 균형이라는 덕목입니다. 이는 음악(樂)에서 추구하는 방향과 동일합니다. 조화와 균형이 무너진 음악은 즐겁지 않습니다.

3.23 구절에서 소재가 갑자기 음악으로 바뀌었기 때문에 자칫 글의 의도와 목적을 놓치기 쉽습니다. 3.23 구절은 논어에서 이해가 가장 어려운 구절 중에 하나입니다. 시대적 상황, 문화적 이해, 함축적이고 중의적인 한자의 뜻에 대한 연결 고리를 찾기가 쉽지 않습니다. 필자가 이미 글의 흐름에 따른 목적과 의도를 밝혔지만, 이전 구절에 대해 명확히 이해하고 연결 고리를 찾지 않는다면 해석의 실마리를 풀어가는 일은 녹록지 않습니다. 그 연결 고리를 하나씩 찾아가보겠습니다.

한자는 조합형 상형(象形)문자입니다. 단순히 모양과 형태를 본떠서 글자를 만든 것이 아니라, 모양과 의미, 모양과 모양, 의미와 의미를 더해서 다양한 뜻의 글자를 이룹니다.

'자어(子語)'라는 단어로 글이 시작됩니다. 통상 공자(孔子)가 말씀하신 경우 '자왈(子曰)'이라는 표현을 사용하는데 '자어(子語)'로 표현한 것은 이유가 있습니다. 이 구절은 대화가 아니라 말씀을 3자에게 전달하는 상황입니다. 같은 시간과 장소에서 벌어지는 상황이 아니라는 점을 이해하고 해석해야 합니다. 공자(孔子)의 뜻이 담긴 말씀을 전하는 과정입니다.

그러면 누구에게 어떤 뜻의 언어를 전달하고 있을까요? 그 뜻을 헤아리는 과정에 자연스럽게 '왜?'라는 질문에 대한 해답도 같이 드러납니다. 누구에 해당하는 사람은 노태사(魯大師)입니다. 노(魯)나라 태사(大師)에게 악(樂)에 대해 전하는 언어(語)입니다.

태사(大師)는 논어 전편 3.23 구절과 후편 18.9 구절에 2번 나오는 단어입니다. 후편을 참고하여 태사(大師)를 악관의 우두머리, 즉 악단의 지휘자로 대략 이해하고 넘어가면 숨어져 있는 의미를 헤아리기 어렵습니다. 주(周)나라부터 이어져오는 관직 서열 체계에 따르면 국가(國家)의 3부 요인(要人)은 태사(大師), 태부(大傅), 태보(大保)입니다. 그 가운데 가장 높은 서열은 태사(大師)로서 3.22 구절에 나오는 신하들 가운데 우두머리, 관중(管仲)에 해당하는 사람입니다.

공자(孔子)가 음악(樂)을 즐겨했기 때문에 악관(樂官)의 지휘자인 태사(大師)에게 언어를 전달했을 수 있겠지만 그 전달하는 언어(語)에 담긴 숨은 뜻은 악관(樂官)의 지휘자 태사(大師)에게 전달하는 사항이 아니라, 관중(管仲)에 해당하는 태사(大師)에게 전하는 언어입니다. 태사(大師)라는 단어는 이중적 의미를 담고 있습니다.

첫 단어 '자어(子語)'에서 '어(語)'라는 글자에 대해 조금 더 설명을 붙이면 나(吾)의 언(言)어입니다. 즉, 나(吾)의 뜻과 의지가 담겨 있는 말(言)이라는 의미입니다. 공자(孔子)의 의미심장한 뜻이 담겨 있는 말씀이 뒤를 이을 것이라고 유추할 수 있습니다.

'악기가지야(樂其可知也)'는 음악(樂)은 가히(可) 알(知) 수 있다는 뜻으로, 즐겁고(樂) 편안함(樂)이라는 것은 가히 알 수 있다는 의미로도 해석할 수 있습니다. 악(樂)이라는 글자를 좁은 의미로 해석하여 음악(樂)에 결부시킬 수 있지만, 국가 정치가 조화와 균형을 이루어 편안하고(樂) 즐거운(樂) 모습이라고 확대해석할 수 있습니다.

'시작(始作) 흡여야(翕如也)', 음악(樂)의 시작은 합주(合奏) 형식으로 이루어집니다. 음악의 시작, 합주(合奏)를 흡(翕)이라는 복잡한 글자로 표현했을까요? '흡(翕)'이라는 글자는 '합(合)'과 '우(羽)'의 조합으로 이루어진 글자입니다. 날개의 깃처럼 가뿐하게 합해진 형태라는 의미를 내포합니다. 합(合)주 중에 불협화음 없이 가볍게 이루어지는 것을 의미합니다. 흡(翕)은 날개깃(羽)이 아래에 기반을 이루고 있습니다. '우(羽)'는 동양 5음계(궁, 상, 각, 치, 우) 가운데 가장 높은 음으로, 우렁차고 힘이 있는 음계입니다. 악기로 치면 피리에 해당하며 음악을 이끄는 역할을 합니다. 지상을 초월하여 날개(羽)를 달고 하늘(天)로 올라갈 수 있는 하늘의 아들(天子), 임금(君)을 의미합니다. 흡(翕)은 날개를 달고 하늘에서 내려온 천자(天子)가 이루는 정치, 하늘의 뜻과 의지를 기반으로 한 합치(合治)라는 상징적 의미를 지닌 글자입니다.

임금(君), 하늘의 뜻과 의지에 따라 시작하고 그 뜻을 이어서(從之), 3개의 악기가 연주에 등장합니다. 순(純), 교(皦), 역(繹)에 해당하는 악기를 순차적으로 설명하고 있지만 각각의 독주가 아니라 3개의 악기가 동시에 연주(合奏)함을 의미합니다. 순(純)은 대금 소리입니다. 피리(羽)의 고음과 달리 대나무의 깊은 저음을 활용 임금의 뜻을 받들어 넓게 펴는 역할을 합니다. 국가의 서열 2번째, 태사(大師)의 역할입니다. 교(皦)는 화려한 소리를 내는 악기 소리, 소금 정도에 해당합니다. 피리처럼 굳세고 씩씩하며 널리 퍼지는 소리는 아니지만 피리의 소리를 화려하게 꾸며주고 덧붙이는 역할을 합니다. 임금을 보좌하는 태부(大傅)의 역할에 해당합니다. 역(繹)은 당기는 소리, 즉 현악기입니다. 현악기는 음을 이어주고 보(保)전하는 역할로써 정치적 역할에 견주면 태보(大保)에 해당합니다.

음악(樂)의 형식은 임금(君)이 이끄는 합주(翕奏)로 시작하고, 임금(君)의 악기 피리(羽)가 잠시 쉬는 동안 3명의 신하에 해당하는 악기(純, 皦, 繹)가 연주를 이어 음악을 완성하는 형식입니다. 이런 연주 형식을 국악에서는 연음구조라 부릅니다. 연음구조에서는 조화와 균형이 중요합니다. 왕의 악기(羽)인 피리 소리가 너무 약하면 힘이 빠진 연주가 되고 너무 강하면 피리 소리만 들리는 형태로 연주의 균형이 일그러집니다. 또한 순(純), 교(皦), 역(繹) 3개 악기 간에 조화와 균형이 무너지는 경우에도 편안함이 느껴지지 않습니다. 한쪽으로 치우치는 느낌을 받게 됩니다. 맨 마지막 구절에서 '이로써 연주가 완성된다(以成)'라는 표현은 어떤 형태로든 연주는 완성되지만 조화와 균형이 무너지면 첫 마디에 표현된 즐거움

(樂)을 주지 못하는 연주가 된다는 뜻입니다. 즉, 음악이나 정치 모두 조화와 균형을 이룸으로써 그 즐거움(樂其)을 알 수(可知) 있습니다.

우리나라 고전 음악 중에는 2천 년 전 삼국시대부터 전래된 '향악(鄕樂)'이 있습니다. '수제천(壽齊天)'이라는 향악은 이와 같은 연음 구조를 지닌 연주에 해당합니다. 삼국시대 유교 문물 전래에 따라 중국으로부터 음악적 형식도 전달되었을 것으로 추정합니다. '수제천(壽齊天)'은 하늘이 내린 체계(齊)의 질서를 길고 길게(壽) 이어감을 의미합니다. 체계의 질서(禮)를 거스르지 않고, 하늘의 뜻과 순리에 따라 조화와 균형을 이루며 행복하게(樂) 사는 태평성대를 그린 음악입니다. 공자가 추구한 예악(禮樂)이 다스리는 정치 모습과 일맥상통합니다.

'수제천(壽齊天)'이라는 음악을 필자의 서툰 글솜씨로 설명하는 것보다 유튜브를 열고 국립국악원의 연주를 검색하여 음악의 형식을 확인하고 감상하시길 권합니다. 악기의 구성과 연음구조, 그리고 피리가 연주를 이끌 때 균형감과 피리가 연주를 잠시 쉬는 동안에 이루어지는 3가지 악기의 균형감에 따라 연주의 완성도를 느껴볼 수 있습니다. 태평성대를 기원하는 '수제천(壽齊天)'의 의미와 왕과 신하에 해당하는 3개 악기가 조화와 균형이 어우러지는 연음 형식을 이해하고 감상한다면 이전과는 다른 느낌을 경험하실 것입니다.

이 말을 전할 당시 공자(孔子)는 노(魯)나라의 실세도 아니었고, 고위 관직에 있는 상황도 아니었습니다. 유가(儒家)를 이끄는 사립학교 총수이지만, 정치적으로 말석에 위치한 대부(大夫)로서 이런 뜻이 담긴 이야기를 관중(管仲)에 해당하는 국가 2인자에게 전한다

유불도 동양 3대 철학에 대한 이해

면 공자의 목숨이 온전치 못할 것입니다. 철저한 계층 신분제 사회에서 이런 언어 전달은 쉽지 않습니다. 자신의 처신에 대한 결단을 내린 후에 가능한 일입니다.

음악(樂)에 비유하여 삼환(三桓)이 국가의 조화와 균형을 어지럽힌다는 쓰디쓴 말을 간접적으로 전달하였습니다. 공자(孔子)가 이런 언어를 노(魯)나라의 실세인 태사(大師)에게 전했으니 목숨이 위태로웠겠구나 생각이 드는 구절입니다. 3.24 구절에서 이어지는 내용을 살펴보겠습니다.

❀ 3.24

> **儀封人請見曰: "君子之至於斯也, 吾未嘗不得見也."**
> 의봉인청견왈   군자지지어사야   오미상부득현야
>
> **從者見之, 出曰: "二三子何患於喪乎? 天下之無道也,**
> 종자현지   출왈   이삼자하환어상호   천하지무도야
>
> **久矣. 天將以夫子爲木鐸."**
> 구의   천장이부자위목탁

의(儀)나라의 봉인(封人)이 만나 뵙기를 청하면서 말하길, "군자(君子)가 이곳에 오면, 나는 아직 뵙지 못한 적이 없었습니다." 종자가 그를 공자에게 안내해주었다. (봉인이 공자를 만나고) 나오면서 말하길, "여러분은 어째서 공자께서 관직을 잃은 것에 대

하여 초상난 것처럼 근심하시나요? 천하에 도(道)가 없어진 지 오래되었습니다. 하늘이 장차 선생을 (세상의) 목탁으로 삼으려는 것입니다."

3.23 구절의 사건이 계기가 되어 공자(孔子)는 노(魯)나라를 떠나 천하 주유를 시작합니다. 이때 의(儀)나라 국경을 지키는 자(封人)와의 만남을 일화로 이야기를 이어가고 있습니다. 때는 공자(孔子)의 나이 53세, 지천명(知天命)에 이른 시기입니다. 하늘의 뜻(天命)을 받들어 세상을 주유하면서 공자(孔子)의 사상(思想)을 전파하고 후학을 양성하던 시기입니다.

이 구절은 공자(孔子)가 14년간 천하(天下)를 유랑한 이유를 설명하고 있습니다. 목탁(木鐸)이라는 단어를 통해서 의의를 이해할 수 있습니다. 목탁(木鐸)은 오늘날 불가(佛家)에서 주로 사용됩니다. 스님들이 불법(佛法)을 전파하기 위해 돌아다니며 사람들에게 자신을 알리는 도구로 두드리는 것을 볼 수 있습니다. 시주를 얻기 위한 장면을 머릿속에 떠올리고 있다면 약간의 오해가 더해진 상황입니다. 세상에 '부처님'의 말씀을 전하여 중생들의 고통을 낮추어 행복하고 편안한 삶을 이끄는 도구가 목탁(木鐸)입니다.

불교(佛敎)는 공자(孔子) 시대보다 500년 후인 한(漢)나라 시대에 중국에 전파되었으며, 본격적으로 활성화된 것은 그보다 더 이후, 당나라 초기입니다. 논어 3.24 구절 목탁(木鐸)이라는 단어를 통해 목탁이 불가의 전유물이 아니라는 것을 알 수 있습니다. 언어와 문화, 관습은 다른 영역으로 전파되고 흡수되어 다시 새로운 문화를 만듭니다.

지천명(知天命)의 나이에 이르러 자신의 천명(天命)을 알고, 천명(天命)을 따르는 것에는 삶의 실천적 의미가 깊습니다. 천명(天命)을 알지만 실천이 따르지 않는 인생의 행보는 위선(僞善)입니다. 천명(天命)을 모르고 그냥 삶을 살아가는 대다수는 보통 사람들입니다. 인(人)이라는 글자로 표현합니다. 보통 사람들을 호칭할 때는 직업에 해당하는 속성을 인(人)이라는 글자 앞에 붙입니다. 상인(商人), 농인(農人), 공인(工人) 등에 해당합니다.

의(儀)나라 봉인(封人)의 직업은 국경을 봉쇄하는 임무라는 것을 알 수 있습니다. 의(儀)나라는 상징적인 표현에 해당합니다. 인간(亻) 사회의 정의(義)가 한계(封)에 다다른 곳에서 사는 사람이라는 의미를 내포합니다. 의(儀) 봉인(封人)의 말을 빌려서 공자(孔子)의 행보를 설명하고 있습니다. 공자(孔子)가 여러 국가의 국경을 넘어 천하를 주유하며 찾아다닌 것 또한 인간(亻) 사회의 정의(義)라는 점을 유추해볼 수 있습니다.

의봉인(儀封人)이 공자(孔子)를 뵙고 나오며 한 말은 참으로 그림을 그리는 듯한 표현입니다. '이삼자하환어상호(二三子何患於喪乎?)'에서 이삼자(二三子)는 공자의 수레를 따르는 2세대, 3세대 제자들을 의미합니다. 초상(喪)집 행렬처럼 우환(患)과 근심이 가득한 모습을 표현하고 있습니다. '세상 어느 곳에서도 올바른 길(道)이 사라진 지 오래되었는데 어디에 간들 삶의 고난은 같지 않겠는가! 천명(天命)을 받들어 군자(君子)를 모시고 가는데 무엇이 그리 걱정인가? 초상길 수레 행렬처럼 행차하는가?' 반문하고 있습니다.

천명(天命)이 그럴 것이라고 짐작은 하지만, 행하지 못하는 사람들이 있습니다. 의(義)가 부족하기 때문입니다. 보통 사람이지요. 군자(君子)의 자질에 이르기에는 아직 제자들이 부족한 모양입니다.

3.20~3.24 구절을 이어서 살펴보겠습니다. 국가를 이룬 후(3.20), 정치 방향을 올바로 하고(3.21), 좋은 인재를 등용하며(3.22), 등용된 인재의 조화와 균형을 이룬 정치를 통해 나라를 행복하게(樂) 이끌어야 합니다(3.23). 하지만 현실은 거리가 먼 상황입니다. 관중(管仲)인 고위 공직자부터 자신의 이익과 영달을 위해 살고 있습니다. 국가에 대한 충(忠)이 사라지고 입(口)만 살아 있는 충(忠)이 가득합니다. 입(口)과 충(忠) 두 개의 글자를 조합하면 환(患)이 됩니다. 나라에 우환(患)이 가득한 상황을 상징하고 있습니다. 체계의 질서(禮)와 조화, 균형이 사라지는 이유는 의(義)를 저버렸기 때문입니다. 공자(孔子)는 인간(亻) 사회의 정의(義)를 추구하여, 하늘의 뜻(天命)에 따라 목탁(木鐸)을 두드리는 길(道)을 떠났습니다(3.24).

논어 해석 방법론 5가지를 적용하여 해석하면 글의 의도와 흐름을 명확히 이해할 수 있습니다. 상징적, 중의적 표현의 의미를 놓치지 않을 수 있습니다. 동시에 시대적, 역사적, 문화적 배경을 통합적으로 이해함으로써 논어(論語)의 가치는 더욱 높아질 것입니다.

4. 논어 후편에 대한 이해 확장

논어(論語) 후편인 11~20장의 기본 구조는 전편과 동일합니다. 온(溫), 양(良), 공(恭), 검(儉), 양(讓)이라는 큰 주제를 순서대로 적용하여 대화를 이끌고 있습니다. 후편에서 달라진 부분은 전편보다 다양한 생각의 기법을 전하고 있다는 점입니다.

논어(論語) 후편을 읽는 과정에서 관심을 두어야 할 사항은 각 구절에서 제시하는 사고(思考)의 방법이 어떤 것인지 찾아내는 일입니다. 그리고 사고의 방법을 찾은 후에 열린 마음으로 구절의 주제와 연결하여 토론을 해보는 것이 좋습니다. 어떤 관점에 대해 '교훈은 이렇다' 또는 '정답은 이렇다'라고 단정하는 것은 조급한 일입니다. 다양한 관점들에 대한 장단점을 비교하고, 나는 어떤 길을 갈 것인가에 대한 생각을 이끌기 위한 과제 성격의 글이 많기 때문입니다.

토론 과정에서 주의할 사항은 논지를 흐리고 화려한 언어를 활용한 수사적 기법을 동원하여 자신의 주장을 강요하려는 태도와 자세입니다. 그런 태도와 자세는 수양의 과정에서 전혀 바람직하지 못합니다. 논어(論語)를 읽는 목적은 자신이 만들어낸 임의의 주장을 강요하는 것이 아니기 때문입니다. 학습(學習)의 과정에서 배우고(學) 그것을 익히는(習) 일을 게을리하는 경우도 나의 생각과 사고의 틀에 도움을 주지 못합니다. 소위 말하는, '인격을 쌓는 일'과는 거리가 멀어집니다.

좋은 토론을 이끌기 위해서는 서로 의견을 펼치기 전에 해당 구절의 주제와 배경과 상황, 그리고 생각 기법이 어떤 것인지 배우(學)는 일이 선행되어야 합니다. 어설픈 한자 실력과 지식으로 설명을 얼버무려 강요하거나 주제와 생각 기법을 벗어나 토론하는 것은 곤란합니다. 그런 경우 조용히 듣는 것으로 만족하고, 다시 구절의 주제와 소재의 범위 안에서 토론을 이끌어가려는 노력이 필요합니다. 토론 과정에서 의견을 교환하는 상호 토론자의 역할을 통해 배우기도 하지만, 그들의 대화 관찰을 통해 제3자의 시각을 배울 수도 있습니다. 묵언 수행하는 사람처럼 조용히 심판이 되어 과정을 평가해보는 것도 의미를 지닐 수 있습니다. 토론이 끝난 후 결과를 정리하고 공유하는 과정은 학습에 큰 도움이 됩니다.

논어(論語) 후편을 읽는 방법도 전편에서 활용했던 5가지 해석 방법론을 기본으로 합니다. 그 5가지 방법론 위에 생각의 기법을 찾는 일과, 어떤 방향으로 내 생각의 틀을 이끌 것인가를 고민하는 일이 추가됩니다. 결국 7가지의 방법 사용을 권합니다. 5가지를 활용한 해석 방법론이 부실하다면, 추가된 2가지 방법은 그 의미를 잃기 쉽습니다. 제대로 이해하지 못한 상황에서의 토론은 큰 의미가 없기 때문입니다.

논어(論語)의 해당 구절에 대한 이해는 필자의 글이 아니라 누구의 글이라도 상관없습니다. 그 해석과 의견을 참고하는 것은 좋습니다. 그 이후에 5가지 해석 방법론을 적용해보고 본인이 옳다고 생각되는 방향을 따르면 그만입니다. 삶의 관점은 다양할 수 있으

유불도 동양 3대 철학에 대한 이해

며, 상황에 대한 인식도 다를 수 있다는 점을 항상 전제로 해야 합니다. 기계가 아닌 이상 인간으로서 항상 같은 생각의 틀을 갖는 것이 오히려 이상하지 않겠습니까?

논어 후편에 대한 이해 확장을 위해 몇 구절 살펴보겠습니다.

✤ 11.1 - 앞서가는 자, 그리고 뒤따라가는 자

子曰: "先進於禮樂, 野人也. 後進於禮樂, 君子也. 如用之,
자왈 선진어례악 야인야 후진어례악 군자야 여용지

則吾從先進."
즉오종선진

공자께서 말씀하시길, "예(禮)와 행복(樂)에 있어서, 앞서 나가는(先進) 사람은 개척자(野人)이다. 예(禮)와 행복(樂)에 있어서, 뒤따라가는(後進) 사람은 군자(君子)다. 그것과 함께해야 한다면, 나는 앞서가는 길을 따르겠다."

11.1 구절의 목적은 선진(先進)과 후진(後進)의 의미를 이해하는 것입니다. 그리고 선진과 후진에 대한 토론 과정을 통해 자신이 어떤 길을 택할 것인가에 그 쓰임이 있습니다.

선진국(先進國)과 후진국(後進國)이라는 단어가 현대에 널리 사용

되고 있어서, 선진(先進)과 후진(後進)에 대한 이해는 크게 어렵지는 않습니다. 선진(先進)은 먼저 나아가는 사람입니다. 앞서가는 사람은 아직 모르는 길을 가야 하기 때문에 좌충우돌하기 마련입니다. 아직 다듬어지지 않은 길을 가는 일입니다. 야(野)인과 같은 상태에서 미래를 개척하는 개척자(Frontier)를 의미합니다. 후진(後進)은 개척(先進)자가 경로를 확보한 후에 그 길을 따라서 나아가는 사람입니다. 개척(先進)자의 실수를 다시 밟지 않고 안정적으로 길을 갈 수 있는 장점이 있습니다. 그래서 군자(君子)가 가는 길로 설명하고 있습니다. 후진국(後進國)의 상황과는 다소 차이가 있음을 가려서 이해해야 합니다. 경제적 관점에서 한정된 의미의 이끌려 가는 모습만은 아닙니다.

예(禮)와 악(樂)의 의미를 살펴보겠습니다. 예(禮)는 질서와 순서를 의미합니다. 즉, 국가와 사회 체계의 질서와 순서입니다. 이는 법, 규칙, 관습, 관례적 절차 등으로 표현됩니다. 악(樂)은 즐거움입니다. 현대 언어로 표현하면 행복을 의미합니다.

사회 체계를 이루는 법과 규칙, 질서, 관습적 순서인 예(禮)와 국민의 행복(樂)과 즐거움(樂)에 대하여 '선진(先進)화를 이끄는 사람이 될 것인가? 아니면 뒤따라가는(後進) 사람이 될 것인가?'를 질문하고 있습니다.

공자(孔子)께서는 당연히 선진(先進)화를 이끄는 개척자(野人)가 될 것이라 말씀하고 있습니다. 그리고 한평생 그 길을 실천하였습니다. 논어(論語)를 통해 자신이 배운 삶과 경험, 철학을 뒤따라오는 사람들에게 남겼습니다. 뒤에 오는(後進) 사람들이 논어(論語)를 읽고 군자(君子)가 되길 희망했다고 볼 수 있습니다. 논어는 2,500

유불도 동양 3대 철학에 대한 이해

년이 지난 오늘날까지 우리에게 전해져오고 있지만 안타깝게도 그 의미는 퇴색되었습니다. 뒤에 오는(後進) 사람들이 부족하여 글이 전하는 깊은 의미를 이해하지 못하였기 때문입니다.

11.1 구절은 추상적인 관념인 선진(先進)과 후진(後進)의 의미를 비교하고 토론하도록 이끌고 있습니다. 과연 나는 선진(先進)화를 이끄는 사람이 될 것인가? 아니면 뒤를 이어가는 사람이 될 것인가?

야인(野人)은 항상 순탄하고 좋은 상황만 기대할 수는 없습니다. 실패와 실수가 난무하며 거칠고 다듬어지지 않은 야(野)생의 생태와 유사합니다. 선진(先進)화를 이끄는 과정에서 만들어가는 질서와 순서, 절차에는 오류가 있을 수 있습니다. 많은 시행착오도 겪을 수 있습니다. 그런 과정의 반복을 통해 문화와 체계는 다듬어지고 발전합니다. 현대의 선진(先進)국은 선진(先進)화를 이루면서 그런 과정의 반복을 거쳐 과학과 기술, 지식의 축적을 이루었습니다. 그 밑바탕에는 체계를 이루는 지식에 대한 서술(術)과 기록의 축적이 자리하고 있습니다.

선진(先進)화 과정의 어려움을 행복(樂)과 즐거움(樂)이라고 여기지 않는다면 고통과 고난으로 받아들이기 쉽습니다. 물질적 관점에서 보이는 모습과 형태를 기준으로 행복과 즐거움을 판단한다면 더욱 그렇습니다. 경제적 이익, 부의 축적, 물리적 힘과 권위의 축적에 목적을 둔다면 오히려 수고로움이 넘쳐 괴로운 나날이 이어질 수 있습니다. 그런 것을 추구하기 위해 자신과 자신이 영향력을 행사할 수 있는 사람들에게 강요하고 명령하게 되기 쉽습니다. 자신의 욕심으로 자신과 사람들을 옭아매는 일입니다. 문제는 보이는 것의 관점, 물질 위주의 목표에 따라서 자신의 욕심도 지속 증가하는 속성이 있다는 점입니다. 더 많은 것을 원하면 원할수록 더 많은 것을 탐내는 악순환에 빠지기 쉽습니다. 그래서 논어(論語) 11.18 구절에서 공자(孔子)는 물질적 가치 추구를 천명(天命)을 거스르는 일이라고 언급합니다. '賜不受命, 而貨殖焉'는 '사(賜, 자공)는 명(命)을 받지 않고, 재화를 불렸다'라는 의미입니다. 11.1 구절에서 그런 경제적 관점과 보이는 것의 관점에 대해 구체적 언급은 다루지 않습니다. 특정 가치를 더 선호하는 제한된 범위가 아니라 포괄적 관점에서 바라보는 시각입니다.

논어(論語) 후편의 첫 구절에서 선진(先進)과 후진(後進)을 비교하며 체계의 질서, 예(禮)와 행복을 의미하는 악(樂)에 대해 다룬 이유를 조금 더 살펴보겠습니다. 첫 번째 주제가 제시하는 목적과 의도가 무엇일까요? 경제적으로 제한된 관점에 한정하지 않고, 위 2가지 대조적 관점에서 나는 무엇을 택하여 삶을 살 것인가? 자신의 나이, 성별, 환경, 직업, 사회적 위상 등 처해 있는 상황과 조건에 따라 추구하는 해답은 제각각 다를 수 있습니다. 스스로 가치관을 수립할 필요가 있는 주제라는 점을 이해해야 합니다.

하지만 국가나 사회 전체적인 관점에서 하나의 방식을 선택해야 한다면 이야기가 달라집니다. 사회 전체가 갖는 가치관과 삶이 추구하는 방식은 국가와 사회 윤리적 기풍을 의미하기 때문입니다. 그 속성을 살펴보면 진보(進步), 보수(保守)의 차이와 유사합니다. 어느 방식이 더 좋다고 단정 지을 수는 없습니다. 사회적 기풍은 시대에 따라 사회가 처한 상황에 따라 변할 수 있습니다. 그것보다 먼저 이루어져야 할 것은 누구의 관점과 시각에서 바라볼지를 명확히 하는 일입니다. 그리고 방식의 선택보다 먼저 추구하는 목적에 따른 방식의 적절성에 대한 이해가 전제되어야 한다는 점입니다. 사회적 이해와 합의가 부족한 상황에서 강요에 의한 선택은 언제든 쉽게 뒤바뀔 수 있으며, 그 선택에 대해 후회가 따르기 마련입니다.

공자(孔子)는 국가와 사회 관점에서 선택의 첫 번째 기준을 예(禮)라는 관점으로 보았습니다. 사회 체계의 질서와 순서(禮)의 안정과 변화를 고려하는 관점이 가장 우선입니다. 그런 안정적 변화 속에서 행복(樂) 추구가 두 번째 고려 대상입니다. 공자(孔子)는 국가와 사회의 기틀을 예(禮)와 악(樂)의 2가지(禮樂)로 설명하고 있습니다. 그리고, 2가지를 이끌기 위한 방법론으로 선진(先進)과 후진(後進) 2가지를 제시하고 있습니다.

그리고 그 선택을 미루지 않습니다. 공자(孔子) 본인은 야인(野人)을 택한다고 명료하게 언급하고 있습니다. 미루거나 눈치 볼 사항이 아니기 때문입니다. 논어(論語) 전체 구절 가운데 공자(孔子)가 명확히 자신의 의사를 선언한 경우는 몇 개 되지 않습니다. 단언적 선언이 갖는 의미에 대해 살펴볼 필요가 있습니다. 항상 그것이 옳기 때문에 선진(先進) 방식을 택하라는 뜻이기보다 자신의 신념을 명확히 갖추어야 하는 사항이라는 의도가 더 강합니다.

자신의 환경과 상황을 고려하고 자신의 일과 분야에서 현재, 과거, 미래에 예상하는 삶의 모습과 위상을 생각해보고 이 주제에 대해 토론해본다면 많은 사람들이 가진 다양한 삶의 관점을 이해할 수 있습니다. 이분법적, 대립적 사고 방법을 다루는 경우 그 방법이 추구하는 목적이 무엇인지를 명확히 하는 일이 중요합니다. 목적을 모른 채 날선 대립과 갈등만 유발하는 어리석음을 범할 수 있기 때문입니다. 자신의 생각을 정리한 후 그에 따르는 합리적 근거를 제시하고 대화함으로써 서로가 방식의 차이를 이해할 수 있습니다. 그 과정을 통해 양보하고 원활한 해결 방법을 찾아나갈 수 있습니다.

물론 내가 선택한 방식에 대해서 명확히 선언하는 일도 필요합니다. 내 자신의 삶은 나의 것이기 때문입니다. 하지만, 사회적으로 선택의 문제에 직면해 있을 때에는 갈등과 대립으로 서로의 발목을 잡는 것보다 서로를 이해하고 그에 따른 행동을 취하는 것이 유리합니다.

그렇게 함으로써 오히려 전체 의견이 내 의견과 차이가 있는 경우에도 수용할 수 있는 여력이 발생합니다. 첨예한 상황에 대화와 의견의 교환이 없다면 편향된 주장과 방법을 강요하는 방식으로 일이 처리됩니다. 대화를 통한 서로의 의견 나눔이 부실함으로써 이해가 부족하게 되고, 결국 국가와 사회의 생각 틀이 편향된 상태로 기울어 갈등과 분열 조장을 유발하는 모습이 반복되기 때문입니다.

11.1 구절이 전달하는 생각 기법과 방법론을 이해하고, 자신 생각의 틀을 가다듬어 삶을 살아가는 방법에 대한 소신을 갖추었다면 학습의 목적과 효과를 충분히 얻었다고 할 수 있습니다. 국가와 사회를 이끌어가는 위치에 있는 사람이 이런 의미를 이해하고 상대편 대화자와 의견을 교류하고 협업한다면 더욱 변화에 유연하게 대응할 수 있고 합리적인 기풍을 가진 사회가 될 것입니다.

⊕ 11.2 - 여러 가지 속성 나열하기

子曰: "從我於陳蔡者, 皆不及門也. 德行 顏淵, 閔子騫,
자왈　종아어진채자　개불급문야　덕행　안연　민자건

冉伯牛, 仲弓. 言語 宰我, 子貢. 政事 冉有, 季路. 文學
염백우　중궁　언어　재아　자공　정사　염유　계로　문학

子游, 子夏."
자유　자하

공자께서 말씀하시길, "진(陳)나라, 채(蔡)나라에서 나를 따라왔던 사람들 모두 문하(제자)에 미치지 못하였다. (문하제자 중) 덕행(德行)에는 안연, 민자건, 염백우, 중궁이고, 언어(言語)에는 재아, 자공이 있고, 정사(政事)에는 염유, 계로가 있고, 문학(文學)에는 자유, 자하가 있다."

11.1 구절에서 추상적인 관념의 비교 방법을 설명했다면 11.2 구절에서는 대표성을 띠는 표상의 나열 기법을 소개하고 있습니다. 관념적 상징성을 특정 사람에게 구체적으로 연결하는 방법입니다. 11.1 구절의 이분법적 관점으로만 세상을 바라보지 않도록 지면을 구성한 것으로 생각됩니다. 어떻게 사회적 기풍을 선진(先進)과 후진(後進)의 관점에서만 비교하고 논할 수 있겠습니까?

논어(論語)를 학습하면서 단순히 글자의 해석으로 그치거나 제자 중 누가 어떻고, 어떤 일이 있었고 등의 형태로 글을 읽고 지나간다면 논어(論語)를 읽는 의미가 퇴색됩니다. 사상(思想)이 담긴 철학책이 아니라 소설과 같은 방식으로 글을 읽었기 때문입니다. 논어(論語)를 얕잡아 보는 태도라고 할 수 있습니다.

11.2 구절은 공자(孔子)의 제자들 가운데 뛰어난 사람들을 각각의 분야에 연결하여 나열하고 있습니다. 그러면 글의 의도와 목적이 공자(孔子)의 제자(弟子) 중 뛰어난 사람이 많았고, 진나라, 채나라에서 공자를 따라온 제자(弟子)들은 그저 그렇다는 설명을 하기 위한 것일까요? 그렇다면 무엇인가 한참 부족한 느낌입니다.

공자(孔子)의 제자 안연(顔淵)과 민자건(閔子騫)의 덕(德)행에 대해 구체적인 사건과 서술을 논어(論語) 구절이나 역사적 문헌에서 찾아볼 수 있나요? 자유(子游)나 자하(子夏)의 시(詩)나 글을 찾아볼 수 있나요? 그런 글이나 시를 확인할 수 없음에도 불구하고, 그 제자들을 드높여 평가하기 바쁜 사람들이 많습니다. 근거 없는 믿음을 강요하는 일입니다.

근거 없는 사항에 대해 믿음을 강요하는 일을 숭상(崇尙)이라고 합니다. 유(儒)학자들이 학문적 접근 방법을 넘어 종교(宗敎)적으로 숭상하여 발생한 사항입니다. 우리는 이태백(李太白)이나 두보(杜甫)의 시(詩)에 대해 평가하고 감상합니다. 만약 전해오는 시(詩)나 글이 없다면 그런 명성을 얻을 수 있었을까요? 대개 그 사람의 허상을 바라보고 평가하고 논하지는 않습니다. 허상을 강조하고 과장하는 일은 광고에서나 사용되는 기법입니다.

그러면 여기에서 강조하는 바는 무엇일까요? 제자들의 뛰어남을 설명하려는 의도가 아니라면 무엇을 이야기하려 한 것일까요? 논어(論語)를 철학적으로 연구하는 사람이라면 이 구절의 제자 이름을 모두 홍길동 1, 2, 3 또는 a, b, c 형태의 변수로 바꾸어 해석해보길 권합니다. 구체성이 없는 상징적 의미를 제자들에게 연결 지었다는 점에서 누구를 대입해도 동일한 결과를 얻을 수 있어야 합니다.

덕행(德行)에는 4명의 제자를, 언어(言語), 정사(政事), 문학(文學) 분야에는 각각 2명의 제자를 소개했습니다. 해당 분야에 대해 한 명으로 상징성을 부여하는 경우 독보적, 독점적이 됩니다. 자칫 왜곡이 있을 수 있습니다. 균형을 추구하기 위해 2명씩 나열하고 있습니다. 나열하여 설명하는 방식에서도 분야별 그룹에서 선진(先進)적 성향과 후진(後進)적 성향을 나누어 배분한 노력이 있습니다.

각 분야 중에서 가장 중시한 분야는 단연 덕행(德行)입니다. 가장 먼저 나열하고 4명의 제자를 언급하였습니다. 우리의 삶 속에서 덕행(德行)은 다른 영역의 2배 이상 관심을 두고 행(行)해야 한다고 이해할 수 있습니다. 정(政)치에서도 덕행(德行)을 2배 이상 중점을 두고 살펴야 하며, 문화와 학문에서도 덕행(德行)을 전제로 활동을 이루어야 한다는 의미를 내포합니다. 덕행(德行)을 제외한 나머지 3가지 분야는 비례적 균형을 이루고 있습니다.

11.2 구절은 관념을 연결시키는 방법과 나열의 순서와 비중을 고려하여 그 의미를 부여하는 능력을 배양하기 위한 글입니다.

가장 중요한 항목인 덕(德)을 가장 먼저 나열하고 가장 많은 제자를 들어 설명했습니다. 덕(德)이라는 속성이 인간 사회 체계의 구조와 질서(禮), 그리고 행복(樂)을 떠받치는 가장 기본적 속성이라는 의미입니다. 그런 체계의 질서(禮)와 행복(樂)을 이루기 위해 필요한 도구가 언어(言語)입니다. 문명은 언어(言語)라는 도구를 통해 기록되고 전달되며 축적됩니다. 그 기록을 기반으로 정(政)치와 일(事)의 발전이 이루어지고, 사회는 번영의 길로 방향을 세우고 나아

갑니다. 그런 일련의 기록과 지식은 문(文)화와 학(學)문이라는 그
릇에 담겨 전승된다는 의미를 부여할 수 있습니다.

공자(孔子)의 제자들이 이루려고 하는 것을 하나의 단어로 집약
하면 무엇일까요? 세상을 따듯하게(溫) 만드는 일에 해당합니다. 11
장의 큰 주제인 온(溫)입니다. 진(陳)나라, 채(蔡)나라에서 공자(孔子)
를 따라온 사람과 노(魯)나라 문하 제자와는 차이가 있습니다. 어
지럽고 혼란한 자신의 국가를 떠나 공자(孔子)의 명성을 듣고 제자
가 되어 학문적 경쟁력을 확보하기 위한 사람들이 대부분입니다.
지식을 쌓아 자신의 출세와 부귀(富貴)를 위한 목적을 지닌 사람과
세상을 따듯하게(溫) 만들기 위해 공자를 따라다니며 배우고 경험
을 축적하려는 사람은 세상을 대하는 태도와 자세에서 차이가 클
수밖에 없습니다.

요약하자면, 11.2 구절에서는 11.1 구절에 이어 사회 체계의 질서
와 사회의 행복을 위해 추구해야 하는 덕목을 나열 기법으로 설명
하고 있습니다. 논어를 이해하는 7가지 방법을 이해하고 그 방법
을 활용하여 구절을 해석하는 사람과 그렇지 않은 사람은 생각의
깊이가 현저히 다릅니다. 그런 과정과 방법을 활용해서 대화와 토
론을 경험한 사람과 아닌 사람 사이에는 더 큰 차이가 발생합니다.
올바른 철학과 교육이 필요한 이유입니다.

물론 필자가 제시한 근거에 대해 반박하는 사람이 있을 수 있습
니다. 다른 관점에서 설명을 이어갈 수도 있습니다. 그런 사람이
많아져야 하고, 그렇게 되길 기대합니다. 이 구절에서 구구절절 설
명하지 않고 짧은 문장을 통해 기술한 이유는 읽는 사람 스스로
자신의 생각 기법을 완성하고 익히는 것을 바라기 때문입니다.

사회가 발전하려면 다양성이 증가하고 그 다양성이 합리적으로 어우러져 체계의 질서를 이루는 과정이 필요합니다. 그 과정에서 사회의 방향을 올바로 세우고, 편향되지 않고 합리적인 가운데 행복한 방법을 찾는 일은 우리 사회 스스로의 몫에 해당합니다.

❀ 12.3 - 언어에 내포된 상징적 의미

司馬牛問仁. 子曰: "仁者其言也訒."
사 마 우 문 인   자 왈   인 자 기 언 야 인

曰: "其言也訒, 斯謂之仁已乎?"
왈   기 언 야 인   사 위 지 인 이 호

子曰: "爲之難, 言之得無訒乎?"
자 왈   위 지 난   언 지 득 무 인 호

사마우(司馬牛)가 인(仁)에 대해 묻자 공자께서 말씀하시길, "어진(仁) 사람은 그 말을 함부로 하지 않는다." (사마우가) 말하길, "말을 함부로 하지 않으면, 바로 그것이 어질다(仁)고 할 수 있습니까?" 공자께서 말씀하시길, "말을 함에 함부로 하고 있음을 깨닫는 것, 그것을 이루는 것이 어렵지 않겠느냐?"

12.3 구절의 의의는 언어의 의미를 이해하는 데 있습니다. 공자(孔子)와 사마우(司馬牛)의 대화(言) 과정이 제시하는 사항을 놓치면

글의 핵심을 이해하기 어렵습니다. 논제의 핵심을 이해하고, 그 관점을 유지한 상태로 대화를 이끌어가는 일은 의사소통에서 무엇보다 중요합니다.

이 대화에서 질문자는 사마우(司馬牛)입니다. 사(司)는 관청이나 기관, 즉 공직자를 의미합니다. 마우(馬牛)는 말(馬)과 소(牛)를 관리하는 직무를 가진 사람입니다. 사람을 상대하는 것과 달리 말(馬)이나 소(牛)와 소통할 때에는 정확한 인간의 언어가 필요 없습니다. 동물의 울음소리와 인간의 언어를 반쯤 섞어서 우물우물 형태의 말 더듬는 듯한 소리로 소통해도 그만입니다. 그런 모습을 표현한 글자가 말 더듬을 인(訒)입니다.

다른 관점에서 살펴보면, 말(馬)과 소(牛)와 같이 소통이 잘 안되는 꽉 막힌 사람과 대화를 하는 것처럼 답답하기 이를 데가 없는 상황입니다. 그런 경우 큰소리가 나오고, 안 좋은 말들이 터져 나오기 쉽습니다. 그런 경우에도 언어를 참는다는 의미로 함부로 말하지 않을 인(訒)자를 사용하고 있습니다. 인(訒)이라는 글자의 쓰임은 위 두 가지 의미를 모두 지니고 있습니다.

어떤 경우에도 어진(仁) 사람은 함부로 말하지 않습니다. 하지만, "함부로 말하지만 않으면 어진(仁) 사람입니까?" 하고 사마우가 약간 답답한 질문을 합니다. 어진(仁) 사람의 수많은 조건 중에 하나를 충족하면 어질게 되는 것인지 묻고 있습니다.

그럼에도 불구하고 공자(孔子)는 다시 한번 의미를 더해 설명해주고 있습니다. 내가 적절한 말을 하고 있지 않다는 것, 즉 상대가 제시하는 핵심을 이해하려 하지 않고 나의 이해 수준에서, 내 관점에서 언어가 나오는 그대로 내뱉고 있다는 것을 깨닫는 것이 바로 이루기 어려운 일이라는 점입니다. '언지득(言之得)'이라는 표현은 언어를 사용하는 과정과 동시에 깨닫는(得) 행위를 의미합니다. 즉, 말을 내뱉으려는 순간 바로 (내가 말을 함부로 하려 하고 있음을) 알아차린다는 의미입니다.

상대를 말이나 소 대하듯 상대에 대해 아무런 생각 없이 나의 주장과 나의 관점에서만 말하는 데 익숙해지면 사마우(司馬牛)와 같은 방식으로 이야기를 하게 됩니다. 인간은 언어를 사용하여 소통하는 사회적 동물입니다. 언어는 소통을 위한 도구임에도 불구하고 말이나 소와 대화를 하듯이 언어를 사용하는 사람이 많습니다. 자신의 뜻과 의지만 주장하는 일입니다. 그런 경우 과연 말(馬)이나 소(牛)가 문제일까요? '소(牛) 귀에 경(經) 읽기'라는 속담이 있습니다. 소(牛)가 문제일까요? 아니면, 소(牛)에게 경(經)을 읽어주는 사람이 문제일까요? 생각해볼 일입니다.

12장의 큰 주제인 어질다(仁, 良)는 것의 속성 차원에서 이 구절의 주제를 살펴보겠습니다. 말이나 소에게 강요하듯 강압적으로 시키는 언어, 원망을 사는 언어, 상대가 하고 싶지 않은 일을 강요하는 언어를 사용하고 있는 것은 아닌지 먼저 자신을 돌아봐야 합니다. 언어의 시작은 상대를 대하(與)는 태도와 자세, 마음가짐에서 출발합니다. 상대를 소(牛)와 말(馬)처럼 대하며 불명확한 언어, 지시의 말, 강압의 말, 비난의 말, 원망의 말, 천한 말을 사용한다면 그것을 어질다(善 = 良 = 仁)고 할 수 있을까요?

현(賢)명하고 선(善)한 방식으로 소통을 이루는 일이 대화를 이루는 어진(仁) 모습이자 방법입니다. 사마우(司馬牛)가 인(仁)에 대해 질문을 하고, 공자(孔子)가 사마우(司馬牛)라는 제자의 속성을 이해하고 언어에 대한 교훈을 전달하는 관점에서 이야기를 이끌어가고 있습니다. 사마우(司馬牛)는 그런 공자(孔子)의 설명에 이어서, 논리적 관점에서 재질문을 한 것으로 해석할 수도 있습니다.

엄밀히 따지면 사마우(司馬牛)가 어질지(仁) 못한 방식으로 대화를 한다는 사실과 증거는 위 글에 없습니다. 필자 또한 어떤 하나의 관점에서 사마우(司馬牛)에 대해 해석하고 평가한 것에 지나지 않습니다. 논어(論語)에서 누구를 폄하하거나 평가하는 것은 큰 의미가 없다는 점을 강조하기 위해 다시 한번 부연합니다. 글의 목적과 의도를 위해 공자(孔子)와 제자(弟子)의 역할을 부여하고 나누는 대화라고 보는 것이 오히려 좋습니다.

이 구절은 단순히 말을 가려서 조심해야 한다는 교훈을 전달하기 위한 목적이 전부는 아닙니다. 이 구절에서 얻을 수(得) 있는 '생각의 틀'은 언어를 통한 소통 과정입니다. 소통은 일방적 성격이 아닙니다. 상호적입니다. 전달하려는 사항이 명확해야 할 필요가 있으며, 받아들이는 사람은 핵심이 무엇인지를 놓치지 않아야 합니다. 무엇보다 먼저 생각해야 할 사항은 사람과 사람 사이에서 대화가 이루어진다는 점입니다.

⊕ 14.8 - 명(命)에 따라 법(문서)을 만들고 실행하는 방법

子曰: "爲命. 裨諶草創之, 世叔討論之, 行人子羽脩飾之,
자왈   위명   비심초창지   세숙토론지   행인자우수식지

東里子產潤色之."
동리자산윤색지

공자께서 말씀하시길, "명(命)을 받들어 이루는 일은 비심(裨諶)이 초안을 만들고, 세숙(世叔)이 그것에 대해 토론하고, 행인자우(行人子羽)가 가다듬어 수정하여, 동쪽 고을에서 자산(子產)이 현실화했다."

먼저 명(命)이라는 글자의 의미를 살펴보겠습니다. 천명(天命)은 하늘의 명령입니다. 동양 사상에서 온 세상을 이루는 가장 큰 명령은 천명(天命)입니다. 그다음은 하늘의 천명(天命)을 받들어 천하를 지배하는 임금의 어명(御命)입니다. 임금(君)의 언어(言)를 공식화하고 기록하여 문서를 만들어 전파하고 실행하는 일이 정(政)치입니다. 국가를 다스리는 일은 명(命)의 실행입니다.

시대를 흐르면서 명(命)은 점점 더 체계화되고, 구조화된 형태로 문서화됩니다. 법(法)이라는 체계로 발전합니다. 춘추전국시대는 아직 법 체계를 갖추기 이전입니다. 임금(君)의 명(命)에 따라 공문서를 만들고 실행하는(爲) 과정을 설명하고 있습니다.

① 초안을 만들고, ② 토론을 통해 수정하고, ③ 실무자가 세부 사항을 추가 및 변경한 후, ④ 시범 수행하여 현실적 요소를 반영하고 다듬어 마무리 짓는 4단계의 절차로 이루어져 있습니다. 현대 사회에서 법안을 만들어 실행하는 과정과 큰 차이가 없습니다.

'비심(裨諶)'의 비(裨)는 돕는다는 의미입니다. 신분이 낮은(卑) 보좌관이 수행하는 일이라는 의미를 지닙니다. 심(諶)은 그 언어(言)에 깊이(甚)가 있다는 뜻으로 해당 분야의 전문가를 의미합니다. 현대 사회에서도 대개 전문 지식을 지닌 낮은 직급의 실무진이 주로 초(草)안을 만듭니다.

'세숙(世叔)'의 세(世)는 세상의 보통 사람을 의미합니다. 세상의 수많은 삼촌(叔)들에 해당하지요. 가정의 중심, 가장이 아니라 옆에서 거드는 역할의 사람입니다. 다른 관점에서 바라볼 여지가 있는 사람을 의미합니다. 그런 사람들이 모여 토론(討論)을 벌입니다. 현대 사회에 비교하면 공청회를 통한 토론과 의견 수렴의 과정을 의미합니다.

'행인자우(行人子羽)'의 행인(行人)은 실행(行)하는 사람, 실행 부서를 뜻합니다. 자우(子羽)는 깃털처럼 가뿐하게 수행할 수 있도록 토론 과정에서 붙여진 군더더기를 제거하여 사업의 실행력을 현실화합니다. 비심이 초안을 만들 때에는 원칙과 방향에 중점을 두었다면, 이 과정은 원칙과 방향에 대해 유지하되 실행 가능성에 중점을 두고 문서를 가다듬는 과정입니다.

'동리자산(東里子產)'의 동리(東里)는 최초 적용하는 지역에 해당합니다. 해는 동쪽에 떠오르기 시작한다는 맥락과 같습니다. 자산(子產)은 시범 적용 후에 산(產)출물을 얻는 과정을 의미합니다. 즉, 동쪽 지역에 적용해보고 현실적 요소를 그 모습(色)에 반영(潤)합니다. 윤색(潤色)이 지니는 의미는 현실을 반영하여 최종 결과를 산출한다는 뜻입니다.

현대 사회에서 법(法)을 만들어 실행하는 방법과 크게 다르지 않습니다. 이런 수고스러운 과정을 거치는 이유는 국가를 운영하는 체계의 효율성을 높이고 사업의 실패를 최소화하려는 노력입니다. 국가적 자원의 낭비를 줄이는 일(儉)에 해당합니다. 14장의 큰 주제, 검(儉)이 추구하는 방향입니다.

현대 사회에서 정치인이 법안을 만들고 실행 과정에서 그 모양새가 좋지 않은 일이 자주 발생하는 이유는 이런 과정을 활용하는 형식적 틀은 갖추었으나 그 바탕에 자리하고 있는 검(儉)이라는 의의를 자주 망각하기 때문입니다. 자신과 자신이 속한 집단의 이익을 우선하려는 숨은 이기심이 먼저 작용하기 때문입니다. 다른 지방이나 기관에서 좋아 보이는 사업을 벌이면 효율성이 충분히 검증되기도 전에 막대한 세금을 들여 따라 하기 바쁩니다. 남보다 뒤처지면 안 된다는 경쟁 의식이 앞서는 경우가 많습니다. 그리고 실패한 사업은 숨기기에 급급합니다.

현대 사회에는 법(法)과 명(命)령이 너무 많아졌습니다. 복잡한 현대 사회 구조와 새로운 변화에 대한 충분한 이해 없이, 형식에 치우친 법 제도화 과정을 지속적으로 반복하고 있습니다. 그 결과 사소한 사항까지 모두 법(法)과 명(命)령에 의존하려 합니다. 사회적 믿음과 신뢰가 부족하기 때문에 발생하는 현상입니다. 신뢰가 무너지는 일이 반복되다 보면 법(法)과 명(命)령이 제 역할을 하지 못합니다. 힘있는 자는 법(法)과 명(命)령을 가볍게 여기고, 힘없는 자는 지킬 수 없는 법(法)과 명(命)령에 불복합니다. 사회를 이루는 계층 구성원 모두가 법과 제도를 회피하는 방법을 찾습니다. 체계의 효율성을 높이고, 국가 자원 낭비를 최소화하기 위한 법(法)과 명(命)령이 오히려 효율성을 떨어뜨리고, 자원을 낭비하는 애물단지로 변하고 있습니다.

무엇이 부족해서 그럴까요? 법(法)과 명(命)에 대해 공(恭)경하는 마음이 부족하기 때문입니다. 법을 준수해야 한다는 마음, 준법정신이라고도 표현합니다. 그 흐트러짐의 근원은 사회를 함께(共) 이루어간다는 마음(心), 즉 공(共)동체 의식(心)의 부족입니다.

점점 복잡해지는 현대 사회에서 법(法)과 명(命)령을 통해 체계의 질서를 이끌어가는 일은 그 한계에 도달했습니다. 법(法)과 명(命)령을 최소화하고, 사회적 공(恭)을 실현하는 일이 더 바람직하다고 생각됩니다. 널리 사회 구성원 모두가 공동체 의식을 갖고, 그에 따라 함께하는(共) 마음(心)을 나누는 사회 윤리 기풍을 만들어가는 일이 최선이라고 여겨집니다.

✤ 14.12 - 명(命)에 따라 삶의 완성을 이루어가는 길

子路問成人. 子曰: "若臧武仲之知, 公綽之不欲, 卞莊子
자로문성인   자왈   약장무중지지   공작지불욕   변장자

之勇, 冉求之藝, 文之以禮樂, 亦可以爲成人矣."
지용   염구지예   문지이례악   역가이위성인의

曰: "今之成人者何必然? 見利思義, 見危授命, 久要不忘平
왈   금지성인자하필연   견리사의   견위수명   구요불망평

生之言, 亦可以爲成人矣."
생지언   역가이위성인의

자로(子路)가 인간이 삶의 완성을 이루는 일(成人)에 대해 묻자 공자께서 말씀하시길, "장무중(臧武仲)의 지혜(知)와 공작(公綽)의 불욕(不欲), 변장자(卞莊子)의 용(勇)기, 염구(冉求)의 기예(藝)를 더하여 체계의 질서(禮)와 행복(樂)을 이루는 문(文)화를 만드는

유불도 동양 3대 철학에 대한 이해

일이 가히, 인간 삶을 완성하는 일이다." (공자께서 더하여) 말씀하
시길, "오늘날 인간을 완성하는 일이 어떻게 필연 그렇겠는가?
이익을 보면 의(義)를 생각하고, 위태로운 일을 보면 목숨(命)을
다하고, 평생 다짐한 말을 오랫동안 중히 여기고 잊지 않는다.
이 또한 가히 인간 삶을 완성하는 일이다."

자로(子路)가 묻고 공자(孔子)께서 답변하고 있습니다. 왜 제자 자
로(子路)가 질문하고 있을까요? 인간(子)이 살아가는 길(路)에 대해
서 질문하고 있기 때문입니다. 인간으로서 삶의 의미를 찾고 삶의
완성(成)을 이루는 길(路)이 무엇인지 여쭤보고 있습니다. 제자(弟
子) 자로(子路)가 묻는 이유입니다.

14장의 제목은 헌문(憲問)이며, 주제는 검(儉)입니다. 자로(子路)는
인간의 삶에 대해 헌(憲)법과 같이 가장 근원이 되는 질문을 제기
하고 있습니다. 삶을 성(成)공적으로 이룬다(成)는 것이 무엇인지?
어떻게 하면 잘 살았다고 할 수 있는지? 공자(孔子)의 답변을 통해
삶에 대한 공자(孔子)의 철학을 엿볼 수 있는 구절입니다.

장무중(臧武仲)의 지(知)혜는 힘과 권위에 의존하지 않고 무(武)력
을 드러내지 않는(臧) 지혜입니다. 즉, 무력이나 힘과 권위에 의존
하지 않고 인간(亻)의 중(中)심을 잃지 않는 사람을 의미합니다. 중
용(中庸)을 이해하고 실천하는 지(知)혜를 갖춘 사람에 해당합니다.

공작(公綽)은 그 이름에서 드러나듯이 스스로 고귀(公)하고 여유
(綽)가 있으니, 굳이 욕심을 부릴 필요가 없는 사람입니다. 욕심을
최소화한 삶을 실천하는 사람입니다.

변장자(卞莊子)는 법(卞)과 제도(卞)를 따르는 엄정한(莊) 사람(子)

입니다. 그런 사람은 자신의 행동에 대해 법(法)에 근거와 원(原)칙을 두고 있기 때문에 비겁하거나 비굴할 이유가 없습니다. 누구 앞에서도 당당하고 어떤 일에 맞서더라도 용(勇)기를 버릴 이유가 없습니다.

염구(冉求)는 삶에 대한 자세에 있어서 부드럽게 나아가고(冉) 발전을 추구(求)하는 사람입니다. 기예(藝)와 재주(藝)가 자연스럽게 쌓이는 사람에 해당합니다.

위와 같은 4가지 속성, 즉 지혜(知), 불욕(不欲), 용기(勇), 기예(藝)를 더하여 체계의 질서인 예(禮)와 행복(樂)을 삶의 문(文)화로 이끈 사람에 대해 삶의 완성(成人)을 이루었다고 할 수 있습니다.

교육 기관에서 전인(全人) 교육을 지향한다는 말을 듣곤 합니다. 하지만 그 단어의 뜻을 제대로 이해하고 사용하는지 의문이 듭니다. 전인(全人) 교육이 지향하는 방향이나 목적, 절차와 방식, 방법론이 있는지 묻고 싶습니다. 전(全)이라는 글자의 뜻은 최소한의 자질을 갖춘 사람이라는 의미가 아닙니다. 대충 온전한 인격체를 의미한다고 설명하지만 인간은 항상 부족한 존재입니다. 어떤 것이 온전한 것인지 애매모호한 표현입니다. 조선 시대 유학에만 의존하던 교육을 탈피하여 수학, 과학, 역사, 외국어 등 서양의 다양한 학문을 두루 배운다는 의미 차원에서는 나름대로의 목적과 쓰임이 있었습니다.

현대 사회에서도 과연 적절한 방향일까 의문이 듭니다. 현대의 교육이 보여주는 모습은 많은 학문의 분야를 나누고, 완전(完全)하게 외우는 능력을 갖춘 사람에게 우선 좋은 대학으로 진학하는 기회를 부여하는 경쟁 추종 방식입니다. 기초 학문 전(全)체를 외우

는 일에 치중하도록 교육 과정이 설계되어 있는 듯합니다. 필자는
완전(完全)을 의미하는 전인(全人)이 아니라 온전(溫全)한 인간을 길
러내는 교육을 더 권하고 싶습니다. 인간의 따뜻한 마음을 갖추고
나누는 일(溫全)에 중점을 둔 교육이었으면 좋겠습니다.

공자(孔子)가 제시하는 철학의 첫 번째, 인간적 따뜻함(溫)을 갖
추는 일은 뒤로하고 뇌에 저장하는 지식 양(量)의 완전(完全)함을
기준으로 경쟁하도록 2세들을 이끌고 있습니다. 국가와 사회를 경
쟁의 장으로 만들어가는 방식입니다. 교육이 추종하는 철학이 그
런 방향으로 향하고 있기 때문에 국가와 사회는 그런 방향으로 나
아가고 있습니다.

개인의 삶은 홀로 완전(完全)체를 이룰 수 없습니다. 인간은 사회
적 동물이기 때문입니다. 사회 속에서 자신의 삶을 가꾸고 구성원
과 어우러지는 가운데 삶은 이루어집니다. 위에서 언급한 인간이
(人) 이루어가는(成) 4가지 삶의 방향도 사회 속 인간 사이의 관계
에서 만들어지는 것들이며, 사회와 인간관계를 아름답게 만드는
요소입니다. 공자는 사회 공동체에서 이루는 삶의 방향에 대해 예
악(禮樂)을 이루는 문화(文化)로 그 방향성을 설명하고 있습니다.
여기에서 예악(禮樂)은 사회의 체계와 질서를 의미하는 예(禮), 사
회 구성원의 고른 즐거움과 행복(樂)을 의미한다고 앞에서 반복 설
명한 바 있습니다.

공자는 인간 삶의 올바른 길 완성(成人)에 대해 4가지 조건을 제
시하고 그 속성에 대한 설명을 명확히 하기 위해 사람의 이름에 중
의적 의미를 실어 전달하고 있습니다. 한 사람이 4가지 조건을 모
두 이루는 일은 지극히 어렵습니다. 한 분야에서 정성(誠)을 다해

서 하나의 속성을 이루는 일만으로도 충분히 가치가 있습니다. 한 분야에서 스스로의 삶을 올바로 이끌고 완성(成人)의 길로 향했다고 볼 수 있는 것입니다. 다만 전제 조건은 사회 체계의 질서(禮)와 사회의 공통적 행복(樂)을 추구하는 방향이어야 합니다.

현대 사회는 위 4가지 관점으로 살펴볼 때에 그다지 즐겁지 않은 일이 많습니다. 힘과 무력에 의존하여 상대를 제압하려 하고, 자신의 부(富)와 지위를 잃지 않으려고 중도를 넘곤 합니다. 힘과 권력 앞에 법과 제도가 무시되는 일이 다반사이며, 재주와 기예는 넘쳐나서 문화적으로 오히려 혼란스러운 지경입니다. 세계는 좁아져서 국가와 사회적 체계는 더 긴밀히 얽히고설켜 질서와 순서가 혼돈의 상태로 치닫고 있습니다.

더욱 두려운 일은 인류 사회의 변화가 부드럽고 유연한 방식을 취하지 않는 경우입니다. 급진적 상황의 변화는 심각한 위(危)기의 상황을 초래할 수 있습니다. 자국의 이익을 위해서, 자신이 속한 집단과 계층의 권리와 이익을 빼앗기지 않기 위해 갖은 수단과 방법을 동원합니다. 갈등과 경쟁이 심화되어 평화를 깨뜨리고 무력을 앞세우는 불안한 상황으로 치닫는 일이 벌어지고 있습니다.

공자(孔子)는 논어(論語) 7.13 구절에서 '子之所愼, 齊·戰·疾'이라고 했습니다. 공자께서 신중히 하시는 바는 국가의 (평화를 위한) 질서 체계(齊), (생사와 존망이 걸린) 전쟁(戰), 그리고 (많은 생명에 영향을 주는) 질(疾)병이라는 뜻입니다. 인류는 이 3가지 모두에 대해 자유롭지 못합니다. 항상 위기에 노출될 수 있습니다. 과거 역사적으로 그랬고 앞으로도 그럴 가능성을 배제할 수 없습니다.

공자(孔子)가 살았던 춘추전국시대 또한 위기의 시대, 즉 난세(亂

유불도 동양 3대 철학에 대한 이해

世)였습니다. 난세(亂世)에는 사람들이 자신의 삶 속에서 위와 같은 4가지를 방향 삼아 성공(成功)을 이루는 일이 쉽지 않습니다. 세상이 무도(無道)하고 나라가 어지럽기 때문입니다. 공자(孔子)는 그런 혼란의 시대(亂世)에 자신의 완성(成人)을 이루는 방법 3가지에 대해 덧붙여 설명하고 있습니다.

첫째, '견리사의(見利思義)', 이(利)익을 얻게 되는 경우 의(義)를 생각한다.

둘째, '견위수명(見危授命)', 위태로움에 처하게 되는 경우 목숨을 바친다(授命).

셋째, '구요불망평생지언(久要不忘平生之言)', 평생 다짐한 말은 오래 중히 여기고 잊지 않는다.

'見利思義, 見危授命' 구절을 읽으면 항상 안중근(安重根) 의사(義士)가 떠오릅니다. 안중근 의사가 죽기 전에 뤼순 감옥에서 남긴 친필 유묵(遺墨)입니다. 국가의 독립을 위해 자신의 삶을 이루었다(成人)는 뜻을 되새기며 남긴 글입니다. 세 번째 구절은 굳이 적을 필요가 없었습니다. '見利思義, 見危授命'을 다짐하고, 죽는 날까지 중요하게 여겨(久要不忘平生之言) 그 실천을 다했기 때문입니다.

현대의 정치인들이 쉽게 자신이 다짐한 말을 번복하고 잊어버리면서 '見利思義, 見危授命' 구절을 내세울 때마다 필자는 가슴이 아픕니다. 공자의 가르침을 우롱하는 일이고 안중근 의사의 뜻을 폄하하는 일입니다.

나라를 잃어 국민 모두 자유를 잃고 자신의 이(利)로움도 국가와 사회의 의(義)로움도 추구할 수 없는 지경에 이르렀는데 내 목숨 하나 바치는 일이 무슨 큰일이겠는가? 그 뜻에 따라 자신의 다짐을 실천하여 왜적을 사살하고, 뤼순 감옥에서 사형장으로 가기 전에 이 글을 남기고 당당히 죽음을 맞았습니다. 난세(亂世), 즉 위기의 상황에서 성인(成人)이란 바로 이런 모습입니다.

14.12 구절에서 삶을 이루는(成人) 방법에 대해 앞부분 4가지는 평화와 안정의 시기에 추구할 수 있는 일이라면, 뒤의 3가지는 어려운 시대에 추구해야 하는 자세와 태도, 삶의 방향에 해당합니다.

국가가 어려운 상황에서 자신과 자신이 속한 무리의 이익을 추구하고 집착하는 일은 사회에 대한 인간적 따듯함(溫)을 잃어버렸기 때문에 벌어집니다. 사회를 바라보지 못하고 자신만을 바라보는 사람은 소인이라 부릅니다. 소인배가 국가와 사회를 이끌어가는 경우 국가는 점점 위기의 상황으로 치닫게 됩니다. 우리 역사속에서 참혹하고 어려운 상황으로 내몰렸던 위기의 과거는 얼마든지 찾아볼 수 있습니다.

과거 역사를 통해서 현재를 살피지 못하고, 논어(論語) 같은 현자(賢者)의 언어(言語)를 통해서 전달된 교훈을 잊고 삶과 나아갈 길로 올바로 향하지 못하는 상황은 안타까울 따름입니다. 14.12 구절의 의의는 눈에 보이는 물질과 현상에 치중하여 삶을 경쟁으로 이끄는 현대인들로 하여금 어떤 삶을 살 것인가에 대해 되돌아보게 하는 데 있습니다. 내 삶의 방향을 올바로 세우는 도구로 활용하시길 권합니다.

⊕ 17.4 - 공자도 실수하기 쉬운 일

子之武城, 聞弦歌之聲. 夫子莞爾而笑, 曰: "割雞焉用牛
자 지 무 성　문 현 가 지 성　부 자 완 이 이 소　왈　할 계 언 용 우

刀?"
도

子游對曰: "昔者偃也聞諸夫　子曰 '君子學道則愛人, 小人
자 유 대 왈　석 자 언 야 문 저 부　자 왈　군 자 학 도 즉 애 인　소 인

學道則易使也.'"
학 도 즉 이 사 야

子曰: "二三子! 偃之言是也. 前言戲之耳."
자 왈　이 삼 자　언 지 언 시 야　전 언 희 지 이

공자가 무성(武城)에 이르러, 현(弦)악기와 노래(歌)가 어우러지는 음악 소리(聲)를 들었다. 공자가 빙긋이 웃으며 말씀하길, "닭 잡는 일(割雞)에 어찌하여 소 잡는 칼(牛刀)을 사용하는가?" 자유(子游)가 대답하여 말하길, "옛날에 언(偃, 자유)이 선생님 말씀을 듣기에, '군자(君子)가 학문하는 길은 즉, 사람을 사랑하기 위한 것이며, 소인이 학문하는 길은 즉, 일을 쉽게 하기 위함이다'라고 하였습니다." 공자가 말하길, "제자들아! 언(자유)의 말이 옳다. 내가 바로 전에 한 말은 웃자고 한 이야기이다."

17.4 구절 '할계언용우도(割雞焉用牛刀)?'는 널리 인용되는 구절입니다. 글 조금 한다는 사람들과 정치인들이 자주 인용합니다. 그러나

참으로 안타까운 일이 아닐 수 없습니다. 공자께서 어떤 의미를 전하려고 하신 것인지도 모른 채 '소 잡는 큰 칼(牛刀)과 닭 잡는 작은 칼(割雞)' 비교에만 재미 들려서 함부로 구절을 언급하곤 합니다.

이 구절의 핵심은 칼의 크기와 용도가 아니라, 칼이라는 것의 쓰임과 의미에 방점을 두고 이해해야 합니다. 서민을 사랑하는 마음으로 대하는데 웬 칼입니까? 공자께서 웃자고 한 이야기라고 급히 변명한 이유 또한 자신의 언어가 따듯함(溫)과 선량(善良)함을 벗어났기 때문입니다.

사람을 따듯한 마음(溫)으로 선량(善良)한 방법으로 이끌어, 함께 사는 사회를 이루는 마음(共心)으로 대해야 할 정치인이나 사회 지도층이 무슨 칼잡이들도 아닌데 칼 쓰는 일의 관점에서 이야기합니다. 마치 시험 시간에 오답인 줄도 모르고 베껴서 제출하고 자랑하는 모습과 동일합니다. 힘의 논리에만 치중하여 비속어를 활용하며 잘난 척하는 모습이 안타깝습니다. 그런 사람들에 의해 사회의 방향이 정해지고 이끌리는 상황은 더욱 안쓰럽습니다.

필자의 언어가 과한 것일 수도 있으며 정치인과 사회 지도층도 가끔 실수할 수 있습니다. 하지만 사회 지도층이 갖는 관점의 실수와 방향성 오류의 대가는 힘없고 약한 서민들이 짊어지는 삶의 고충으로 되돌아옵니다. 우리의 사회는 실수가 너무 많습니다.

현대 사회는 선거 제도를 통해서 사회 지도층이 선출됩니다. 정치인과 사회 지도층의 수준이 높아지기를 기대하는 것보다, 국민 스스로 그런 모습을 자각하고 올바른 사람을 뽑는 길을 택하는 일이 오히려 좋은 방법이라고 할 수 있습니다.

공자(孔子)의 모습처럼 잠시 실수할 수는 있으나, 이내 깨닫고 과

(過)한 부분에 대해서 되돌리는 일은 무리가 없습니다. 하지만 잘
못됨과 지나침을 모르는 경우는 되돌리기 어렵습니다.

무성(武城)은 글자에서도 드러나듯이, 무인(武人)이 주로 통치하고
활동하는 지역, 즉 군사적(武) 요충지를 이루는 성(城)입니다. 그런
지역의 수장이 된 제자 자유(子游)가 군사 훈련이 아닌 음악으로 사
람들의 마음을 훈련시키고 가다듬는 여유(遊)를 취하고 있습니다.

'현가지성(弦歌之聲)'이라는 음악 형태를 살펴보겠습니다. 음악을
처음 배우는 경우 악기를 독주하거나 노래를 부르는 일 한 가지에
치중합니다. 시(詩)에 리듬과 가락을 붙여서 부르는 노래(歌)와 그 노
래에 맞추어 현(弦)악기를 연주하는 형태는 조화와 균형이 어우러지
는 숙련된 단계입니다. 이런 형태의 연주 모습은 감성의 언어(詩)와
질서 체계(禮)에 대한 교화(敎化)를 상징적으로 의미하고 있습니다.

자유(子游)는 무인(武人)들에게 질서와 조화의 체계(禮)와 인간 본
성의 근원에 해당하는 따듯한 마음(溫)을 드러내는 시(詩), 그리고
삶의 행복(樂)과 즐거움(樂)을 음악(樂)이라는 도구를 활용하여 가
르치고 있는 상황입니다. 그런 모습에 공자(孔子)는 완연한 미소를
지었습니다. 그리고 공자(孔子)가 '소 잡는 칼, 닭 잡는 칼'이란 언급
으로 칼을 사용하는 무인(武人)을 빗대어 발언을 합니다.

이에 대해 자유(子游)는 사람을 사랑하는(愛人) 일이 바로 군자(君
子)가 학문을 배우는 이유라는 공자의 가르침을 상기시킵니다. 무
인(武人)이나 서인(庶人) 가릴 것 없이 모두 사람입니다. 모두 인간
으로서 사랑하고, 사랑을 나누며, 사랑으로써 받아들여야 되는 사
람들입니다. 무기를 들고 국가를 지키는 직무를 가진 사람이 무인
(武人)이고, 국가 경제를 지지하고 떠받치는 생산적 일을 하는 사

람들이 서민입니다. 그럼에도 불구하고 조금 배웠다고, 높은 지위에 있다고, 조금 돈이 많다고 국가의 근간을 이루는 사람들을 함부로 여긴다면 국가와 사회의 기반을 하찮게 여기는 일입니다.

소인(小人)이 학문을 배우는 목적은 그런 사람들을 부리기 쉽고, 일하기 쉽게 하기 위함이라고 언급하고 있습니다. 즉, 자신을 위해서 칼을 쓸 사람이나 생산적 활동을 통해 돈을 벌어줄 사람을 구하고 다루기 위한 도구와 방편으로서의 학문입니다.

군자(君子)와 같은 대인(大人)이라면 국가와 사회의 기반을 이루는 사람들을 다루는 일에 어찌 칼을 사용하겠습니까? 그리고 그들을 칼에 비유하겠습니까? 필자는 공자(孔子)가 이런 어설픈 실수를 했을 것이라고 생각하지 않습니다. 따듯함(溫)을 이루기 위해 학(學)문을 하고, 그 따듯한 마음을 기반으로 서민들을 착(善)하고 어질(良)게 대하고, 체계의 질서(禮)와 조화가 잘 어우러지는 행복한(樂) 사회라는 관점에서 세상을 바라보아야 한다는 점을 강조하기 위해서 만든 일화입니다. 그 일화의 역할에서 공자(孔子)와 같은 대학자(大學者) 또한 인간이기에 실수할 수 있으며, 이에 대해 아랫사람이라도 주위에서 일깨워주고 실수를 되돌릴 수 있다는 점을 설명하기 위한 사례입니다. 결국 학문을 하는 이유는 군자(君子), 대인(大人), 소인(小人) 구분 없이 사람을 사랑(愛人)하기 위한 목적입니다.

현대 사회를 이끌어가는 지도층 가운데 가장 먼저 사람들의 생각을 올바로 이끌어야(道) 할 사람은 바로 학자(學者)입니다. 배운 사람이 사회를 올바른 방향으로 이끌지 못한다면 누가 올바른 방향으로 이끌 수 있겠습니까? 이 구절에서 강조하는 사항입니다. '君子學道'에서 '도(道)'는 '이끌어간다'라는 의미에 해당합니다. 군자가 이끌어가는 올바른 학문의 길입니다. 학자(學者)는 항상 나의 주장과 견해가 잘못될 수 있다는 점을 인식하고, 그 잘못된 바가 있으면 이를 인정하고 바로잡는 자세가 필요합니다. 공자(孔子)의 실수를 통해서 부차적으로 설명하고 있습니다. 학자가 권위와 편견, 편벽에만 빠져 있다면 그 또한 안타까운 일에 해당합니다.

제자 자유(子游)의 본명이 언(偃)입니다. 바람에 펄럭이고(偃) 나부끼는(偃) 것을 뜻하는 글자입니다. 완벽한 사람이 어디 있겠습니까? 바람이 불면 바람에 나부끼고, 세월의 흐름에 따라 흘러가며 주위와 사회에 영향을 받으며 사는 것이 사람이 사는 모습입니다. 일시적 잘못, 실수, 나부낌은 있을 수 있습니다. 하지만 편향되고 거센 바람이 지속되면 나무도 바람의 영향으로 휘고, 인간의 삶도 고달프게 변합니다.

우리 사회를 이끄는 사람들이 항상 서민을 사랑하는 방향을 향하고, 교만하거나 어리석지 않기를 바라며 이 구절의 설명을 마칩니다.

⊛ 18.7 - 암호화 기법

子路從而後, 遇丈人, 以杖荷蓧.
자로종이후　우장인　이장하조

子路問曰: "子見夫子乎?"
자로문왈　　자견부자호

丈人曰: "四體不勤, 五穀不分. 孰爲夫子?"
장인왈　　사체불근　오곡불분　숙위부자

植其杖而芸. 子路拱而立. 止子路宿, 殺雞爲黍而食之,
식 기 장 이 운　자 로 공 이 립　지 자 로 숙　살 계 위 서 이 식 지

見其二子焉. 明日, 子路行以告.
현 기 이 자 언　명 일　자 로 행 이 고

子曰: "隱者也."
자 왈　은 자 야

使子路反見之. 至則行矣.
사 자 로 반 견 지　지 즉 행 의

子路曰: "不仕無義. 長幼之節, 不可廢也. 君臣之義, 如之
자 로 왈　불 사 무 의　장 유 지 절　불 가 폐 야　군 신 지 의　여 지

何其廢之? 欲潔其身, 而亂大倫. 君子之仕也, 行其義也.
하 기 폐 지　욕 결 기 신　이 란 대 륜　군 자 지 사 야　행 기 의 야

道之不行, 已知之矣."
도 지 불 행　이 지 지 의

자로(子路)가 (공자의 무리를) 따르다 뒤에 처졌다. 우연히(遇) 지팡이(杖)를 짚고 삼태기(荷蓧)를 멘 노인(丈人)을 만났다. 자로(子路)가 묻기를, "노인께서는 우리 선생님(孔子)을 보셨습니까?" 노인이 말하길, "온몸(四體)을 부지런히 놀리지 않으면 오곡(五穀)도 분간하여 먹지 못하거늘, 무슨 선생(夫子)이오?" 지팡이를 세워(植) 놓고 김매기(芸)를 하더라. 자로(子路)는 공손히 서서(拱而立) 기다리니, (한참 후에 김매기를) 그치고 자로(子路)를 숙소(宿)에 데리고 와서, 닭을 잡고(殺雞) 기장(黍)밥을 지어서 먹게 하였다. (그리고) 자신의 제자들을 인사하게 하였다. 다음 날, 자로(子路)

가 길을 가면서 (이 일을 공자께) 설명하자. 공자가 말하길, "은자 (隱者)로다." 자로(子路)에게 되돌아가 그를 찾도록 하였으나, 도달하니 떠나고 없더라. (돌아와서) 자로(子路)가 말하길, "벼슬(仕)에 나아가지 않고 의(義)로움도 없이 지내지만, 윗사람과 아랫사람의 예절(長幼之節)은 사라지지(廢) 않았으니, 임금과 신하의 의리(君臣之義)를 어떻게 폐할 수 있겠습니까? 자신을 더럽히지 (潔) 않기 위해, 큰 인륜(大倫)을 어지럽힐 수 없으니, 군자(君子)라면 공직(仕)에 나가는 일이 그 의(義)를 다하는 일입니다. 올바른 길로 이끄는 일이 이미 행해지지 못하고 있음(道之不行)은 이미 알고 있을 따름입니다."

18.7 구절은 상당히 긴 구절입니다. 마치 소설과 같이 사건의 흐름으로 구성된 이야기입니다. 다른 구절과 마찬가지로 이전 구절과 연계된 교훈의 흐름을 정확히 이해하는 것이 전제되어야 합니다. 이전 구절의 흐름을 놓치면 이 구절에서 전하고자 하는 글의 목적을 이해하는 일이 어렵습니다. 아울러 어지럽고 혼란한 춘추전국시대라는 시대적 배경도 같이 접목하여 이해해야 합니다.

구절의 길이와 문장의 호흡이 길다는 점 이외에도, 단어들이 암호화한 것처럼 사용되고 있어 그 의미를 해석하는 과정이 어렵습니다. 암호화된 상징 기법이 활용되고 있기 때문에 글자를 유심히 살펴보고 해체하는 과정이 필요합니다. 영문으로 된 이 구절을 읽다 보면 엉뚱한 번역에 웃음이 절로 나오게 됩니다. 문제는 그런 영문 번역과 한글로 된 기존의 많은 해설서의 구절 설명이 별반 다르지 않다는 점입니다.

전하고자 하는 교훈, 글의 흐름, 단어의 상징성, 시대적 배경, 전달 기법, 글의 의도에 관심을 기울여 이해해보겠습니다.

18.7 구절은 공자(孔子)의 인생에서 커다란 변곡점을 이루는 계기를 설명하는 구절입니다. 3.23 구절을 계기로 14년간 유랑을 시작하게 되었다면, 이 구절을 계기로 14년간의 유랑을 마치고 노(魯)나라로 돌아오게 됩니다. 공자(孔子)의 인생관이 달라지는 점, 세상을 바라보는 시각이 바뀌는 부분을 이해할 수 있습니다.

자로(子路)는 인간(子)이 밟아가는 삶의 길(路)이라고 설명한 바 있습니다. 제자의 이름 자체가 중의적 의미를 지닙니다. 사람은 누구나 올바른 길(道)을 추구하려고 하지만, 우리의 삶은 항상 그렇게 바른길, 좋은 방향으로만 흐르지 않습니다. 때로는 어리석고, 때로는 우매한 상황에 처해 정처 없이 떠돌기 쉽습니다. 그 길을 따라 이리로 저리로 흔들리며, 때로는 앞서가는 듯하고 때로는 뒤처져서 살아가는 것이 인생의 모습입니다.

자로(子路)가 공자(孔子)의 무리에 뒤처져서(從而後)라는 구절은 그냥 쓴 글자가 아닙니다. 무엇인가를 찾지 못하는 안타까운 상황, 뒤처져 있는 어려운 상황을 의미합니다. 그리고, 한 발(路) 물러나 조금 떨어진 관점에서 세상을 바라보는 여유를 갖는다는 이중적 의미를 내포합니다.

그런 상황에 자로(子路)가 은자(隱者)를 만납니다. 우장인(遇丈人)은 어리석음(愚)을 지나(辶) 우연히(遇) 올바른 방향으로 갈 수 있도록 도움(丈)을 주는 사람(人)이라는 의미를 지닙니다.

한 노인(丈人)이 지팡이(杖)를 짚고 삼태기(蓧)를 메고(荷) 있습니다. 지팡이(杖)는 방향을 지시하고, 함께(共) 가는 길(路)을 도와주는 의지의 수단입니다. 초(艹)야에 묻혀 사는 노인이 삼태기(篠)를 멘(荷) 모습에서 초(艹)를 빼면 어떤(何) 상세 조목(條)입니다. 자로(子路)에게 앞으로 갈 길에 대한 방법, 의지해야 할 조목(何條)을 알려주고 있음을 암시하고 있습니다.

한자의 이해 과정이 거의 암호 해독과 유사합니다. 한 글자 한 글자 의미를 그냥 넘기고 읽을 수 없는 이유입니다.

노인(丈人)이 '四體不勤, 五穀不分. 孰爲夫子'라고 언급한 말을 살펴보겠습니다. 중국 대륙 천하(天下)에서 잦은 전쟁과 바르지 못한 정치가 지속되어 토지는 황폐해지고 서민들 삶의 어려움은 극에 달하던 시기입니다. 온몸(四體)을 부지런히 움직이지 않으면(不勤) 보리, 수수, 밀, 쌀, 기장의 오곡 중 어떤 것도 얻어먹지 못하던 시대입니다. 어려움이 극에 달했던 시대라는 의미를 강조하고 있습니다. 그런 어려운 시대에 대부(大夫)가 지나가든 말든 관심사가 아니라는 의미입니다. 입만 살아서 자신의 이익만 챙기는 정치인과 고위 관료는 안중(眼中)에도 없다는 뜻입니다.

노인이 지팡이를 바로 세우고(植) 김매는 일을 하고 있습니다(植其杖而芸). 세상이 어떻든 자신의 몸을 바로 세우고(植) 살라는 말씀(芸)을 전달하고 있습니다. 여기서 김매는 일(芸)로 사용된 운(芸)자 또한, 초(艹)를 빼면 노인이 전하는 말씀(云)이라는 의미입니다.

자로(子路)가 그 숨은 뜻을 알고 행하는지 아닌지는 모르겠지만, 극진히 예를 갖춰 공손하게 바로 서 있습니다(拱而立). '공이립(拱而立)'이라는 표현은 위의 암호화된 구절에 대한 자로(子路) 방식의 암호화한 행동의 표현으로, 답변에 해당합니다.

노인은 자로(子路)가 자신(丈人)의 뜻, 즉 의지를 곧바로(直) 세우고 공(共)직에 서서(立) 나라를 위해 온 힘을 다하라는 의미를 이해한 것으로 생각하며, 자로(子路)를 자신의 숙(宿)소로 데리고 갑니다. 숙(宿)은 공자(孔子)에게 자로(子路) 등 제자들을 데리고 공자(孔子)의 고향 집(宿)인 고국으로 돌아가라는 의미를 암시하는 글자입니다.

왜 닭(雞)을 잡고 기장(黍)밥을 지어 자로(子路)를 먹였을까요(殺雞爲黍而食之)? 이는 두 번째 조목(何條)에 해당하는 주문입니다. 계(雞)라는 글자는 닭(鷄)을 의미하는 글자와는 약간 차이가 있습니다. 현대에서는 구분이 없이 모두 닭을 지칭하여 사용하지만, 정확히 이해하자면 계(雞)는 되샛과 철새를 의미합니다. 즉, 한철 배불리 먹고 떠나는 부류입니다. 욕심과 사심으로 가득한 관료를 상징합니다. 그런 새들은 어려운 시대에 가장 낱알이 작은 곡식인 기장(黍)마저도 다 쪼아 먹어버립니다. 벼와 보리, 콩 등 낱알이 큰 곡식은 말할 것도 없이 기아를 면하기 위한 최후의 보루인 기장(가장 작은 알갱이)마저 빼앗아 가는 탐관오리의 모습을 상징하고 있습니다. 그래서, 기장(黍)으로 밥을 짓는다는 글자를 위(爲)라는 글자를 사용하여 표현하고 있습니다. 서민들의 곡식을 수탈해 가는 철새와 같은 관료(雞)를 죽이고, 배고프고 어려운 서민들을 위(爲)하라는 주문입니다.

그러면 누구에게 주문한 것일까요? 대체 누가 그 일을 해야 할까요? 식사 후 알현(見)시킨 사람이 바로 제자(二子)들입니다. 즉, 공자(孔子)의 제자들 중 2세대들이 그 일을 맡아서 해야 한다는 의미가 담겨 있습니다. 이제 공자(孔子)는 공직의 일선에 나아가 일하기에는 나이가 많습니다. 53세부터 14년간의 천하를 유랑한 끝 무렵이므로 67세에 다다른 나이입니다. 이순(耳順)을 훌쩍 넘겨 종심(從心)을 바라보는 때입니다.

공자(孔子)의 제자 자로(子路)에게 이 두 가지 주문(何條)을 전하고 은자(隱者)는 떠났습니다. 공자(孔子)에게 이 일을 알리고, 다시 돌아와 찾았으나 이미 떠나고 없었습니다.

공자(孔子)에게 돌아가 자로(子路)가 가야 할 길(路)의 방향에 대해 마무리하고 있습니다. '욕결기신(欲潔其身)'은 그 자신(其身)을 더러운 정치판에 넣지 않고, 깨끗이(潔) 하려는 욕심(欲)을 의미합니다. 어지러운 세상에서 은자(隱者)가 되어 세상을 떠도는 것이 마냥 올바른 방향은 아니라는 의미입니다.

윗사람과 아랫사람의 예절(長幼之節)과 임금과 신하의 의리(君臣之義)를 설명한 이유는 아직 국가와 사회 체계(齊)의 질서(禮)가 남아 있다는 의미입니다. 비록 전쟁과 흉년에 따른 기아, 전염병 등에 의한 고통으로 서민들의 삶이 얼룩진 천하(天下)지만, 아직 체계의 질서가 완전히 무너진 것은 아닙니다.

국가의 커다란 윤리(大倫) 체계가 무너지면 그 국가는 멸망합니다. 그런 일에 다다르기 전에, 군자(君子)는 최선을 다해 공직(仕)에 임하여 최선을 다하는 일이 그 의(義)로움을 다하는 길입니다. 자신이 속한 국가이고 사회이기 때문입니다. 세상이 어지럽고(亂) 흐려져 있음(道之不行)은 이미 알고 있는 바(已知之矣), 그것이 두려워 상황이 좋은 국가를 찾아다니는 일이 올바른 길(道)이 아님을 깨달은 구절입니다.

암호 기법을 사용하여 상징적으로 의미를 담아 글을 썼기 때문에, 자칫 글자에 치중하여 해석하다 보면 구절이 강조하는 흐름과 변화 요인을 놓치기 쉽습니다. 그 변화 요인으로 인해 영향을 받는 대상과 사람에 대해 명확히 이해할 필요가 있습니다. 항상 마음의 중심에 담아 두어야 하는 부분입니다. 그것은 암호 해독의 키(key)가 되는 글자입니다. 바로 '초(艹)', 즉 민초(民草)를 뜻하는 서민(民)입니다.

국가와 사회를 이루는 근간은 서민(民)입니다. 서민(民)이 먹고사는 일이 국가의 기저에서 변화를 일으키는 동인이 됩니다. 서민들이 먹고사는 일, 식량 자원(五穀不分)에 대한 중요성이 강조되고 있음을 이해해야 합니다. 전쟁, 기아, 질병 중에서 국가와 사회 체계를 송두리째 무너뜨리는 가장 강력하고 근원적인 변화의 요인은 식량 부족 상황입니다.

춘추전국시대 전쟁이 많았던 이유도 영토 확장을 통해 안정적으로 식량을 확보하기 위한 경쟁이었습니다. 천 년 후 12세기에 칭기스칸이 이끄는 몽고인들이 광활한 벌판에서 양 치는 일을 멈추고 칼을 들고 말을 달려 전 세계를 정복한 이유도 급격한 기후 변화에 따른 건조화로 초(艹)야가 황폐화되어 양을 기를 수 없는 상황, 식량 자원 부족에 이르렀기 때문입니다. 현대의 국가 간 갈등도 기후 변화에 따른 식량 자원 확보의 문제가 그 기저에 복합적으로 얽혀 있습니다.

식량 위기가 발발하면 사회의 윤(倫)리적 틀이 크게 흔들리게 됩니다. 사회가 송두리째 전복되는 사태가 발생하는 동인으로 작용할 수 있습니다. 프랑스 대혁명도 서민들이 빵을 달라는 외침에서 시작되었습니다. 19세기 말 산업 자본주의의 폐해가 심각해지면서 16시간 일해도 쥐꼬리만큼 분배되는 빵에 회의를 품고, 평등한 분배를 주장하는 마르크스의 공산(共産)이론에 많은 사람들이 혹(惑)했습니다. 러시아, 중국을 비롯한 동유럽과 동남아 국가들이 공산 체계를 받아들인 일도 식량에 대한 분배 문제를 물질 기준의 단순한 계산법을 활용하는 방식으로 사회적 합의를 구했기 때문입니다.

18.7 구절에서 난세(亂世)의 극단화와 서민들의 먹고사는 문제를 결부시킨 것에 주목할 필요가 있습니다. 그 문제의 과정에는 항상 탐관오리 같은 관료의 부패가 있습니다. 그리고 마지막에 체계의 질서(禮)와 국가 사회의 커다란 틀인 윤리(大倫)가 무너진다는 점에 유의해야 합니다. 즉, 마지막 보루가 국가와 사회가 지니는 윤리(倫理)라는 의미입니다. 역으로 살펴보면 국가 사회의 큰 문제에 대한 해결의 시작도 윤리(倫理)라는 의미를 담고 있습니다.

우리 사회는 올바른 윤리(倫理) 의식을 갖고 있으며, 윤리(倫理)적 방향을 올바르게 수립하고 있을까요? 국가 윤리(倫理)를 올바로 하기 위한 교육 체계를 갖추고 있을까요?

✳ 19.11 - 큰 덕(大德)과 작은 덕(小德)의 차이

> 子夏曰: "大德不踰閑, 小德出入可也."
> 자하왈　　대덕불유한　소덕출입가야

자하(子夏)가 말하길, "큰 덕(德)은 한가롭게 여겨질 수밖에 없고, 작은 덕(德)은 그 다스림이 가능하다."

이 구절을 이해하기 위해서는 큰 덕(大德)과 작은 덕(小德)의 차이를 구별하는 일이 필요합니다. 큰 덕(大德)은 만인을 위한 덕(德)입니다. 작은 덕(小德)은 그 혜택의 범위가 작은 규모로 한정되는 덕

(德)을 의미합니다. 쉽게 생각해서 80억 인류에게 도움이 되는 일은 큰 덕(大德)이요, 8명, 80명, 800명, 8,000명 등 소규모 범위에 한정되어 도움을 주는 일은 작은 덕(小德)입니다.

주의할 사항은 물질적 관점과 기준으로만 덕(德)을 평가하면 곤란하다는 점입니다. 수많은 사람의 세금을 걷고 의료보험이라는 제도를 통해서 난치병 환자에 도움을 주는 일은 소규모 사람에게 직접적인 혜택을 주는 일이지만, 누구라도 그런 난치병에 걸릴 수 있고 그런 사람들도 같이 살아갈 수 있다는 희망과 방법을 제시하는 방식이기 때문에 직접적인 혜택의 차원이 아니라 사회의 나눔 체계를 실현하는 일입니다. 사람들에게 제도적 안전망을 통해 불의의 질병에 대한 치료 보장을 제공하는 일이기 때문에 큰 덕(大德)에 해당될 수 있습니다.

하지만 자신의 지역구 표심을 잡으려는 의도로 자신 지역의 집값을 올리고, 엄청난 자원을 동원해 낭비적 사업을 일삼는 것은 80만 명에게 혜택이 있더라도 800만 명의 세금이 허비된다면 그것은 덕(德)이 아닙니다. 미움 사는 일, 사람들이 증오하고 싫어하는 일(惡)에 해당합니다. 자신과 일부 집단의 욕심을 충족시키기 위한 활동이기 때문입니다. 그런 낭비로 인해 어려운 상황에서도 도움을 얻지 못하는 사람들에 대한 기회비용 상실이 발생합니다.

우리는 항상 큰 덕(德)만 추구해야 할까요? 작은 덕(小德)을 좋지 않다는 의미로 해석하는 경우 덕(德)에 대한 인식 자체가 왜곡될 수 있습니다. 우리가 살면서 접하는 대부분의 일은 소규모의 범위에서 영향을 주고받는 사회 활동입니다. 그렇기 때문에 살아가면서 만들어가는 좋은 일은 거의 대부분 작은 덕(德)이라고 볼 수 있습니다. 그런 관점에서 큰 덕(大德)을 이루는 일은 쉽지 않으므로 오히려 한가하게 보일 수 있다는 의미입니다. 작은 덕(小德)이 쌓이고 축적되어 큰 덕(大德)을 이룹니다. 큰 덕(大德)을 이루기 위해서는 사회적으로 함께한다는 마음(共心)이 필요합니다. 그 과정과 방법에 있어서 선량(善良)한 방식이 필요하며 따뜻한(溫) 인간미가 전제됩니다. 무엇보다도 그런 일이 이루어짐으로써 사회 모두가 더 발전하고 행복해질 수 있다는 믿음(信)이 전제되어야 합니다.

지구 온난화를 막고 환경을 지키는 일은 큰 덕(大德)을 이루는 일입니다. 내가 자원을 아끼고 낭비하지 않으며 검(儉)소한 생활을 한다고 해서 하루아침에 지구 온난화가 해결될 수는 없습니다. 하지만 나와 주변의 사람들이 모두 그럴 수 있다는 믿음으로 동참하기 시작함으로써 80억의 인구가 같이할 수 있습니다. 많은 돈을 들이고 생색을 내는 사업을 계획하고 실행하는 일이 아니라 내가 사용하고 있는 물건들을 재활용하는, 작지만 아름답고 선량한 방식이면 충분합니다. 그 깊은 마음속에는 인류에 대한 따뜻함(溫)과 지구에서 공존하는 모든 동물과 식물에 대한 따뜻함(溫)이 깃들여 있습니다. 그런 믿음(信)이 쌓여 낭비하지 않고 물질에 치우치지 않는 삶을 추구한다면 300억 명이 살더라도 지구 환경은 아름답게 자연 그대로의 모습을 지킬 수 있습니다.

지구를 버리고 화성으로 가는 꿈을 꾸지 않아도 됩니다. 새로운 이기(利器)를 만드느라 산업 폐기물을 더 많이 양산하는 일을 하지 않아도 됩니다. 조금 한(閑)가하고 느린 것 같지만 나누고 경쟁을 줄이며 함께 가는 길을 선택하는 일을 통해 큰 덕(大德)을 이루어낼 수 있습니다. 많은 자원을 들이는 과학과 기술의 경쟁을 통해 화성으로 갈 수 있는 꿈을 이루었다 하더라도 80억 명의 모두를 데리고 갈 수 있을까요? 아니, 1%인 8천만 명만이라도 이주가 가능할까요? 우주선 탑승에 선택된 사람만을 위해 0.000001%의 자리를 마련하는 일도 만만치 않은 일입니다. 극소수의 사람들을 위한 환상과 꿈에 이끌려 불꽃놀이하듯 로켓을 쏘아 올리고 있는 것은 아닌지 생각해볼 일입니다.

덕(德)의 관점에서 세상을 바라보는 것이 아니라, 꿈과 희망이라는 미명 아래에 욕심과 경쟁의 관점에서 세상을 바라보기 때문에 문제가 발생합니다. 그런 환상과 불꽃놀이에 사람들의 이목을 집중시킴으로써 자본이 이끄는 물질문명 체제를 계속 유지하면 이득을 보는 사람이 많기 때문에 그런 일을 선망하도록 부추기는 일이 가속되고 있습니다.

자신의 삶을 검소하게 이끌면서 작은 실천을 통해 사회를 아름답게 이끌어가는 사람들이 아직 주위에 많습니다. 그런 모습을 페이스북과 유튜브에 담고, 그런 모습을 아름답게 여기는 사회가 만들어진다면 지구는 앞으로도 만 년 이상 평화로운 모습을 유지하며 번영을 이룰 수 있을 것입니다. 인류 사회 전체가 누릴 수 있는 큰 덕(大德)에 해당합니다.

여름(夏)이 되면 온 들과 산을 푸르게 변화시키는 마법과 같은 일이 일어납니다. 들과 산의 풀과 나무가 하나둘 모두 푸르게 변하는 일에 동참했기 때문입니다. 공자(孔子)의 제자 자하(夏)가 이 구절을 설명하는 이유입니다.

19장의 주제는 검(儉)입니다. 인류가 공동체를 이루고 살아가는 동안, 검(儉)이라는 덕목을 같이 나누고 함께 살 수 있다는 희망을 실천하는 일은 참으로 한(閑)가해 보이는 도전일 수 있습니다. 하지만 그 작은 실천(小德) 하나하나가 이루어질 때 세상의 많은 어려운 문제들은 해결이 가능합니다. 작은 실천을 소홀히 여기고 무시하는 사람들이 늘어날 때 사회는 자신의 작은 불편도 감수하지 않으려는, 이기심으로 가득 찬 모습이 됩니다.

인간이 만든 커다란 문제의 시작과 발단은 대개 작은 이기심으로부터 출발합니다. 그런 마음이 쌓여 만들어내는 탐욕의 총합이 문제로 불거진다는 점에 주목할 필요가 있습니다. 여름(夏)이 찾아올 때는 불쑥 계절이 바뀌지 않습니다. 조금씩 낮과 밤의 길이가 변하고 기온 상승이 축적되어 이루어지는 변화입니다. 인류가 처해 있는 위기를 극복하려는 큰 사업은 수많은 사람들의 선행(善行)이 모여 이루어질 수 있는 속성을 지닙니다. 큰 덕(大德)을 요구하는 과업입니다. 그래서 쉽게 넘기 힘든 과제로 느껴집니다.

'유(踰)'라는 글자를 조금 더 살펴보면, 발(足)과 대답한다(兪)는 글자의 조합입니다. 한 걸음도 나아가지 못하는 대답, 반응이라는 의미를 지닙니다. 큰일이 이루어지는 것은 마치 조금도 변화의 모습이 보이지 않는 것처럼 느껴지는 것과 비슷합니다. 이 구절에서 '유(踰)'자에 대한 이해가 부족하면 자칫 구절의 의미를 반대로 해석하기 쉽습니다. 전 인류가 한 걸음 내딛는 것을 보면서 시작하는 것이 아니라, 내가 먼저 한 걸음 앞장서고 실행함으로써 큰 덕(大德)을 이루는 일이 시작될 수 있다는 점을 유념해야 합니다.

이 구절은 사회적 효율성, 즉 검(儉)의 속성을 이해하는 과정에서 대덕(大德)과 소덕(小德)의 비교를 활용하여 그 속성을 설명하고 있습니다. 인류 사회의 큰 과제 이외에도 국가와 사회, 지역, 회사, 가

정으로 범위를 한(限)정하여 생각을 정리해보길 권합니다. 그런 과정을 통해 자신의 생각 기법과 사고(思考)의 틀을 더욱 유연하게 만들 수 있습니다.

✸ 19.12 - 어린 제자(小子)들에게 기대하는 6가지

子游曰: "子夏之門人小子, 當洒掃, 應對, 進退, 則可矣.
자유왈   자하지문인소자   당세소 응대 진퇴 즉가의

抑末也, 本之則無. 如之何?"
억말야 본지즉무 여지하

子夏聞之曰: "噫! 言游過矣! 君子之道, 孰先傳焉? 孰後倦
자하문지왈   희 언유과의 군자지도 숙선전언   숙후권

焉? 譬諸草木, 區以別矣. 君子之道, 焉可誣也? 有始有卒
언   비저초목   구이별의   군자지도   언가무야   유시유졸

者, 其惟聖人乎!"
자   기유성인호

자유(子游)가 말하길, "자하(子夏)의 문인(門人) 어린 동자(小子)들은 마땅히 (물로) 씻고(洒) 청소(掃)하며, 호응(應)하고 대(對)답하며, 나아가고(進) 물러나는(退) 일에 대해 가능하구나. 삼가 (언급하자면) 하찮은 말단의 일로 본질이 없는 하찮은 일이구나! 그렇지 않습니까?" 자하(子夏)가 그것을 듣고 말하길, "아하(안타

유불도 동양 3대 철학에 대한 이해

깝구나)! 자유(子游)의 언어가 지나치구나! 군자(君子)가 (올바르게) 이끄는 길(道)에 있어서, 어떤 것을 먼저 전하고, 어떤 것을 나중에 권하겠는가? 나무와 풀에 비유하자면, 차별을 두어 구분 짓는 일이다. 군자(君子)가 올바른 길로 (제자들을) 이끌면서 어떻게 속이는(誣) 짓을 하겠는가? 시작과 끝을 모두 이룬 사람은 오직 성인이다!"

19.12 구절을 읽고 19.11 구절에 이어지는 흐름을 인지한 사람은 19.11 구절에 대한 이해가 높다고 볼 수 있습니다. 어린 제자(小子)를 올바른 길로 교육시키는 일은 큰 덕(德)을 나누는 일에 해당합니다. 사회가 세대를 이어 지속 번영할 수 있도록 만드는 일이기 때문입니다. 그런 아이들 교육에 대해 눈에 보이는 평가의 관점, 지식의 관점으로만 바라보는 일은 상당히 불편한 일입니다.

19.12 구절은 번역된 글로 이해하기에는 아쉬움이 많이 남는 구절입니다. 필히 한자의 의미를 한 글자 한 글자 살펴보길 권합니다. 천천히 뜻을 음미하며 글의 의도를 이해하는 과정에서 100번을 읽어도 시간이 아깝지 않은 구절입니다. 필자가 구구절절 설명을 다는 것조차 아끼고 싶습니다.

먼저 대화를 이끄는 자유(子游)와 자하(子夏)가 상징하는 의미를 비교해보겠습니다. 유(游)는 '헤엄치다, 뜨다, 놀다, 여행하다'라는 의미입니다. 하(夏)는 '여름, 풍성하다'의 의미를 지닙니다. 여름에 강렬한 햇빛에 노출되는 것을 피하여 나무 그늘에서 유유자적 쉬면서 땀 흘리는 제자들의 모습을 비웃는 듯한 느낌과, 풍성한 나뭇잎으로 여름의 강렬한 태양 빛을 가려주는 큰 덕(大德)을 베푸는 모습으로 견주어볼 수 있습니다.

씻기고(洒) 청소하고(掃), 응하고(應) 대답하고(對), 나아가고(進) 물러나는(退) 일은 19.11 구절에서 언급한 바 있는 작은 덕(小德)에 해당하는 일입니다. 작은 일(小德)을 올바로 실행하지 못하는데 어떻게 큰일을 이룰 수 있겠습니까? 배움을 시작한 어린 제자들이 하는 가치가 없는 일이라고 자유(子游)가 언급하고 있지만 전혀 그렇지 않습니다.

정치인이 행하는 일의 모습과 비교해보겠습니다. 깨끗하게 씻어내는(洒) 일과 버려야 할 것을 버리는(掃) 일을 제대로 하고 있을까요? 자신의 더러움은 살피지 못하고 남만 더럽다고 떠들기 바쁩니다. 서민들의 요구와 부름에는 응(應)하지 않고 대(對)답하지 않으며, 서민들에게 표와 신뢰(信)를 구걸하기 바쁩니다. 그런 일을 위해 온갖 생색내는 활동을 꾸미고, 정작 큰 덕(大德)을 실현하기 위한 노력에는 뒷전입니다. 나아가야(進) 할 일에는 물러서(退) 있고, 물러서서 기다려야 할 일에 앞장섭니다. 무엇을 위해 그리고 누구를 위해 씻기고(洒) 청소하고(掃), 응하고(應) 대답하고(對), 나아가고(進) 물러나는(退) 일을 하는지 모른 채 자신의 이익만 챙기기 바쁩니다. 과정을 이해하고 변화를 이루는 모습에는 관심이 없습니다. 본질에도 관심이 없습니다. 보이는 결과에 대해서만 관심을 보입니다. 그렇기 때문에 자세와 태도가 수양을 이룬 모습과는 별개로 방만합니다.

위의 6가지 활동은 본질이 없는 하찮은 일인 듯 여기지만 전혀 그렇지 않습니다. 개인의 삶을 이루는 기초 활동이며, 이를 확장하여 국가와 사회 차원에서 이루어지는 일 또한 위의 6가지 활동으로 이루어집니다. 그 사회가 깨끗하고 효율적이며 낭비가 없는 체계를 잘 이루고 있는지 판단의 척도가 될 수 있는 활동입니다.

세금을 물 쓰듯 쓰고 드러나는 큰 사업을 계획하고 이끄는 일만 국민들을 위한 활동이라고 오해하면 곤란합니다. 힘과 권위를 앞세워 명령하고 통제하는 일이 위정자가 추구할 일이라고 오해하면 곤란합니다. 그런 태도는 자유(子游)처럼 허세 속에서 본질의 의미를 찾는 일과 같습니다. 문명이 발달하고, 사회 관계와 삶이 복잡해지면 복잡해질수록 더욱 필요한 일은 이 6가지 활동으로 압축됩니다. 나와 주위를 항상 깨끗이 하고, 정리 정돈을 이루는 일로 삶이 단순해지고 낭비가 줄어듭니다. 나와 관계를 이루는 사람들에 대해 친절하게 응대하고, 필요할 때 나아가 도움이 되는 일을 수행할 줄 알며, 주위를 살펴서 다른 사람에게 양보하는 미덕을 갖춘다면 세상 살아가는 본질을 이해했다고 할 수 있습니다.

자유(子游)가 비록 대화의 악역으로 등장하고 있지만, 반어적 질문 기법을 활용하여 그런 의미를 설명하고 있습니다. 이 구절에서 자유(子游)는 미래를 짊어지고 갈 꿈나무들을 하찮은 일이나 행하는 소동(小童)으로 여기고 있습니다. 여유(游)를 넘어 자만이 지나쳤습니다.

19장의 주제인 검(儉)의 속성은 사람(亻)이 사회(厶)를 구성하는 가운데 차별하고 구별하지 않는 마음으로 시작합니다. 사회 구성원에 대한 공(恭)경의 마음에서 출발합니다. 남녀노소 가리지 않고 함께(共) 사는 사회를 이루는 마음(心)입니다.

군자(君子)의 가르침은 남녀노소가 따로 있지 않습니다. 좋은 것을 누구에게 먼저 권한다는 선후(先後)도 군이 필요하지 않습니다. 삶의 가장 기본이 되는 활동을 어린 제자들이 몸으로 체화할 수 있게 만드는 과정입니다. 그래서 자하(子夏)는 먼저 전하는 것과 나중에 교육하는 일에 차별을 두지 않는다고 설명하고 있습니다.

자하(子夏)가 나무와 풀을 구별 짓는 일에 비유하여 설명한 이유를 살펴보겠습니다. 사람을 큰 나무, 작은 나무, 어린나무, 과실수, 조경수 등 쓰임과 기준에 따라 차별하는 일은 곤란합니다. 나무는 커다랗게 성장하기 때문에 의미가 있고, 아직 풀과 같이 새싹 상태에 있는 어린 제자는 의미가 미약하다고 여기는 일은 올바르지 않다는 설명입니다. 사람이 어떻게 초목(草木)에 비유될 수 있다는 말인가요! 그런 비유는 사람을 초목(草木)과 같이 취급하고 구분 짓는 일입니다. 그런 마음을 지니면 사람을 쉽게 대하고 쉽게 평가하며 심지어 하찮게 여기는 일이 가능하게 됩니다.

군자(君子)가 제자를 이끄는(道) 방법은 어린 제자들에게 생활 속 6가지 활동을 통해서 검소하고 절제된 삶, 겸양의 자세와 태도, 미덕을 배우고 익히도록 이끌고 있습니다. 자유(子游)가 그런 의미를 알고 언어를 사용했다면 보이는 현상에 한정하여 얕고 지나친 말을 하지 않았을 것입니다. 그런 모습은 군자(君子)라도 결코 쉽게 행할 수 있는 일이 아니기 때문입니다.

검약과 절제를 통해 효율적으로 국가와 사회를 이끌고 구성원 모두 조금은 부족한 듯 여겨지지만 작은 행복을 누릴 수 있는 사회를 만드는 일은 결코 사소한 일이 아닙니다. 모든 일의 시작과 끝에 이르기까지 정성을 다해 6가지 활동을 행할 수 있는 사람은 오직 성인(聖人)입니다. 성인(聖人)만이 그런 과정을 통해 큰 덕(大德)을 쌓아 태평성대를 누리는 국가와 사회를 만들 수 있기 때문에 함부로 할 수 없다는 설명입니다.

저 하늘과 땅에서 내가 오로지 존엄하게 여기는 것은
중생들의 삶, 생노병사(生老病死)를 소중히 헤아리는 일이다.
天上天下 唯我爲尊 要度衆生 生老病死

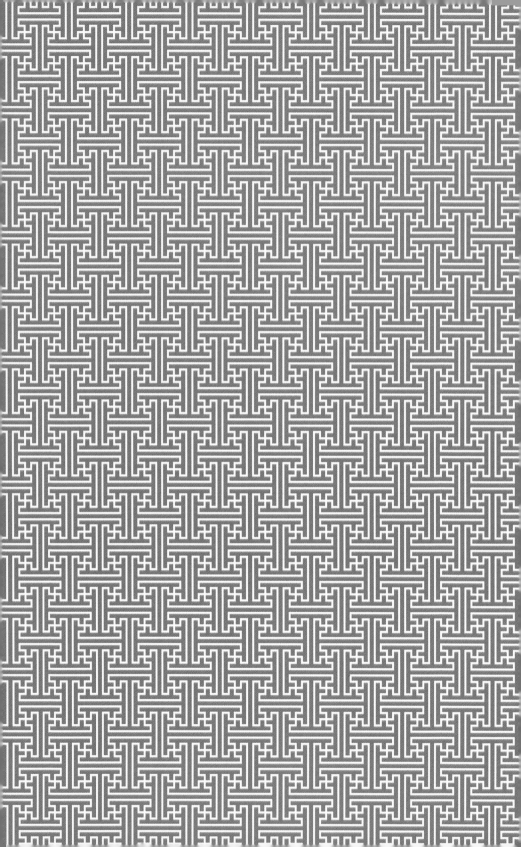

IV

인간 자신에 대한 해체,
반야심경(般若心經)

1. 영적 수양 도구로서의 반야심경

반야심경(般若心經)에서는 색(色), 수(受), 상(想), 행(行), 식(識)의 오온(五蘊)이라는 5가지 틀을 활용하여 세상을 바라봅니다. 오온(五蘊) 방법론을 통해 보이는 것 위주로 세상을 인식하는 방법의 한계를 극복할 수 있습니다. 현상으로 드러나는 세계와 나에 대한 이해를 기반으로 자아(自我)와 현상계의 관계를 살피는 방법을 포함합니다.

현대 사회인이 세계를 바라보는 방법인 물질과 현상 기반 이해와는 다른 독특한 방식입니다. 물질문명에 지친 사람들이 신(神)에 대한 믿음을 떠나서 반야심경(般若心經) 명상 방법을 자신의 영적 수양 도구로 삼는 이유입니다. 물질과 현상계 관점의 어그러진 생각의 틀이 만들어낸 괴로움과 고뇌를 넘어설 수 있기 때문입니다. 반야심경(般若心經) 명상을 활용하여 본질적 자아(自我)를 찾는 과정을 통해 삶의 괴로움과 마음의 고통을 해소할 수 있습니다.

반야심경(般若心經)은 명상 과정과 방식에 대해 구구절절 설명하지 않습니다. 명상의 자세를 어떻게 해야 하고, 호흡을 어떤 방식으로 해야 하며, 생각의 초점을 어디에 맞추어야 한다는 등의 설명이 없습니다. 우리에게 익숙한, 눈에 보이는 모습 관점에 대한 제한 사항이 없다는 의미입니다. 오온(五蘊)이라는 5가지 틀을 통해 자신을 바라보라는 주문이 전부입니다.

2. 세상을 바라보는 방법론의 시작점

우리가 잘하지 못하는 것 중 하나는 내가 세상을 바라보는 방법과 세상이 나를 바라보는 방식에 대한 기준을 동일하게 가져가지 못한다는 점입니다. 즉, 객관적으로 나를 바라보는 능력이 부족합니다. 다시 표현하면, 나의 주관적 관점에서 세상을 평가하고 내 관점에서 세상이 나를 이렇게 바라볼 것이라고 착각합니다. 이는 객관화된 나를 인정하고 수용하는 일을 어려워하는데 그 원인이 있습니다. 나만 그런 것이 아니라 세상 사람들 대부분이 그렇게 주관적 관점에서 세상을 바라보기 때문에 세상은 항상 일그러진 모습을 지닙니다. 항상 균일하고, 항상 정형화된 형태이며, 항상 객관성에 의존하는 세상이라면 오히려 그런 세상 속에서는 인간이 살아가는 일이 녹록지 않을 것입니다. 그렇다면 지금과는 전혀 다른 모습의 세상이 만들어졌을 것입니다.

세상이 나를 바라보고 평가하는 시각은 과연 객관적이라고 할 수 있을까요? 공통적 기준에 따라 객관적으로 나를 평가했다고 해서 그것이 진실로 객관적이라고 여길 수 있을까요? 공통된 기준이라는 것에 대한 객관성을 보장할 수 있을까요? 그리고 공통된 기준선을 어떻게 수립해야 할까요? 사과와 같은 단순한 물질에 대해 공통된 기준선이라는 것을 마련할 수 있다 하더라도 인간과 같이 복잡한 구조와 속성을 지닌 존재에 대해 공통된 기준선을 마련하는 일은 불가능합니다. 다만 편의를 위해 어떤 분야에 대한 기준선을 마련하고 그것을 척도로 비교하는 수준일 뿐입니다.

이렇듯 세상이 나를 객관적으로 이해하는 것이 불가능한 것처럼, 내가 세상을 객관적으로 이해한다는 것은 불가능합니다. 신(神)이 아닌 이상 세상의 변화를 모두 밝혀 그대로 볼 수는 없을 뿐만 아니라, 그것을 모두 이해한다는 것은 있을 수 없기 때문입니다.

그렇기 때문에 범위를 좁혀서 이해를 구하는 방법을 세우는 일은 여러모로 이점을 제공합니다. 나를 기준으로 나의 주위에 내가 접하고 있는 물질과 환경의 변화에 대해서 이해하고, 그것과 연관된 나를 객관적으로 바라보는 시각을 갖추는 시도는 합리적이라고 할 수 있습니다. 남을 바라보고 남의 행동과 행동이 만들어내는 현상과 사건을 정리하는 일에서 가장 큰 어려운 점은 남의 속마음을 알 수 없다는 점입니다. 남의 마음을 객관적으로 알 수 있는 방법은 없기 때문입니다. 그러면 어떻게 나라는 존재의 실체를 객관적으로 바라볼 수 있을까요?

이런 측면에서 불가(佛家)의 반야심경(般若心經) 방법론은 독특합니다. 타인이 아닌 나를 스스로 바라보는 방법입니다. 보편적 인간의 공통성, 객관적 기준이라는 것에 얽매이지 않고 나라는 존재에서 해답을 구하고 있습니다. 나의 존재(自在)를 스스로 깨닫는 방법(自覺)으로 세상에서 자신의 의미를 찾아갑니다. 자신의 존재에 대해 오온(五蘊)이라는 5가지 영역으로 나누어 해석하는 방법론을 만들었습니다. 그리고 그 영역의 틀을 기준으로 자신과 자신 외부와의 관계에 대해 객관성을 가지고 살펴봅니다. 이를 자각(自覺) 능력이라고 합니다.

우리가 사회를 이루고 사는 세상은 항상 객관적 측면에서 불완전합니다. 그래서 많은 오해와 시각의 차가 만들어내는 잡음 속에서 살아갑니다. 인간을 때로는 어리석게도 만들고, 때로는 인간적으로 만들기도 합니다. 때로는 모순적인 상황에서도 선택을 요구하며, 모순적인 선택이 가능하도록 이끄는 편리함도 제공합니다. 완전한 객관화를 이룬 이상적 세상이 있다면 어떤 모습일까요? 오히려 인간미(人間美)라는 부분이 사라지지 않을까 싶습니다. 문명이 계속 발달하여 AI를 활용하여 법과 윤리, 질서와 규칙의 체계가 아주 세밀한 부분까지 잘 정리되고, 거의 완벽에 가까운 모습을 이루었다고 하더라도 인간은 그런 복잡한 모든 것을 따를 만큼 기계적이지 않습니다. 인간적이라는 측면에는 세상을 아주 간략하게 축약하여 이해하는 비논리성이 포함되어 있습니다. 우리가 보내는 대부분의 시간은 그 간략화된 세상의 모습과 어울려 지냅니다. 1분 1초마다 모든 환경과 물질, 현상에 대해 밝게 비추어 바라보지는 않습니다. 결국 우리는 대부분의 시간 동안 세상을 대충보고, 대충 이해하며, 대략 어우러져 살아갑니다. 우리 삶의 수많은 오해와 착각은 인간이 사회 속에서 만드는 삶의 다양한 양상이 빚어내는 모습에 합리성, 논리성, 객관성이라는 것 자체가 크게 결여되어 있고 불완전하기 때문에 발생하는 문제입니다.

그러면 우리는 어떻게 사는 것이 바람직할까요? 또 어떤 선택을 할 수 있을까요? 객관성을 기대하기보다 주관적인 관점으로 세상을 바라보며 사는 것이 쉽습니다. 그리고 가끔 세상이 정해놓은 기준이라는 것을 따르고 타협을 이루면 됩니다. 객관적인 틀에 따르고 준수하는 것처럼 착각하며 사는 것이 오히려 편리합니다.

하지만 부처는 그 타협을 거부하고 인간과 사회의 복잡성에 대한 객관적 이해를 구하려고 자신만의 길을 떠났습니다. 그 첫 번째 단계는 자신을 세상에서 꺼내어 세상 바깥으로 위치시키는 작업으로부터 시작됩니다. 즉, 세상의 모든 것을 버리고 비우는 작업입니다. 소위 '출가(出家)'라고 부르는 일입니다. 자신과 맺어진 세상의 모든 관계를 끊어버리고 객관적으로 세상을 바라보려는 시도입니다. 다시 집(家)으로 돌아가는 일은 없을 뿐만 아니라, 부모와의 관계를 포함하여 모든 사회적 인연을 절단함을 의미합니다. 비움의 작업에는 단순히 현재의 관계 이외에도 기억 속에 존재하는 과거의 인연도 포함됩니다. 미래에 다시 돌아갈 수 있다는 것은 맺어진 끈의 희미한 연결 고리가 백만 분의 1이라도 남아 있다는 의미입니다. 그런 관점에서 연결 고리의 완전한 해체는 자신 스스로에 의해서만 이룰 수 있는 일입니다.

세상과의 관계를 끊고 세상을 다시 인식하는 과정을 밟아가기 시작합니다. 스스로 세상을 벗어나 관계의 비움을 이룬 상태에서 세상에 대해 객관적으로 살펴보는 과정을 의미합니다. 만약 모든 것을 지울 수 있는 마법 지우개가 있다면, 세상 모든 것을 지우고 자신의 육체마저 지워버린 상태입니다. 그 어떤 것도 없는 상태에서 세상을 다시 살펴보고 인식하기 시작합니다. 즉, 공(空)의 상태에서 세상을 바라보는 시작점에 해당합니다.

유불도 동양 3대 철학에 대한 이해

3. 세상을 5가지 영역(五蘊)으로 나누는 시각

　부처는 세상을 바라볼 때 어떤 방법을 사용했을까요? 반야심경 (般若心經)에 그 방법이 설명되고 있습니다. 세상을 5개의 영역(五蘊)으로 나누어 인식하는 방법입니다.

　하나, 나의 몸을 포함하여 내가 접하고 있는 물리적 세상, 나를 둘러싼 모든 '물질과 현상(色)'이 이루는 영역이 있습니다. 둘, 내가 외부로부터 받아들이는 과정의 영역(受), 즉 오감이라는 인식의 통로(受)가 존재합니다. 셋, 그것을 뇌 속에 저장하여 지식화하고 다시 저장된 지식을 사용하기 위한 기억, 앎(識)의 영역이 있습니다. 넷, 저장된 기존의 지식과 현재의 상황을 조합하여 비교, 상상, 유추, 계산 등과 같은 논리와 연산을 수행하는 생각(想)의 영역이 있습니다. 다섯, 위 사항들을 기반으로 한 의식적 또는 무의식적 행동(行)의 영역이 있습니다. 이 다섯 가지 영역 색(色), 수(受), 상(想), 행(行), 식(識)을 오온(五蘊)이라고 합니다.

　반야심경(般若心經)은 5개의 영역(五蘊)으로 나누어 나와 나를 둘러싼 모든 것과의 관계를 살펴보는 방법(觀自在)론이라고 할 수 있습니다. 5개의 영역인 오온(五蘊)으로 나누어 바라보는 시각이 좋은 방법론일까요? 이 방법론을 활용하는 사람이 평가하고 선택할 일이지만, 최소한 2천 년 이상 불가(佛家)에서는 최고의 방법이라고 전해왔습니다. 다른 방식으로 세상을 바라보는 방법들은 어떤 것들이 있을까요? 5가지로 나누는 방법론을 평가하기 위해 먼저 2, 3, 4개로 나누어 세상을 인식하는 방법에 대해 살펴봄으로써 오온(五蘊) 방법론이 갖는 의미를 구해보겠습니다.

✿ 2개의 영역으로 나누는 방법

세상을 2개의 영역으로 분할해서 인식하는 방법은 이분법적인 분류에 해당합니다. 큰 것과 작은 것, 높은 곳과 낮은 곳, 힘이 센 자와 약한 자, 부유한 자와 가난한 자, 빠른 자와 느린 자, 선과 악, 남과 여, 흑과 백, 낮과 밤, 양과 음 등으로 단순한 구조와 논리로 나누어 세상을 바라보는 방법입니다.

2개의 객체가 이루는 구조의 모습

수학이나 컴퓨터 영역에서 다루는 방식으로 견주어보면 0, 1의 조합에 의한 정보처리에 해당합니다. 이진법 연산을 기초로 세상을 표현하고 담는 방법입니다. 이분법은 기계적인 관점에서 계산의 효용성과 효율성을 제공합니다. 기술의 발달에 따라 이진 방식을 활용한 컴퓨터의 연산 능력은 인간의 계산 능력을 초월한 지 오래

유불도 동양 3대 철학에 대한 이해

되었습니다. 인간의 기억 능력을 초월한 정보의 계산과 저장 이외에도 통계, 논리, 검색, 비교, 추정 등 수많은 분야에서 컴퓨터는 인간의 능력을 넘어서고 있습니다.

하지만, 단순하고 빠르다는 속성이 주는 이점과는 대조적으로 인간이 사회를 이루어 사는 가운데 주된 인식의 틀로 삼기에는 부족한 부분이 있습니다. 둘로 나누어 세상의 모든 것을 바라보는 관점은 세상을 단순화하여 쉽게 인식할 수는 있지만, 다양성에 대한 이해와 배려가 부족할 수 있습니다. 이분법적 사고는 대립과 분열을 유도하는 속성이 있습니다. 이런 관점에서 사회적 갈등을 유발하고, 양분된 진영 간의 경쟁과 다툼이 심화된다는 약점이 존재합니다.

✤ 3개의 영역으로 나누는 방법

3개의 객체가 이루는 구조의 모습

3개로 나누어 세상을 바라보는 방법은 이분법적 방식의 확장이라고 할 수 있습니다. 두 개의 점에서 3개의 점으로 구조가 확장된 형태입니다. 식물을 인식할 때에 뿌리-줄기-잎으로 나누는 일과, 동물을 인식할 때에 머리-몸통-다리로 나누어 구분하는 방식도 이에 해당합니다. 글을 쓰는 경우 머리말-본문-맺음말로 나누는 것도 3개로 분리하여 생각하는 방법론입니다. 2개가 이루는 비교와 대조의 방법에 추가하여, 3개가 조합을 이루는 경우는 순서와 층위가 발생합니다. 상-중-하, 1-2-3등급, 첫째-둘째-셋째와 같이 순서를 구분하는 방식으로 확장됩니다.

3개의 점을 연결한 구조는 삼각형을 이룹니다. 삼각형 형태의 연결과 지지 구조 관점으로 세상을 바라보는 방식을 확장할 수 있습니다. 삼각형은 건축의 구조적 관점에서 가장 기본이 되는 모양의 틀입니다. 자연이 만든, 가장 흔히 볼 수 있는 삼각형 형태는 산입니다. 멀리서 산을 바라보고 단순화한 모양을 생각하면 쉽게 이해할 수 있습니다. 인간이 만든 가장 오래된 건축물 중 하나인 피라미드 또한 삼각형 모습을 지닙니다. 자연과 인간이 만드는 가장 기초적이고 안정적인 형태의 구조에 해당합니다. 그래서 국가의 정치 구조에서도 이를 활용합니다. 입법-사법-행정 3개의 영역을 분리하여 균형을 이루는 일을 추구하는 것도 같은 원리입니다.

3개의 영역으로 나누어 인식하는 방식은 이해가 쉽다는 장점이 있는 반면 이분법적 방법과 마찬가지로 단순함이 지니는 한계가 존재합니다. 위상과 층위에 따른 분리 구조를 사회에 적용하는 경우 그에 따른 계층 간 차별의 문제가 발생합니다. 현대 사회에서 신분적 계층 분리 제도는 대부분 사라졌지만, 물질(재화) 기준으로 보이지 않는 피라미드 형태의 계층 구조를 만들어가기 때문에 계층 간 갈등의 문제는 남아 있습니다. 인식의 틀이 제공하는 한계가 존재하기 때문입니다.

⊕ 4개의 영역으로 나누는 방법

4개의 객체가 이루는 구조의 모습

4개로 나누는 관점은 3개로 나누는 방법의 확장입니다. 점 4개가 만들어내는 단순한 형태의 도형은 사각형을 들 수 있지만, 그 외에도 다양한 형태의 구조가 만들어질 수 있습니다. 구조적으로 이분법적 방법과 3개의 구조가 만들어내는 방법의 조합을 확장한 모습이라고 볼 수 있습니다. 위 그림에서 볼 수 있듯이, 4개가 만들어내는 구조는 평면적 도식만으로도 복잡성이 크게 증가합니다. 삼각형의 외부, 내부 그리고 변에 위치한 점의 위상에 따라 변화의 형태는 더욱 다양합니다.

4개로 나누는 방법론은 정형화된 틀과 형태의 인식을 벗어나기 시작한다는 점에 주목해야 합니다. 3개의 점이 이루는 삼각형 구조에 더해진 한 점의 위상과 자유도에 따라 무수히 많은 변화가 발생합니다. 4개로 확장되면서 자유도와 변화라는 것의 의미에 주목할 필요가 있습니다. 자유도는 기본적으로 두 개의 점 사이의 거리가 지니는 속성을 의미합니다. 4개의 객체가 만드는 거리에 따른 자유도와 변화는 무한에 가까운 경우의 수를 만들 수 있습니다. 3차원을 확장한 틀이 형성되고 있음을 주의 깊게 살펴야 합니다. 자유도와 변화라는 변수가 추가된 공간의 확장에는 따라오는 것이 있습니다. 시간이라는 변수입니다. 즉, 공간이라는 3차원적인 틀에 시간이라는 틀이 겹쳐진다는 의미를 지닙니다. 우리가 살고 있는 세계에 해당합니다.

4개의 영역으로 나누어 인식하는 방법의 예로는 선형적 순서에 따르는 기-승-전-결 방식이 있습니다. 사각 평면을 인식에 대해 동-서-남-북 방향을 나누어 살피는 방법도 이에 해당합니다. 이분법을 확장하여 2개의 대립되는 비교 속성을 교차 대조하여 평면적으로 이해하는 SWOT 방법도 4개의 영역으로 나누어 인식하는 방법론입니다. 사회와 조직에서 상하좌우를 나누어 자신을 처신하는 방법도 이에 해당합니다. 시간이라는 변수에 따라 봄-여름-가을-겨울과 같이 시계열적 변화를 살피는 방법과 논리적 변화의 흐름에 따라 발단-전개-절정-결말의 단계를 나누어 시, 소설, 음악 등을 이해하는 방법도 해당 분야별로 자주 활용됩니다. 4단계를 나누어 가설-관찰-분석-결과도출을 수행하는 과학적 방법론도 4개로 나누어 세상을 바라보는 방법 중 하나입니다.

3개 영역으로 나누는 방법을 확장하여 4개 영역으로 인식하는 방법에서는 시간과 공간의 거리가 만들어내는 복잡성이 크게 증가합니다. 위에서 언급한 사항 이외에도 4개로 나누어 생각하는 방법은 얼마든지 더 찾아볼 수 있습니다. 객체의 수가 증가하면 할수록 그 관계의 복잡성은 무한에 가까워집니다.

서양 중세 이전에는 그런 복잡한 속성과 관계에 대한 이해를 믿음이라는 도구에 주로 의존했습니다. 세상의 틀을 신(神)이라는 존재에 의지하여 설명했습니다. 르네상스 이후 신에 대한 믿음에서 탈피하기 시작합니다. 세상을 이해하기 위해 대상의 규모와 범위,

속성에 따라 영역을 달리하여 바라보는 방법을 다양하게 발전시켰습니다. 수학, 과학, 의학, 생물학, 지리학 등 다양한 학문의 분화와 발달은 각각의 영역에서 그 이해를 넓혀가기 위한 자연스러운 과정이었습니다. 해당 분야를 관찰하고, 분류하며, 기록하여 지식의 축적을 이루면서 문명과 문화의 발전을 이끌어냈습니다.

세상을 바라보는 방법이 바뀌는 변곡점은 갈릴레이의 망원경 발명이라고 할 수 있습니다. 망원경을 통해 더 멀리 내다보는 일은 사고의 틀 또한 더욱 멀리 확장된다는 의미를 지닙니다. 망원경과 현미경 발명을 통해 아주 큰 영역과 작은 영역을 이해하는 과정을 통해 인간의 지식과 인식은 그동안 볼 수 없었던 영역으로 크게 확장을 이루어왔다고 할 수 있습니다.

물질을 포함한 현상계를 관찰하는 일에서는 위의 방법이 효과적으로 작용하여 과학과 기술이 크게 발전되었습니다. 하지만 인간 사회를 바라보는 관점에 있어서는 망원경이나 현미경은 도움이 되지 않습니다. 망원경이나 현미경 같은 도구로 인간과 사회의 모습을 관찰할 수는 없으며, 수학이나 과학, 의학, 생물학, 지리학 등으로 인간 사회를 해석하기에는 너무 모순이 많고 복잡합니다. 정치나 사회학 등에서 인간 사회의 모습을 해석하고 설명하지만 마찬가지로 한계가 존재합니다. 사회는 과학과 기술, 문화의 변화에 따라 계속 변하기 때문에 어떤 법칙과 규칙을 찾아내는 일이 결코 쉽지 않습니다. 인간 사회를 이해하고 사회적 법칙을 마련하는 작업은 과학에서 다루는 법칙과는 현저히 다를 수 있습니다. 현대 사회에서 많은 분야의 학문이 발전을 이루었음에도 불구하고 여전히 사회 문제의 해결은 어렵고, 문제가 지속되는 이유입니다.

✿ 5개의 영역으로 나누는 방법

　평면 도형 차원에서 이해하면 오각형은 많은 삼각형들의 조합으로 구조를 나눌 수 있습니다. 이때 사각형이 삼각형의 조합으로 구성된 것과는 달리 조금 특이한 사항이 발생합니다. 오각형의 꼭짓점을 기준으로 내선을 모두 연결하면 내부에 다시 작은 오각형의 틀이 생성된다는 점입니다. 즉, 내부와 외부가 반대되는 형태의 위상이 교차된 모양의 오각형이 존재하고 그 주변을 삼각형이 둘러싸고 있습니다. 오각형은 외부에서 보이는 형태 이외에, 그 내부에 오각형이라는 자기 자신의 또 다른 실체가 존재하는 형상입니다. 내부와 외부라는 관점의 변화가 추가된다고 볼 수 있습니다. 오각형의 변은 외부와 접하는 변이 5개입니다. 도형 외부와 접하는 부분(삼각형의 외부 접면)이 내부 오각형으로 정보를 전달하기 위해서는 삼각형의 꼭짓점(삼각형과 내부 오각형의 연결점)을 거쳐야 합니다.

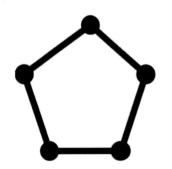 

5개의 객체가 이루는 구조의 모습

　위 그림에서 오각형은 외부에서 보이는 모습의 형체와, 내부를 이루는 본질이 존재하는 구조가 생명체가 갖는 속성과 유사합니다.

이 구조는 인간에게도 적용해볼 수 있습니다. 인간도 외부에서 보이는 면을 통해 내재하고 있는 본질과 연결되는 체제와 구조를 지닙니다. 외부와 접해 있는 변은 인간의 5가지 감각 기관 수와 동일합니다. 우리가 외부에서 어떤 것을 인식하는 방법은 시각, 청각, 촉각, 미각, 후각이라는 감각 기관을 통해서 이루어집니다. 인식된 사항을 정보화한 후에 내부 연결 통로를 통해 자아(自我)에 전달하여 기억과 생각을 이루는 구조를 지닙니다.

부처는 세상을 바라볼 때 보이는 모습의 현상과 물질계를 색(色), 오감을 통해 외부로 받아들이는 과정과 활동을 수(受), 내부 본질에서 이루어지는 생각의 과정과 활동을 상(想), 외부로 표현하고 행동하는 활동을 행(行), 그리고 그 과정에서 기억에 저장하는 정보를 식(識)이라고 설명하였습니다. 인간의 외적 요소인 신체(色)와 내적 요소인 기억(識)과 생각(想)을 분리하고 그 과정에서 오감을 통해 외부를 인식하고 받아들이는 활동(受)과 표현하는 활동(行)의 관점 5가지로 영역을 분리하여 이해하는 방법론을 사용하고 있습니다. 그런 5개의 영역을 5온(五蘊)이라고 했습니다.

4. 반야심경(般若心經) 방법론

오온(五蘊)

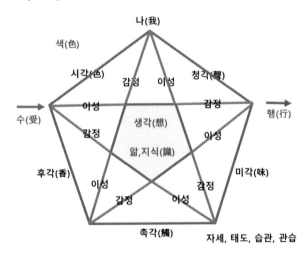

　반야심경(般若心經) 명상은 오온(五蘊)으로 인간을 해체하고 나누어 이해하는 방법론입니다. 오온(五蘊)이라는 5개의 영역으로 나누어 세상을 바라보는 방법은 2~4개로 분할하여 다루는 방법의 한계점을 초월합니다. 물질과 현상 관점에서의 이해를 주로 다루는 방법론에서는 찾아볼 수 없는 방식이자 구조적 틀입니다.

　반야심경(般若心經) 명상은 부처님의 수제자 사리자(舍利子)를 통해 크게 2가지 명제를 제시하고 있습니다. 그 2가지 명제에 따라서 세상을 인식하고 이해하라는 주문입니다. '色不異空 空不異色, 色卽是空 空卽是色'으로 시작되는, 너무나도 잘 알려진 명제입니다. 많이 들어본 구절일 수 있습니다. 하지만, 그 뜻에 대해 이해한 사람은 찾아보기 어렵습니다. 2개의 명제에는 불가(佛家)의 핵심 철학이 녹아들어 있습니다. 설명과 이해가 쉽지 않지만, 그것을 연구하고 이해하는 과정은 충분히 가치가 있습니다. 본격적으로 시작해보겠습니다.

⊕ 첫 번째 명제

色不異空 空不異色, 色卽是空 空卽是色, 受想行識 亦復
색불이공 공불이색   색즉시공 공즉시색   수상행식 역불

如是.
여시

보이는 것(色)과 보이는 것이 없어진 상태(空)는 다르지 않으며, 보이는 것이 없는 상태(空)는 보이는 것(色)이 있는 상태와 다르지 않다.

즉, 보이는 것(色)은 빈 상태와 같으며, 비어 있는 상태는 존재(色)하는 상태와 같다.

외부로부터의 받아들이는 과정(受)과 생각(想), 행동(行), 일체의

앎(識) 또한 이와 같다.

위 구절은 반야심경(般若心經)의 핵심 명제로 널리 알려져 있습니다. 이 구절은 색(色), 수(受), 상(想), 행(行), 식(識), 오온(五蘊)의 영역과 비어 있는 상태(空)와의 관계를 설명하고 있습니다. 이 구절을 이해하기 위해서는 공(空)이라는 것과, 오온(五蘊)이라는 5가지 방식으로 세상을 나누는 관점을 살펴볼 필요가 있습니다.

이 구절에서 크게 논란이 되는 사항은 공(空)이라는 것에 대한 정의입니다. 비어 있는 상태인 공(空)과, 존재인 물질 및 현상이 서로 다르지 않다는 것은 받아들이기 힘든 사항입니다. 상식적, 논리적으로 오류이기 때문입니다.

논리의 언어인 수학으로 표현하면 '공(空) = 색(色)'이라는 설명입니다. 이에 대해 이해를 구하는 일은 쉽지 않습니다. 마치 '신(神) = 존재(A)'라는 설명과 동일한 양상입니다. 그래서, 논리와 이성이 아닌 '믿음(信)'이라는 도구를 활용하여 이해를 강요하는 일이 오히려 쉽습니다.

색(色)이라는 것 대신에 사과, 나무, 돌, 토끼, 사람을 대입해보면 등식의 오류에 대해 명확히 알 수 있습니다. 물질로 이루어진 현상계에서 존재하는 것은 관찰과 실험으로 존재에 대해 증명할 수 있다는 점은 과학적으로 부정할 여지가 없습니다. 그러면 무엇을 다시 살펴보아야 할까요?

위 이항식에서 의심의 대상이 되는 것은 '='이라는 기호와 '공(空)' 2가지입니다. '='은 수학적으로 '좌변과 우변이 같다'라고 정의하여 사용하는 기호입니다. 초등학교 이상 학력의 소유자라면 이를 부정하지 않을 것입니다. 그러면 남은 하나는 '공(空)'입니다.

과연 '공(空)'이라는 것이 무엇을 의미하는 것일까요? '공(空)'에 대한 정의는 온갖 가설이 난무합니다. 어렵고 복잡하며, 장황한 설명을 확장하여 늘어놓기 마련입니다. 그리고, 결론을 내릴 때에는 부처와 같이 깨달은 자가 아니라면 언어적 설명이 불가능하다는 변론으로 양해를 구하는 일이 대다수입니다. 열심히 설명은 했지만 정작 잘 모르겠다고 선언하는 일입니다.

반야심경의 '色不異空 空不異色' 이전에 설명되는 구절에서 제시하는 조건과 오온(五蘊)이라는 세상을 바라보는 틀과 관점을 이해한다면 함정에 빠지지 않고 접근이 가능합니다. 해당 구절을 살펴보겠습니다.

觀自在菩薩, 行深般若波羅蜜多時, 照見五蘊皆空 度一切
관자재보살　행심반야바라밀다시　조견오온개공　도일체

苦厄.
고애

자신의 존재(自在)를 바라보는(觀) 보살(菩薩)은
깊은 깨달음(般若波羅蜜多)을 얻기 위한 수행(行)을 할 때(時)에
세상 모든 것(五蘊)을 공(空)으로 비추어 보고(照見),
일체(一切)의 고(苦)통과 괴로움(厄)을 헤아린다(度).

깊은 깨달음을 위한 수행, 즉 명상(冥想) 수행에 대한 설명입니다. 첫 번째 조건은 자신의 존재를 바라본다는 점입니다. 타인이나

현상과 물질을 관찰하라는 주문이 아니라, 자기 자신에 대해 살펴보는 명상 수행을 의미합니다. 명상 수행 시에 세상 모든 것(五蘊)을 공(空)으로 비추어 본다고 설명하였습니다. 공(空)이라는 것을 이해하기 위해 잠시 구절 내 다른 단어들의 의미를 먼저 살펴보겠습니다.

반야심경을 이해할 때 주의 사항은, 한자로 쓰여 있지만 부처의 모국어인 범어의 고유명사를 한자로 표기한 글자들은 한자가 지닌 의미로 해석하지 않아야 한다는 점입니다. 이 구절에서는 보살(菩薩), 반야(般若), 파라밀다(波羅蜜多)가 해당됩니다. 보살(菩薩)이라는 언어는 범어인 보리살타(Bodhisattva)로, 지혜를 구하는 자라는 의미입니다. 반야(般若)는 빤야(Prajñā), 즉 최고의 깨달음을 의미합니다. 파라밀다(paramita)는 완성에 이르는 길 정도의 뜻입니다.

지혜를 구하는 사람이 오온(五蘊)의 관점으로 세상을 이해하는 과정을 통해 깨달음의 완성을 얻는 방법이라는 의미입니다. 반야심경의 의의와 목적이 첫 구절에 이미 설명되고 있습니다. 그러면 오온(五蘊)이 무엇이길래 필자는 세상 모든(蘊) 것이라고 번역했을까요? 온(蘊)이라는 글자는 모든 것, 온 전체를 의미합니다. 오온(五蘊)은 전체 구조를 다섯 개로 나눈다는 단어입니다. 즉, 세상을 바라보는 시각과 관점을 색(色), 수(受), 상(想), 행(行), 식(識)의 다섯 가지로 나누는 방법입니다.

사과나 토끼를 앞에 두고 구도자가 명상을 한다고 가정해보겠습니다. 시각, 청각, 후각, 미각, 촉각의 오감을 모두 차단한 상태를 이루면 사과나 토끼가 공(空)의 상태와 같이 변합니다. 그렇다고 실제로 사과나 토끼가 없어지는 것은 아니지요. 실체는 존재하나 내가 사과와 토끼라는 물질, 현상계(色)에 대해 정보를 차단하여 공(空)의 상태로 인식한 것입니다.

　이 상황에서 사과나 토끼, 구도자와 같은 물질은 모두 현상계(色)에 속합니다. 인식의 대상입니다. 언어를 활용해 기호와 정보로 표현할 수 있는 것들입니다. 그런 부류를 색(色)이라고 합니다. 수(受)는 인식의 과정을 의미합니다. 색(色)에 대해 내가 받아들이는 과정과 상태를 수(受)라고 합니다. 상(想)은 인간의 생각을 의미합니다. 한자로 풀어보면 현상계(色)와 나의 마음(心)의 관계(相)를 엮어주는 것을 뜻합니다. 생각의 본질을 표현한 글자입니다. 행(行)은 수(受)와 반대 방향의 과정에 해당합니다. 외부 현상계(色)를 받아들이는 과정이 수(受)라면, 외부로 표현하는 과정을 행(行)이라고 할 수 있습니다. 아직 외부에서 인식할 수 없을 정도로 미세한 표정의 움직임이나 눈빛의 변화까지도 모두 행(行)이라고 할 수 있습니다. 자신도 모르는 무의식적 표현, 발산의 시작점에서 명확히 외부로 드러나는 행동, 즉 표현의 종료점까지 일련의 과정이 모두 포함됩니다. 식(識)은 지식과 경험을 통해 뇌에 저장된 모든 데이터로 이해해도 좋습니다. 의식적으로 기억해낼 수 있는 정보와 무의식으로 잠재하고 있는 기억 모두를 포함합니다.

　깨달음을 얻으려는 구도자가 5가지 영역을 모두 공(空)으로 비추어 본다고 했습니다. 앞에 사과(色)가 하나 있지만 눈을 감으면 없는 상태인 공(空)으로 변합니다. 수(受), 상(想), 행(行), 식(識)을 모두 비우는 일에 해당합니다. 필자가 설명하는 중에 구절에 없는 내역을 가정한 부분이 있습니다. '눈을 감으면'이라는 조건입니다.

　이 구절에서 조견(照見)이라는 글자의 의미를 가볍게 넘기지 않고 살펴볼 필요가 있습니다. 나를 일체 움직이지 않고 사과(色)를 없는 상태(空)로 바꿀 수 있는 사람은 없습니다. 있다면 신(神)의 영역입니다. 통상적 명상법이라면 눈을 감고 어떻게 하라고 설명하겠지만, 이 구절에서는 오히려 밝게 비추어 바라보라(照見)고 주문하고 있습니다. 밝게 비추어 바라보라는 것은 물질과 현상인 색(色)을 살펴보는 것 이외에도 수(受), 상(想), 행(行), 식(識) 모두에 해당합니다. 5가지 과정에서 일어나는 모든 것을 아주 밝은 빛을 비추어 바라보고 이해하라는 의미입니다. 받아들이는 과정에서 일부만 받아들이고 있는 것은 아닌지, 사과에 대한 잡념이나 사과 이외의 것에 대한 잡념으로 나의 생각을 이끌고 있는 것은 아닌지, 사과에 대한 과거의 기억을 잘못 끄집어내어 생각과 연관시키고 있는 것은 아닌지 즉각 깨닫고 모든 것에 대해 공(空)으로 여기라는 주문입니다. 사과 대신 다른 어떤 물질이나 현상, 사건을 대입하더라도 동일합니다. 밝게 비추어 바라본다는 것은 밝은 빛이 있는 현상에 제한된 의미가 아닙니다. 역설적으로 빛이 없는 컴컴한 상황이라도 더 명료하고 또렷하게 바라볼 수 있습니다.

다시 공(空)이라는 것에 대한 의미를 살펴보겠습니다. 쉽게 이해하자면 공(空)은 수학적으로 0과 동일합니다. 빛이 전혀 없는 깊은 동굴(穴)에서 인위적(工)으로 촛불을 끈(off)의 상황과 유사합니다. 이진법적으로 1은 존재 상태, 0은 비존재 상태(空)라고 할 때에 1의 상태에서 살펴보고, 다시 0의 상태에서 살펴보라는 설명입니다. 즉, 세상을 오온(五蘊)으로 나누고 색(色), 수(受), 상(想), 행(行), 식(識) 각각의 영역에서 빛이 없는(off) 상태로 인식해보고, 밝게 빛을 비춘 상태(on), 현실로 다시 돌아온 관점에서 세상을 바라보라는 의미입니다.

오온(五蘊)의 영역 중에 물질과 현상의 영역인 색(色)의 관점보다, 기억과 지식(識)의 영역에서 살펴보면 이해가 더 쉬울 수도 있습니다. 앞에 놓여 있는 사과에 대한 기억을 모두 지워 공(空)의 상태를 이룬다면 사과에 대한 달콤함도, 사과가 상한 경우 생길 수 있는 안타까움도, 썩은 사과로 인한 혐오와 불쾌함도 모두 사라질 수 있습니다. 하지만 현실에서 그 실체와 현상이 없어지는 것은 아닙니다.

사과 대신에 내가 관계를 맺고 있는 사람으로 바꾸어 생각해보겠습니다. 우리는 불편한 관계일수록 과거의 기억(識)에 생각(想)을 더하여 불쾌감(行)을 만들어낼 수 있으며, 바라만 보아도 미움의 마음이 느껴져(受) 시선을 외면(行)하는 경우가 흔합니다. 하지만 기억(識)의 불편함을 모두 비워 공(空)의 상태로 만들면 생각(想) 또한 과거의 불쾌한 일에 연연하지 않습니다. 생각을 모두 비운다면 바라보는 과정에서 미움이 다가오는(受) 대신 객관적으로 상대를 바라보게 됩니다. 나의 마음이 선하고 착하다면 누구에게나 따듯한 시선을 보낼(行) 것입니다.

만약 지나가는 사람들, 지나가는 사건과 현상에 대한 나의 시선이 차갑고 냉소적이라면 나의 기억(識)과 생각(想)의 영역에 차가운 무엇이 가득 자리하고 있다는 것을 의미합니다. 그 영향으로 무의식적인 표정과 시선의 차가움이 발산(行)됩니다. 나의 자아(自我)와 외부로 보이는 모습에 항상 냉소적 성향이 연결되어 드러남을 의미합니다. 그런 성향과 마음의 편향성은 하루아침에 만들어지지 않습니다. 태어나면서 현재까지 오온(五蘊)의 각 영역에 축적되고 쌓여 나를 이루고 있습니다. 나의 신체적 상태와 모습과 항상 짓고 있는 표정은 색(色)의 관점에서, 사물과 현상을 인식하는 방법은 수(受)의 관점에서, 생각을 이루고 관계 맺는 방식은 상(想)의 관점에서, 습관과 태도와 자세와 성향을 이끄는 행동은 행(行)의 관점에서, 기억과 지식의 깊이와 넓이는 식(識)의 관점에서 내가 채워왔고, 앞으로도 채워가는 것입니다.

반야심경(般若心經)은 오온(五蘊)으로 세상을 나누어 바라보고, 자신을 올바로 이끌기 위한 관점을 수양하는 방법론입니다. 각각의 영역을 비운 상태(空)로 여기는 방법을 통해 나의 이기심, 주관적인 관점을 최소화합니다. 객관적으로 세상을 바라볼 수 있는 여지를 제공합니다.

존재의 상태(1)에서 비운 상태(0)로 생각을 전개해보고, 다시 비어 있는 상태(0)에서 존재의 상태(1)로 생각을 되돌려봄으로써 3차원의 물리적 개념에 시간적 변화를 더하는 방식입니다. 1의 상태로 향하는(+) 방향과, 0의 상태로 되돌리는(-) 방향을 모두 고려하는 생각 방법론입니다. 자신을 바라보는 관점, 스스로 깨달음(自覺)을 얻는 방식으로 현상계와 자아(自我)에 확장하여 세상을 살펴보는 방법론입니다.

이항방정식 차원의 '색(色) = 공(空)'이 아니라, '색(色) → 공(空)'으로 여기고, 다시 '공(空) → 색(色)'으로 환원하는 과정과 변화를 살펴봄으로써 관계의 이해를 구하는 방법론입니다. 논리적으로 같다는 의미가 아니라 그렇게 변해간다는 의미를 담고 있습니다.

공(空)이라는 한 글자를 해석하고 이해하기 위해 수많은 연구 논문이 있습니다. 그만큼 해석의 여지가 많다는 것을 의미합니다. 불교의 관점에서는 믿음이라는 영역에서 사용하는 방법과 도구를 활용하여 의미의 난해함을 더합니다. 다양한 관점과 해석이 더해질수록 의미는 더욱 복잡하게 꼬여 이해를 어렵게 만들 수 있습니다. 하지만 반야심경의 첫 구절에서 제시했듯이 그 깨달음을 구하는 방법론은 기대했던 것과는 달리 간단할 수 있습니다.

공(空)이라는 개념을 정리하기 위해 수많은 노력과 관점이 존재하는 이유가 있습니다. 0이라는 속성 자체가 물리적, 현상적으로 존재하지 않는 것이기 때문입니다. 0의 존재와 의미에 대해 해석하라는 철학 숙제와 동일합니다. 단순히 수학적 기호와 등식의 관점에서만 아니라 존재와 현상의 관점에서 설명하는 일은 쉽지 않은 것이 당연합니다.

노자(老子)의 철학 1장에서 다룬 존재인 유(有)와 존재하지 않는 것인 무(無)의 차이점을 설명하는 일이 쉽지 않은 것과 비슷합니다. 지극히 당연한 사항이 증명하기 어려운 이유입니다. 무(無)와 공(空)은 수학적으로 표현하면 모두 동일하게 0의 개념입니다. 공(空)에 대해 한자에 담긴 의미를 해석해보면 동굴(穴)을 인위적(工)으로 만들고 그 안에 만든 내가(工) 앉아 있는 형상의 글자입니다. 그래서 고승들이 암자(庵子)에 들어가 수행을 했는지 모르겠습니다. 공(空)이라는 글자의 의미에는 인위성이 담겨 있습니다. 오온(五蘊)의 관점에서 인위적으로 존재하는 상태와 존재하지 않는 상태를 변화시켜 살펴본다는 노력(工)이 가미되어 있습니다.

그런 수행을 통해 일체(一切)의 고(苦)뇌와 괴로움(厄)을 헤아리고 다스린다(度)는 것이 반야심경(般若心經)이 추구하는 방향입니다.

⚜ 두 번째 명제

是諸法空相 不生不滅 不垢不淨 不增不減
시제법공상 불생불멸 불구부정 부증불감

모든 법칙은 어우러짐이 서로 비어 있다.

(모든 법칙은) 생성되지도 소멸되지도 않고,

(모든 법칙은) 더럽지도 깨끗하지도 않으며,

(모든 법칙은) 늘지도 줄지도 않는다.

　반야심경(般若心經) 명상 방법에 대한 두 번째 명제입니다. 여기에서 모든 법(諸法)은 오온(五蘊) 각각의 영역을 의미합니다. 각각의 영역의 법칙은 서로 독립적이고 관련성이 0(空)이라는 설명입니다. 외부 물질과 사건 등의 현상계(色)와 받아들이는 과정(受)은 서로 독립적입니다. 나머지 3개 영역인 상(想), 행(行), 식(識) 또한 마찬가지로 서로 독립적이며 서로 연관성이 0(空相)입니다.

　그러나 인간은 독립적 5개 영역에 대해 서로 유기적 관계(相)를 맺음으로써 삶을 유지해갑니다. 한 번에 쌍을 이루어 관계가 맺어지는 듯 보이고, 동시에 여러 영역이 관계를 맺고 처리된다는 착각마저 듭니다. 이는 워낙 빠른 시간에 유기적인 행위가 병렬로 이루어지기 때문에 그런 느낌을 받는 것입니다. 논리적으로 5개의 영역은 그 자체적으로는 다른 영역과 독립적입니다. 신체(色)가 정지되거나 외부로부터 받아들임(受), 생각(想), 기억(識), 움직임(行) 어느 하나의 영역이 완전히 정지됨은 인간의 삶이 종료(死)함을 의미합니다.

독립적 5가지 영역은 그 자체적으로 생성되거나 소멸되지 않으며, 더러운 것도 깨끗한 것도 없고 늘거나 줄지도 않는 속성을 지닙니다. 눈을 감고 가만히 앉아 있는데 앎(識)의 영역이 스스로 생성되고 확장될 리 없습니다. 지식이 스스로 더럽거나 깨끗하게 될 리도 없습니다. 다른 영역과 관계를 맺는 과정을 통해 늘거나 줄어들며, 더럽게 여기거나 아름답게 생각합니다. 독립적 5가지 영역에 대해 관계를 부여하는 과정에서 인간의 시각에 차별이 존재하고, 분별하며, 욕심을 부리기 때문에 발생하는 현상입니다. 이로 인해서 인간은 삶의 고통과 괴로움을 느끼고 살아갑니다.

첫 번째 명제에 대해 물질과 현상 관점에서 색(色)은 공(空)이고, 다시 공(空)은 색(色)으로 여길 수 있다는 설명 위주로 다루었습니다. 나머지 4개 영역인 수(受), 상(想), 행(行), 식(識)도 마찬가지입니다. 공(空)으로 여겨질 수 있고, 다시 공(空)의 상태는 현실로 돌아와 나의 자아(自我)가 인식하는 받아들임(受)이 되고, 나의 생각이 되고, 취하는 행동이 되며, 기억으로 남습니다. 그 과정을 헤아리는 일이 밝은 빛으로 비추어 나를 살펴보는 일입니다. 우리가 주로 실수하는 일은 오온(五蘊)의 영역을 엮어가는 과정에서 일부를 추가하여 과장하거나, 일부를 소멸하여 정작 중요한 점을 놓치기 때문입니다. 때로는 더럽게 여기고, 때로는 깨끗하고 좋은 것이라고 오해하기도 합니다. 현상계의 존재와 사건은 더러운 것도 아니고 깨끗한 것도 아닙니다. 관계 속에서 얽혀 있는 모습이 드러나는 일입니다. 더러운 일이라 여겨지는 사항도 빛을 비추어 아주 밝은 상태에서 하나하나 원인과 결과, 본질적 의미를 짚어본다면 그 상황과 시점에서 자연스러운 모습일 수 있습니다. 그런 모습에 대해 인식 과정에서 늘리기도 하고 줄여서 생각하기 때문에 발생하는 오해가 대부분입니다.

두 번째 명제를 활용하여 우리 사회의 법을 살펴보면 법이라는 체계가 얼마나 인위적이고 자의적인 부분이 많은지 알 수 있습니다. 굳이 하나하나 살펴보고 검증할 필요도 없습니다. 같은 법을 지속적으로 생성하고 변경하고 소멸시킵니다. 그 과정에서 여야 국회에서는 서로 그 법이 더럽고 깨끗하다고 논쟁을 벌입니다. 일부를 늘리고 일부를 줄이느라 혈안이 되어 있습니다. 반야심경 방법론의 관점에서 바라보면 법을 만드는 것이 아닙니다. 사람들을 다루기 위해 해야 할 것과 해서는 안 될 것을 엄청나게 많이 만들어놓은 규칙 모음집에 불과합니다. 규칙이 너무 많고 알기 어렵기 때문에 서민들은 곤란합니다. 지키기 어렵기 때문에 강제에 내몰리기 쉽고, 체계의 규칙을 잘 아는 부류에게 사기를 당하기 쉽고, 규칙을 통해 얻을 수 있는 기회와 이익에서 배제되기 쉽습니다. 안타까운 일입니다.

IV장을 시작하기에 앞서 나온 구절을 살펴보면 부처가 세상을 바라보는 시각이 어떤 방향인지 명확히 알 수 있습니다. 세상을 벗어나 모든 것을 비우고(空) 스스로에 대한 이해를 구했지만 정작 그 깨달음은 반야심경(般若心經)이라는 모든 인간 삶의 고통을 헤아리는 도구로 전해오고 있습니다. 중생(衆生)을 구하기 위한 길입니다.

5. 유(儒), 불(佛), 도(道) 시각의 차이

　유(儒), 불(佛), 도(道) 시각의 차이는 누구의 관점에서 세상을 바라보는가에 있습니다. 노자(道)의 관점은 세상의 가장 정상에 위치한 임금(君)의 시각입니다. 천하(天下)를 다스리는 사람의 입장에서 세상을 바라봅니다. 마치 저 하늘 위에서 우리가 살고 있는 세계(界)를 조망하는 방식을 기본 틀로 삼고 1~7장을 기술하고 있습니다. 우주에서 존재를 인식하는 방식으로 7개의 층을 이루어 이해하는 구조입니다.

　공자(儒)의 시각은 사회 속에 포함된 나와 우리를 바라보는 관점입니다. 임금과 서민의 중간 계층 위상에서 사회를 바라봅니다. 그렇기 때문에 상하좌우 사회의 질서(禮)와 체제(齊)를 기반 전제로 삼고 있습니다. 그 질서와 체계를 올바로 이끌기(道) 위해 온(溫), 양(良), 공(恭), 검(儉), 양(讓)이라는 5개 틀을 사용하여 세상을 바라보고 해석합니다. 한 개인의 시각이 아니라 사회 전체의 시각에서 인간을 바라보기 때문에 체계의 질서가 유지되는 한 가장 강력한 철학적 기반을 제공합니다. 국가와 사회의 체제(齊)를 지속시키는 방향이기 때문에 평화와 안정을 추구한다는 장점을 지닙니다.

　부처(佛)의 시각은 일단 사회에서 나를 분리하고 시작합니다. 소위 출가(出家)한 후의 관점으로 보면 접근이 쉽습니다. 나를 둘러싼 속세의 모든 인연과 관계를 차단한 후 다시 0의 상태에서 바라보는 시각입니다. 나를 5개의 영역(五蘊)으로 나누고, 각각의 영역에 대해서 발생하는 모든 관계의 잡음을 0(空)의 방향으로 제거하거나 현실인 1의 방향으로 재구성하는 명상을 통해 나를 정화하고 세상을 이해하는 작업에 해당합니다. 바라보는 대상을 기준으로 방법론의 구조적 틀을 수립하지 않고, 나의 존재를 이해하는 관점으로 방법론을 세웠기 때문에 나를 이해하고 다스리는 데 최고의 도구가 될 수 있다는 장점이 있습니다.

유(儒), 불(佛), 도(道) 시각의 차이를 바라보는 위상과 시작점 측면에서 살펴보았습니다. 그러면, 3대 사상의 지향점은 어디를 향하고 있을까요?

공자의 철학은 그 구조적 체계에서 바로 지향점을 알 수 있습니다. 인간의 따뜻함 36.5℃에서 출발한 온(溫)은 배움을 통해 현명하고 어진 방법(良)이라는 도구를 활용하고, 사회 구성원 모두 하나라는 마음(共心)으로 서로를 존중(恭)하는 것을 전제하며, 사회의 낭비를 최소화하는 효율화(儉) 과정을 더해 양보하고 겸양의 덕을 이룬 상태(讓)를 지향하고 있습니다.

부처의 방법론(般若心經)이 지향하는 바는 그 첫 구절에 명기되어 있습니다. 인간 삶에서 일어나는 일체의 고통과 괴로움을 헤아리는 일(度一切苦厄)입니다. 이것을 한 단어로 열반(涅槃)이라고 표현하고 있습니다. 모든 것을 깨닫는 해탈의 경지라고 부릅니다.

노자(老子)의 철학에서는 그 최종 목적지인 지향점을 찾기 쉽지 않습니다. 필자도 7개의 층위 구조라고 설명은 했지만 7개의 층위 구조 피라미드를 거꾸로 뒤집어놓아도 구조적으로, 의미적으로 전혀 문제가 없습니다. 오히려 뒤집어놓은 상태로 세상을 이해하는 것이 옳다고 여겨질 수도 있습니다. 또한 7개의 층위 구조는 다시 반복적으로 연결됩니다. 앞서 살펴본 물의 순환 7가지를 보더라도, 1층위 거(居), 즉 사람에게는 가장 핵심을 이루는 생명의 존재(居) 자체는 7층위 동(動)과 밀접한 관계를 지닙니다. 살아 있는 동안 7층위 동(動)을 기반으로 존재(居)하기 때문입니다. 움직임이 '0'의 상태인 사람은 삶을 마친 상태(死)를 의미합니다. 1장 첫 구절(道可道也, 非恒道也. 名可名也, 非恒名也)에서 설명하듯이 모든 것은 계속 변한다는 대전제를 수용하면 시작점과 끝점이라는 방식 자체가 무의미합니다. 무한한 순환 구조에서 세상을 바라보는 관점입니다. 시작과 끝이라는 틀에 익숙한 서양적 사고방식으로 이해하기 어려운 요소입니다. 지향점을 제시하는 것이 목적이 아니라, 도덕경을 통해 세계를 이해하는 방법을 설명하고 이를 통해 올바르지 못한 길로 들어서는 인간 세계에 도움을 주려는 목적이 더 크다고 생각할수 있습니다.

유(儒), 불(佛), 도(道) 3가지 철학적 틀을 갖고 있음에도 동양이 서양의 과학과 기술에 뒤처져 문화적으로 그들을 뒤따라가는 모습을 보이는 이유는, 그 철학적 틀을 올바로 이해하지 못하고 왜곡된 관점으로 바라봤기 때문입니다.

부처의 방법론(般若心經)에 대해 온갖 허세와 어려운 설명이 쌓이고 쌓여 오히려 그 길을 찾아가는 방법을 잃고 헤매는 모습이 흔한 상황입니다. 비논리적이고 비과학적인 설명을 들어 믿음으로 인식을 강요하는 일이 잦습니다. 자신도 그 의미를 모른 채 전달하는 설명이 너무 많아졌습니다.

대학에서 부처의 철학을 배우고 연구하는 사람은 해당 철학을 전공으로 삼는 사람들입니다. 절에 가서 부처의 가르침을 배우는 사람은 종교로 받아들이고 삶에 대한 믿음을 구하기 위한 노력입니다. 부처의 철학과 윤리를 배우는 고등과정 이하 학생들에게는 어떤 의미일까요? 그것의 의미를 전혀 이해하지 못하는 선생님들이 전달하고 설명하는 일은 전혀 바람직하지 않습니다. 학생들에게 주어지는 교과서가 철학적, 윤리적 의미를 제대로 설명하지 못한다면 문제입니다. 나도 모르는 철학을 가르치는 꼴이기 때문입니다. 종교의 교리를 강요한다면 더욱 큰 문제입니다. 특정 신앙을 강요하는 일이기 때문입니다. 100명의 고교 윤리 선생님을 붙잡고 물어보면, 불교 사상에 대해 내용을 이해하고 있다는 선생님이 몇 명이나 될까요? 없다는 것을 우리는 이미 알고 있습니다. 그럼에도 불구하고 그런 교육이 계속되고 있는 이유는 무엇일까요? 합리성에 대한 인식이 부족하기 때문입니다. 인식의 부족은 올바른 실행을 이끌어낼 힘이 없습니다. 과거의 관성에 따라 그냥 그대로 살아갈 뿐입니다. 근대 서양의 놀라운 발전에 비해 동양이 제자리에 머물러 있었던 이유와 같습니다.

반야심경(般若心經)이 어려운 이유는 올바른 이해가 전제되지 않았기 때문입니다. 올바른 인식의 과정이 부족하기 때문에, 그것을 활용하여 어떤 실행력을 이끌어내는 일은 더욱 소원해지고 있습니다.

공자(孔子)의 철학적 방법론(論語)도 부처의 방법론과 유사한 어려움에 처해 있습니다. 필자는 전작(全作)인『논어98』번역을 통해 1~10장의 240구절 가운데 98개의 구절이 심각한 오역에 처해 있음을 설명한 바 있습니다. 40% 이상은 번역 자체에 문제가 있으며 그 의미를 설명하는 부분까지 포함하여 계산한다면 잘못된 내용의 수치는 더욱 높아집니다. 11~20장에 대한 오해가 더욱 심각함은 군이 말할 것도 없습니다. 글의 구조와 의도를 모른 채 해석하는 경우가 흔한 상황입니다. 공자가 전하는 철학적 방법과 구조를 알지 못하고 자신의 관점을 덧붙여 해석하여 논어의 뜻을 전달하는 일이 반복되다 보니, 현실과 동떨어지고 깊이가 없습니다. 사람들에게 외면받는 이유입니다.

공자(孔子)의 철학인 논어(論語)의 단점은 분량(量)이 너무 많다는 점입니다. 양(量)이 많아지면 많아질수록 그것을 이해하는 일이 어렵습니다. 이해하고 활용하는 사람이 전문가 수준이 되어야 의미가 있습니다. 그렇지 않다면 그 많은 구절의 교훈이 불필요한 짐이 되거나 오해를 일으키는 도구가 될 수 있습니다.

노자(老子) 철학인 도덕경(道德經)의 단점은 5천 자 정도의 글에 큰 사상(思想)이 고도로 압축되었다는 점입니다. 그래서 이해가 쉽지 않습니다. 전문가들이 주장하고 설명하는 사항도 황당하기 그지없는 부분이 많습니다. 이해를 못 하고 이야기하기 때문에 장황하지만 결국은 설명의 논점이 흐려져 있습니다.

그렇기 때문에 노자(老子) 철학은 고등 교육 이하의 과정에서는 다루지 않는 것이 바람직합니다. 철학적 관점이 아니라, 윤리적 관점에서 삶을 올바르게 이끄는 길(道)이 무엇인지와 사회가 향할 방향이 무엇인지를 이해하는 관점에서 덕(德)을 설명하고 활용하는 일은 바람직할 수 있습니다. 그 철학을 녹여 자연스럽게 익히는 관점에서 인용하고 전달하는 일입니다. 세상을 올바로 이끌고(道), 사람들이 널리 덕(德)을 나누는 일은 온 세계가 평화를 누리며 행복하게 사는 기반이 되기 때문입니다.

6. 오온(五蘊)의 확장, 5×3시각

　반야심경(般若心經) 방법론을 확장하여 살펴보겠습니다. 오온(五蘊)으로 나누는 방법을 확장하면 자신의 마음을 자율신경체에 의존한 영역과 감성과 이성의 3가지로 나누어 이해할 수 있습니다. 즉, 인간을 5×3의 형태를 통해 외부에서 보이는 모습의 객체와 내부의 본질을 연결하는 구조로 이해하는 방법입니다.

오온(五蘊)

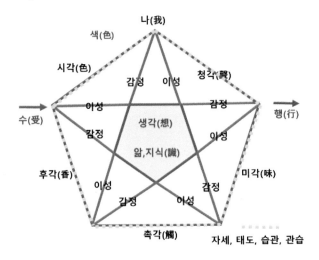

위 그림에서 외부와 접하고 있는 면인 점선은 숨쉬기, 체온조절, 빛과 온도에 대한 인식, 자세, 습관, 태도와 같은 무의식적인 의지에 의한 활동이 포함된 영역입니다. 이처럼 외부 세계와 접하는 면을 통해 우리는 의식적, 무의식적 받아들임(受) 및 인식을 이루고 움직임(行)을 행합니다. 이때 본질적 요소에 포함된 생각과 지식의 영역(내부 오각형)과 정보를 주고받는 과정에서 감정과 이성이라는 것이 활용됩니다. 감정이나 이성에 의존도가 높은 성향을 가진 사람의 모습을 5×3 관점의 도식으로 표현해보겠습니다.

감성형의 사람은 감정을 주로 활용하여 행동하고, 감정에 의존도가 높은 사람을 의미합니다. 내부 자아를 이루는 객체가 균형 잡힌 모습에서 틀어진 형태로 변형됩니다. 필자는 본질의 틀을 이루는 내부 오각형을 변형시키지 않고 표현하였지만, 그런 상태가 장기간 굳어진다면 본질의 모습 또한 변의 길이가 달라져 틀어진 형태의 오각형이 만들어질 수 있습니다. 즉, 사람의 본질적 속성 또한 감성형 또는 이성형으로 변할 수 있습니다.

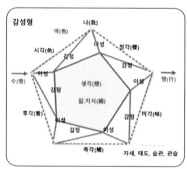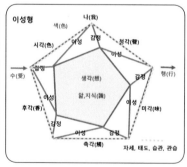

감성형 또는 이성형 속성이 모두 극단에 이르면, 내부 오각형이

외부 오각형과 거의 접하게 됩니다. 이런 경우 본질과 외부의 모습은 거의 일치하게 됩니다. 동물과 같은 상태에 이른 형상이라고 할 수 있습니다. 혹은 편협한 이성만 사용하는 기계적 인간이 되는 경우에 해당합니다. 현대 사회의 많은 문제는 외부의 물질 세계인 색(色)에 의존해서 인간이 지나치게 동물적으로 변한다든가, 지나치게 기계적으로 변한다는 점에 있습니다. 이는 인간의 본질을 바라보지 않고 외부적인 요인에 의존하는 가운데 욕심이라는 속성이 과도하게 작용하여 지속적으로 뒤틀린 성향이 굳어졌기 때문입니다.

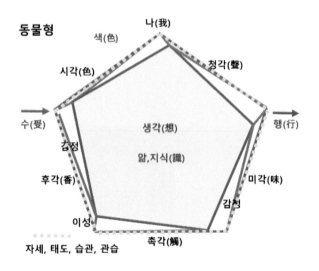

인간은 아기 때에 이성이 거의 작용하지 않습니다. 이성이라고 부를 수 있는 행(行)동이 거의 없습니다. 동물과 같은 상태라고 볼

유불도 동양 3대 철학에 대한 이해

수 있습니다. 성장하면서 사회가 쌓아놓은 이성이라는 틀을 학습하고 받아들이면서 문화와 문명을 갖춘 하나의 개체로 거듭나게 됩니다. 이 과정에서 지식과 생각이 자신 본연의 모습을 갖추고 틀을 이룹니다. 단순히 지식을 많이 쌓는 일을 많이 한다고 해서, 또는 생각만 많이 한다고 해서 본질을 올바르게 갖출 수는 없습니다. 외부로부터 접하는 모든 면을 고루 활용하고 균형을 이루는 과정을 통해 그 틀을 치우치지 않게 만들어갈 수 있습니다. 오온(五蘊)을 이루는 색(色), 수(受), 상(想), 행(行), 식(識)은 독립적이지만 서로 연계되어 하나의 인간을 완전하게 만드는 속성을 지니기 때문입니다.

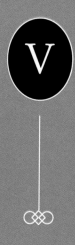

V

현대 사회 문제와
동양 3대 철학

1. 과학과 기술의 한계

현대에는 과학과 기술의 발전이 사회를 이끄는 동력을 제공하고 있습니다. 산업혁명 이후 현대 사회에 이르기까지 동력의 구심점 역할을 하고 있는 것은 힘과 자원을 이루는 물질과 에너지 중심의 세계관입니다. 즉, 물질에 초점을 맞추어 바라보는 사고의 틀입니다. 뉴턴이 정리한 관성의 법칙, 만유인력의 법칙, 코페르니쿠스의 지동설 또한 객체와 객체 사이에 작용하는 힘과 변화를 해석하고 설명한 것에 해당합니다.

과학과 기술이라는 도구를 통해 물질과 물질의 변화에 대해 이해하고, 이를 기반으로 응용하고 활용하는 능력의 수준이 높아짐에 따라 인간은 자연을 더 활발하게 이용하여 스스로의 편리를 추구해왔습니다. 그 과정에 자본과 돈이라는 수단을 활용하여 가치 교환 방식을 발전시켰습니다. 화폐 제도와 뒤섞인 자본은 기존 봉건 사회의 틀을 무너뜨렸습니다. 자본 기반 시민 사회를 형성하고 그 체제로의 변화를 가속화시켰습니다. 2천 년 넘게 이어온 계급 사회 체계의 틀은 무너지고 민주주의라는 제도가 만들어졌습니다.

과학의 발달은 그동안 초자연적인 현상에 대해 신에 의지하여 해석했던 많은 것들을 다시 바라보게 만들었습니다. 그 대표적인 사건이 다윈이 발표한 연구 결과, 『종의 기원』 출간입니다. 이를 계기로 신이 인간을 창조했다는 믿음 대신 생물학적 진화라는 사실에 더 신뢰를 부여하기 시작합니다.

믿음과 사실을 구분하는 능력이 증가함과 더불어 과학, 수학, 화학, 지리, 생물학, 지구과학, 의학 등의 학문은 더욱더 전문 분야로 쪼개지고 나누어져 발달을 가속해왔습니다. 그런 과학과 기술의 발달에 힘입어 인간은 지구를 넘어 달에 발자취를 남겼고, 화성에 무인 우주선을 보내 화성의 지질을 연구하고 있습니다. 이 시간에도 인간이 쏘아 올린 탐사선은 명왕성을 지나 태양계 너머 먼 외계로 향하고 있습니다.

과학과 기술의 눈부신 발달에도 불구하고 사회를 이루는 큰 틀은 근대에 형성된 자본을 기반으로 한 시민 정치 체계에 머무르고 있는 모습입니다. 그간 1차, 2차 세계 대전이라는 큰 홍역을 치른 후 자본 기반 체제의 한계성을 비판하며 사회주의라는 체계가 만들어지기도 했습니다. 그러나 사회주의 체계에 힘입어 인류의 모습이 큰 발전을 이루고 있다고 의미를 부여하기는 어렵습니다.

서양의 로마시대와 동양의 춘추전국시대에 국가 분열과 통합 과정에서 발생한 잦은 전쟁, 수백만 수천만의 사람이 흘린 피와 고통은 산업혁명 이후 발발한 1차, 2차 세계 대전 참사와 견주어볼 수 있습니다. 이는 모두 사회의 커다란 변화가 몰고 온 갈등과 대립의 결과입니다.

그런 갈등과 충돌의 기저에는 힘의 논리에 따라 상대를 강제하고 세상을 움직여 나의 이익을 추구하려는 이기심이 자리하고 있습니다. 현시대의 양대 체제인 자본 기반 시장 경제를 중요하게 여기는 민주주의와 물질 기반 평등을 주장하는 사회주의 모두 힘과 특정 집단의 이익을 추구한다는 점에서 공통된 모습을 보이고 있습니다. 결국 힘과 경쟁이라는 틀을 벗어나지 못하는 것이 현실입니다. 그 이면에는 탐욕과 이기심이 숨어 있습니다. 양대 체계 모두 힘과 에너지 중심, 물질 기반의 세계관에 생각의 둥지를 틀고 있다는 한계점이 있습니다. 인간을 바라보는 인간 중심의 세계관이 부족한 것이 현실입니다.

4차 산업혁명의 시작점에 있는 현재, 힘과 에너지 우위를 점하고자 하는 욕심은 더욱 가속화되어 세상을 경쟁과 갈등의 장으로 만들어가고 있습니다. 칼이 총을 대신하였으며, 탱크와 로켓을 앞세우고 위성과 무인 공격기, 미사일을 동원하고 있는 모습만 다를 뿐 이익을 추구하려는 모습은 2,500년 전이나 지금이나 다를 바 없습니다. 강자는 군림하고, 약자는 지배를 받는 구조의 약육강식을 이루는 동물 사회와 같습니다. 과연 한 차원 높은 인간으로서 문명의 발달을 이루어가는지 자문해봅니다. 인류 사회가 올바른 방향으로 향하고 있는지 물음이 제기됩니다.

무엇이 부족한 것일까요? 우리가 가야 하는 방향에 대한 인식과 사회적 공감, 이해의 공유, 그리고 그것을 바탕으로 한 실천의 노력이 부족하기 때문입니다. 과학과 기술로 제공하기 어려운 사항입니다. 과학과 기술, 자본이 지배하는 시장 경제 체계의 관점에서 이루기 어려운 일입니다.

물론 산업혁명 이전 또는 19세기에 비교하면 서민층으로 넓혀진 인권과 자유는 사회적 체계의 놀라운 발전일 수 있습니다. 200년 전으로 돌아가서 살펴본다면, 소수 1% 이내의 사람들만 인권과 자유를 누리고 있었다는 점을 생각해볼 때에 인류의 역사가 퇴보하고 있다는 의미는 아닙니다.

문명이 앞으로 나아가는 과정에서 경쟁과 갈등이 첨예화되어 재앙을 다시 불러오는 일을 두려워할 필요가 있습니다. 그렇기 때문에 우리에게 부족한 부분이 무엇인가 살펴보아야 합니다. 이를 통해 인류 모두가 다 같이 행복을 추구할 기반과 체계를 만들어갈 필요가 있습니다.

다행인 점은, 우리는 그런 시각과 방향성을 잊지 않고 있다는 사실입니다. 국제연맹(UN)에서 발간하는 「행복보고서」를 살펴보면 그 변화의 노력을 이해할 수 있습니다. 그동안 물질 기준으로 행복을 측정하고 바라보던 지표를 탈피하여, 2022년 조화와 균형이라는 새로운 관점을 활용하여 행복을 바라보기 시작했습니다. 2023년에는 사회 윤리적 기풍(ethos), 사회적 미덕(virtue), 친사회성(pro-sociality), 신뢰(trust), 자유(freedom) 등의 관점에서 행복의 모습을 살피고 있습니다. 이전에 소득 관점의 기준(GDP, 엥겔계수)에 의존하던 모습과는 확연히 달라진 접근 방식입니다.

윤리(倫理), 덕(德), 신(信)의, 사회 공동체(恭), 자유(自由) 등의 용어는 동양에서 2,500년 전부터 노자, 공자, 부처의 사상을 통해 밀접하게 접해온 언어입니다. 우리의 언어와 삶 속에 녹아들어 있는 철학에 해당합니다. 19세기 근대화 시기에 서양의 자본과 과학, 기술 기반의 경쟁 우위적 도구에 밀려 잠시 잊고 있었던 관념에 해당합니다.

우리가 잃어버리고 있었던 것이 무엇인지 다시 되새겨볼 시기에 이르렀습니다. 세상의 큰 변화인 4차 산업혁명을 맞이하는 현재, 무한한 갈등과 경쟁의 장으로 사회를 이끌어 두려움과 공포에 떨게 만들고 힘이 지배하는 논리 기준으로 세상을 이끌어갈 것인지 선택의 기로에 서 있습니다. 동양 3대 철학을 다시 살펴봐야 하는 이유입니다.

2. 물질 vs 정신

물질과 정신 중에 어느 것을 더 우선하여야 할까요? 우리 삶을 이끌어갈 때 두 가지 중에 어떤 것을 더 활용해야 할까요? 물질과 정신 중 어느 것에 더 가치를 두어야 할까요?

쉽게 답하는 사람도 있겠지만 그렇지 않은 사람들도 많을 것입니다. 철학자라면 감히 답변을 주저할 수 있습니다. 물질이라는 것은 보이는 것이고 관찰 및 측정할 수 있는 부류라고 쉽게 설명하고 누구나 공감할 수 있지만, 정신이라는 것에 대해서는 명확하게 정의하고 설명하기 곤란하기 때문입니다.

물질에 대해서는 과학자들이 핵과 전자의 개수를 기준으로 원자를 분류하고 주기율표를 만들어 구분하고 있습니다. 원자핵이 2개이고 전자가 2개인 물질을 수소나 금이라고 우기는 사람은 없습니다. 금(Au, 원자번호 79)을 돌같이 여기라는 언어는 의미가 있지만, 금(Au)에 대해 암석을 이루는 규소(Si, 원자번호 14)와 같다고 주장하는 일은 상식적이거나 일반적이지 않습니다.

도깨비가 나타나 바위 크기의 규소(Si) 덩어리를 금(Au)으로 만들기 전까지는 금이 될 수 없습니다. 규소(Si)가 금이 되기 위해서는 도깨비라는 존재가 필요합니다. 과연 도깨비는 실재할까요? 도깨비의 실존 유무는 믿음의 영역에 해당합니다. 꿈과 희망이라는 뿌연 상상 속에서 피어날 수 있는 가공의 존재입니다. 필자는 도깨비라고 표현했지만 믿음이라는 도구를 사용하는 어떤 종교적 인물이나 신(神)을 대입해도 같은 의미를 지닙니다.

금을 돌(Si)같이 여기는 것과 규소(Si)를 금(Au)과 같이 여기는 일이 같다는 논리적 틀은 어디에서 많이 본 것 같습니다. IV장 반야심경(般若心經)에서 다룬 틀과 같습니다. 물리적으로 그렇다는 것이 아니라, 그렇게 인식하여 다룰 수 있다는 것입니다. 금(Au)의 가치를 하나의 돌덩어리로 여기는 일은 마음속 욕심을 배제하라는 주문입니다. 그러면 욕심으로 인해 발생하는 삶의 고통에서 벗어나 자유를 얻을 수 있습니다. 금의 가치를 돌과 같이 여기는 과정에는 가치에 대한 평가라는 것이 들어 있습니다. 규소(Si)의 가치는 부서지면 바닷가 모래와 같은 하찮은 것이지만, 삼성전자 반도체 공장에서는 같은 크기 금(Au)의 가치보다 수십 배 이상 비싼 고가의 반도체로 변신합니다.

과학에서는 118개의 기본이 되는 물질을 분류하여 원자라고 명명하고, 세상 사람들이 모두 공통적인 인식을 갖도록 주기율표라는 이름으로 공개하고 있습니다. 그 원자들의 조합이 이루는 방식에 따라 다양한 분자가 만들어지고, 그 분자 구조를 화학식으로 정리하여 물질의 기본 성분과 구조를 이해합니다. 우리는 수소 2개와 산소 1개가 결합하는 경우 물이라 명명합니다. H_2O가 물이라는 공통된 인식을 거부하고 저주를 내리거나, 신성함을 부여하는 일(聖水)은 가치와 믿음을 활용한 인간의 정신, 마음의 영역에서 일어나는 일에 해당합니다. 믿음을 통해 마음에 무엇인가 특별한 의미를 부여하는 일이지요.

무엇인가 특별한 의미를 부여하는 일에 대해 나쁘게 평가할 이유는 없습니다. 규소(Si)가 금(Au)보다 엄청난 가치를 지닌 물질로 바뀌는 동력의 근원에 과학과 기술, 특별한 의미를 부여하는 능력이 있었기에 가능한 일이었습니다.

물리, 화학, 생물학적 분류와 분석, 연구에 따른 이해를 지식화하고 공통적 인식을 갖도록 만드는 활동에 비하여 정신이라는 영역에 대해서는 얼마나 그런 전진이 있었는지 반문해봅니다. 정신, 마음이라는 것을 나누고 나누면 수백 개 이상의 상태로 분류할 수 있습니다. 하지만 그런 분류 체계를 모든 국가와 사회가 공통적으로 인식할 수 있을까요? 그렇지 않습니다. 그런 시도가 있었는지도 모르겠습니다. 사회와 문화에 따라 그 의미가 워낙 다르다는 점에서 쉽지 않은 일입니다.

그런 시도는 주기율표라는 공통의 체계를 만드는 일과 유사합니다. 언어와 문화가 다른 상황에서 자신의 언어와 문화를 기준으로 만든다면, 공통된 인식을 이끌어내는 과정이 순탄하게 진행되기 어렵습니다. 특정 언어와 문화가 다른 모든 문화와 언어 체계를 흡수할 만큼 강력하지 않다면 더욱 그렇습니다.

정신은 위대하고 높은 위치에 있는 것이며, 물질은 눈에 보이는 하찮고 단순한 것이라는 편견을 버릴 필요가 있습니다. 이는 물질을 연구하는 과학에 비해 철학이 더 무엇인가 고상한 것을 추구하는 듯한 오해와 권위적 자만심을 버리는 일입니다. 권위적 자만심만 가득할 뿐 정작 과학과 기술에 밀려 제 위치에 자리하지 못하는 것이 현대 철학의 현실입니다. 과학과 기술 연구에 효과적인 방법이 있고 생각과 사고의 틀을 다루는 철학 분야에 응용할 수 있는 여지가 있다면, 과학과 기술 방법론을 배워서 활용해야 합니다. 우물 안 개구리처럼 우물 안에서의 생각만 갖고 자신의 온갖 논리에 치중하여 사상을 세우는 일을 경계할 필요가 있습니다.

물질에 대한 인식 방법과 정신에 대한 인식 방법의 비교가 필요한 가장 큰 이유입니다. 물질 영역에서 다루는 방식에 비하여 정신과 마음을 이해하는 방식이 한참 부족하고 편협하다는 점을 깊이 반성하자는 뜻입니다. 한정된 틀에 갇혀 있는 상태에서는 한계가 있습니다.

현대 철학자들이 기존 철학자들의 역사와 방법론에만 치중한다면 과거의 문화와 역사, 사회적 틀의 한계를 벗어나기 어렵습니다. 철학이 현시대와 동떨어진 채 인기를 잃고 외면받는 이유이기도 합니다. 과거의 철학적 방법론이 현대 사회 문제에 대해서 의미를 갖지 못한다면 그 철학은 죽은 철학입니다. 쓸모가 없습니다.

그런 관점에서 '금을 돌(Si)같이 여기는 것과 규소(Si)를 금(Au)과 같이 여기는 일이 같다'는 논리와 철학은 엄청난 쓰임새를 제시하고 있습니다. 규소(Si) 이외에도 분자, 생물 단위의 모든 물질과 생물 존재를 위 논리에 대입하여 철학적 의미를 살펴보는 일은 큰 의의를 지닌 활동으로 이어질 수 있습니다. 현대 사회에서 반야심경(般若心經)의 쓰임과 가치에 해당합니다.

충북 보은 속리산 입구에는 조선 세조 때 정2품의 벼슬을 받은 소나무가 있습니다. 그러나 그 소나무에 어떤 정신이 들어 있다고 생각하는 현대인은 많지 않습니다. 불과 백 년 전만 하더라도 사람들은 동네 어귀에 서 있는 수백 년 된 느티나무의 신령(神靈)스러움에 대해 의심하지 않았습니다. 정성스럽게 정한수를 떠 놓고 소원을 빌기도 했습니다. 현대 사회에서도 바위나 나무에 깃들어 있는 신령함에 의지하여 대학 합격을 기원하거나, 돌로 만든 탑과 동상에 성수(聖水)를 뿌리고 기도하는 모습은 심심찮게 볼 수 있습니다. 과연 돌이나 동상에 정신이 있어서 그런 행동을 하는 것일까요? 소나무나 느티나무에 정신이 깃들어 있는 것일까요? 위 사례들을 어떻게 분류하고 구별하여 인식하는 것이 올바른 철학적 방법일까요?

소나무, 느티나무, 바위, 돌탑, 동상이라는 물질에 어떤 차이가 있기에 그것들을 대하는 사람들의 마음이 달라질까요? 그중에 특별한 어떤 물질은 성령(聖靈)에 의해 예외적으로 정신이 깃들어 있을 수 있을까요? 전 세계 사람들이 순례하고 찾아올 만큼 강력한 정신적 요소가 자리하고, 사람들을 이끄는 이유는 무엇일까요? '믿음'이라는 관념이 그 역할을 하고 있습니다. 나무, 돌, 동상에는 믿음이 없습니다. 그 대상을 바라보는 우리 자신이 갖고 있는 믿음이 그런 작용을 이끌고 있습니다. 믿음은 주관적 요소입니다. 사람마다 제각각 다릅니다. 믿음의 방식과 정도가 다르고 측정하는 일도 불가능합니다.

그러면서도 그 쓰임에 있어서는 개인과 개인, 개인과 사회를 엮어주는 객관적인 지표와 방법이 될 수 있습니다. 믿음은 참 특이한 속성을 지닙니다. 그렇기 때문에 믿음이라는 요소는 개인과 사회 집단에서 공통적인 형태로 작용할 수 있습니다. 종교 집단 내에서, 회사라는 집단 내에서 어떤 일을 추구하고 의지하며 방향성을 확립하는 활동은 믿음이라는 속성에 의존합니다.

공자는 논어 2.22 구절에서 믿음이라는 속성에 대한 핵심을 설명하고 있습니다. 믿음은 잘 드러나지는 않지만 인간이 사회를 이끌어가는 데 꼭 필요한 도구라는 의미입니다.

子曰: "人而無信, 不知其可也. 大車無輗, 小車無軏, 其何
자왈　　인이무신　부지기가야　대차무예　소차무월　기가

以行之哉?"
이행지재

공자께서 말씀하시길, "사람이 만약 신의가 없다면, (사람이 살아
가는 일이) 가능한지 모르겠다. 큰 수레에 소에 거는 수레채의
마구리가 없고, 작은 수레에 말에 거는 멍에걸이가 없다면, 어
떻게 그것을 몰고 가겠는가?"

믿음(信)은 물질이나 현상의 가장 중심이 되는 사항은 아닙니다.
수레의 기본 요소는 수레 본체와, 그것을 끌고 가는 동력원인 소
또는 말입니다. 하지만 수레를 끌고 가기 위해서는 연결 고리인 마
구리나 멍에걸이가 꼭 필요합니다. 믿음(信)은 작은 듯 여겨지며 눈
에 잘 띄지 않는 속성을 지니고 있습니다. 핵심적 연결 고리임에도
불구하고 그것을 간과하기 쉽습니다.

정신, 마음을 살펴보겠습니다. 바닷가에서 흔히 볼 수 있는 생물
중 불가사리가 있습니다. 불가사리라는 생물은 과연 정신을 지니
고 있을까요? 불가사리 자신의 의지를 통제하는 것은 무엇이며, 어
떤 체제에 따라 그것이 동작하는 것일까요? 뒤집어놓으면, 스스로
몸을 움직여 다시 반대로 되돌아와 자세를 유지합니다. 불가사리
에 뇌라는 기관이 없다는 사실을 안다면 더욱 놀라운 일입니다.
뇌가 없는데도 불구하고 스스로 움직이고 이동하며 먹이 활동을

하는 것을 어떻게 설명할 수 있을까요? 그러면 뇌가 있는 어류는 정신이라는 것이 있을까요? 애매모호합니다.

무리를 이루고 개체 간에 대화하고 감정을 나누는 돌고래, 코끼리, 유인원에 대해서는 감정이 있다는 점에 대해서 누구나 공감합니다. 하지만 어느 정도와 수준의 정신이 있다고 설명할 수 있을까요? 인간의 감정과 정신과는 어떤 차이가 있을까요? 정신, 마음이라는 것은 과연 인간만 갖고 있는 특질이라고 할 수 있을까요?

우리는 정신, 마음이라는 것에 대해 알고 있다고 생각하지만 사실은 명확히 알고 있는 부분이 얼마 안 됩니다. 어떤 방식으로 접근하고 알아가야 하는지도 자신 있게 설명하기 어렵습니다. 마음과 정신이라는 것을 이해하기 위해 불가사리를 연구 대상으로 삼는 철학자가 얼마나 있을까요? 생물학자에게 그 수고로움을 맡기고 뒷짐만 지고 있는 것은 아닌지 의구심이 듭니다. 인간의 정신이라 부르는 영역에 대한 연구에 대해서는 심리학자나 정신과 의사, 뇌의학자에게 맡기고 뒤로 물러선 것은 아닌지 의심해봅니다.

정신에 대한 정의와 설명이라는 풀기 어려운 숙제에 대해 철학자의 접근 방법이 진부한 상태에 머물러 있는 것은 아닌지 반성해봅니다. 여타 분야와 융합된 방법론을 활용하여 해석하고, 다른 분야에 대한 이해를 기반으로 철학적 의미를 더 확장하는 시도가 얼마나 이루어지고 있는지 반문해봅니다.

현대 사회에서 철학적 연구 결과에 대한 의미 부여의 수준이 현저히 낮아졌기 때문에 철학은 학문의 영역 중에서 점점 밀려나고 있으며 이는 매우 안타까운 모습입니다. 과거와는 비교할 수 없을 정도로 분야가 나뉘고 복잡화된 학문적 지식의 기록으로 이루어진 문명의 체계 아래에서 고대, 중세, 근대의 철학자가 남긴 생각의 기록만 갖고 철학을 할 수는 없습니다. 현대 철학자들이 부처처럼 홀로 보리수 아래 앉아 깨달음을 이루어야 한다고 생각하면 그것은 더 큰 오해입니다.

기록된 문자와 다양한 분야 학자들의 지식을 살펴보며 협업을 이루지 않고서 물질 영역과 정신 영역의 근본 원리에 접근하고 이해하는 일은 아주 요원한 일입니다. 노자나 부처가 원자의 구조와 원자 내에서 작용하는 힘의 원리에 대해 설명할 수 있었을까요? 질문이라고 할 수도 없습니다. 노자나 공자, 부처가 살던 시대는 현대와 현저히 다릅니다. 아무런 교육을 받지 않은 사람이 힉스 입자와 같은 반물질의 의미에 대해 설명할 수 있을까요? 당연히 그렇지 않습니다.

철학자가 단독으로 모든 것의 근원에 대해 질문하고 탐구할 수 있는 시대는 이미 지나갔습니다. 과학자가 오히려 철학자보다 우주의 근원과 구조에 대해 더 잘 이해하고 있으며 그런 지식이 쌓이고 쌓여 학문적 깊이를 더하고 있습니다. 어떤 한 사람의 힘에 의해 그런 것을 모두 이룬 것이 아니라, 수많은 학자의 경험과 지식이 축적되어 이루어지고 있다는 점에 유념해야 합니다.

현대 사회에서는 박사 학위를 받은 과학자보다 더 실험 정신이 강하고 저돌적인 연구를 하는 사람들도 존재합니다. 돈만 쥐어주면, 그리고 돈이 될 수 있다면 형광 쥐나 고양이를 만들어 팔기 위해 은둔하여 유전자 조작도 서슴지 않는 사람들이 많습니다. 돈만 쥐어주면 박사 학위를 받은 컴퓨터 공학자보다 공공 기관의 웹페이지와 데이터베이스를 해킹하는 코드를 더 잘 짜는 해커가 가득

합니다. 해마다 해킹으로 벌어들이는 돈의 규모가 수조 원에 달할 정도로 어마어마한 시장이 어두운 곳에 형성되어 있으며, 그 해커들의 프로그램 능력을 활용한 해킹은 상어와 같이 먹이 사슬의 최상위 포식자처럼 군림합니다.

물질 기반 탐욕이 지배하는 사회의 일그러진 모습을 나열하자면 끝이 없을 것입니다. 우리가 살고 있는 세계는 물질계를 기본으로 변화를 인식합니다. 다른 관점에서 생각해보면 정신적 체계가 부족하기 때문에 발생하는 부작용에 해당합니다. 우리에게 필요한 것은 물질과 정신적 측면 중 어떤 것이 더 좋고 나쁘다는 관점에서의 접근법이 아닙니다.

물질과 정신의 두 가지 모두 떼어놓고 다룰 수 없는 것이라는 인식의 수용을 강조합니다. 어떤 한쪽 방향으로 치우치고, 그 한쪽 기준에 의거해서 세상을 바라보며 세상의 틀로 여기는 일은 경계할 필요가 있습니다.

정신이라는 영역에 대한 이해를 위한 접근 방법으로는 물질 분류 분석 방법과는 대조적인 방법이 필요할 수 있습니다. 원자를 특정 기준에 따라 나누고 분류한 것과 반대로 마음과 정신을 통합하는 방식입니다. 포괄적 집합(Set)으로 인식하는 것도 하나의 방법입니다. 어떤 사회, 어떤 사람의 주관적 요소와 관점을 배제하는 방식보다 수용하고 포용하는 방식에 해당합니다.

정신 = $\sum${(사회1의 정신 + 사회2의 정신 + 사회3의 정신 + 사회n의 정신) + (개인1의 정신 + 개인2의 정신 + 개인3의 정신 + 개인n의 정신)}

우리 사회의 정신에 대해 기술하면 $\Sigma\{($노자 사상 + 공자 사상 + 불가 사상$)$ + 자본주의적 정신, $\cdots$, + 반전 및 평화주의$)\}$ 정도로 설명할 수 있습니다. 어떤 한 가지 틀로 모든 것을 설명하기는 어렵습니다. 긴 역사를 통해 문화적으로 융합된 여러 사상의 틀이 밑바탕에 자리하고 있습니다. 그리고 현대 문화와 문명이 그 위에 어우러져 있는 형상입니다.

물질과 정신 체계를 이분법적으로 나누는 것은 이해의 편리함을 구할 수 있지만, 자칫하면 세상이 상호 보완적으로 구성되어 있고 상생하고 있다는 점을 간과하기 쉽습니다. 물질과 정신은 우리 삶에서 보이는 부분과 보이지 않는 부분에 해당합니다. 보이는 부분에 대한 이해는 과학과 기술의 발전에 힘입어 크게 높아진 반면, 보이지 않는 부분에 대한 이해는 아직 많이 부족합니다.

우주의 95% 이상은 우리가 잘 모르는 암흑 물질과 암흑 에너지로 이루어져 있다고 과학자들이 설명하는 것과 유사하게 우리는 복잡한 관계와 현상에 대한 정신적 측면에 대해 5%도 제대로 이해하지 못하고 있습니다. 아직 이해가 부족하다는 인식과 겸허한 자세로부터 보이지 않는 영역에 대한 배움과 이해의 확장이 시작됩니다.

닫혀 있고 제한된 범위 내에 머무르려는 마음은 우리 스스로를 가두는 일입니다. 열린 생각과 의지를 통해 우리는 기존의 한계를 탈피할 수 있습니다. 그런 노력을 통해 정신 영역에 대한 체계를 더욱 발전시키고 우리 스스로를 더 자유롭게 만들 수 있습니다.

3. 현대 사회에서의 자유

우리의 삶을 이끌어가는 과정 중에서 가장 눈여겨 살펴보아야 하는 것은, 물질과 정신이 어떤 형태로든 구속되거나 종속되는 것을 경계하는 일입니다. 즉, 자유를 잃지 않는 일입니다.

자유를 잃는다는 것은 외부적인 요인, 즉 타인의 힘과 영향에 의해 빼앗기는 경우와 스스로 자유를 포기하는 경우 두 가지를 모두 의미합니다. 현대인이 갈망하는 '자유'라는 것에 대한 의미를 살펴보겠습니다.

자유! 이 얼마나 아름다운 단어인가요? 국민 모두가 자유로운 가운데 평화와 행복을 누리는 나라, 그런 아름다운 대한민국이 바로 우리가 만들어가야 하는 나라입니다.

백 년 전 그런 나라를 꿈꾸며 안중근 의사는 하얼빈에서 이토 히로부미를 저격했습니다. 나의 자유 의지에 따라 당당하게 실행한 일이며, 총과 칼의 힘을 앞세워 이웃 나라를 침범하는 상대국 우두머리에게 국가의 군인으로서 당연히 할 수 있는 일이라 밝히셨습니다. 그리고 죽음을 맞이하였습니다.

일제 통치 아래에서 36년간 자유를 잃고 노예처럼 살아온 기억을 잊을 수 없습니다. 지금도 김일성 정권 세습 체제 아래에서 자유를 잃고 사는 북한 동포를 잊을 수 없습니다. 나라가 분리되어 스스로 다스릴 능력을 잃어버린 채, 형제들이 서로 총칼을 겨누고 벌인 전쟁으로 3백만 명 이상이 죽거나 다친 6·25를 잊을 수 없습니다.

정작 두려워해야 하는 것은 우리 스스로 그런 뼈아픈 과거의 역사적 사실을 잃어버리는 일입니다. 그것마저도 나의 자유라고 주장한다면 곤란합니다. 그런 시대를 경험하지 못한 우리가 그 일에 대해 얼마나 뼈저린 아픔이 있었는지 이야기하는 것은 그저 과거에 대한 언어의 전달일 뿐입니다. 내가 몸으로 체험한 경험이 아니기 때문에 느낌과 감정을 정확히 알고 있다고 할 수 없습니다. 진정성 있는 대화의 언어를 나누기 힘든 이유는, 들은 이야기라는 사실 때문입니다. 그런 이야기를 나누는 일을 과장과 허식으로 여기고, 때로는 미온하고 안이한 방식으로 다루기 쉽습니다. 그런 상황에서 나의 주장만 옳다고 우기는 일은 상대방의 자유 의지를 무시하고 상대의 마음까지 내가 강제하려는 욕심이 앞서기 때문입니다. 타인 생각의 자유를 침범하고자 하는 마음이 나의 생각 저변에 자리하기 때문입니다. 내가 누군가의 자유를 침범하고 강제하려 한다는 관점에서 보면 일본 사람들이 제국주의 사상에 휩쓸려 이웃 나라의 자유를 침범한 모양새와 다를 바 없습니다.

그러면 무엇이 문제일까요? 어떻게 해야 할까요? 자유에 대해 어떻게 이해하고, 어떻게 행동하는 것이 좋을까요?

자유라는 것에 대한 의미를 명확히 새겨볼 필요가 있습니다. 자유에 대해 올바른 이해와 확고한 철학이 부족하기 때문에 발생하는 우울한 일들이 너무 많습니다. 자유에 대한 인식을 명확히 하는 일은 소수 지도자나 학계를 이끌어가는 학자들만의 일이 아닙니다. 우리 모두가 살피고 나누어야 할 인식입니다.

자유(自由)! 스스로 말미암다! 스스로부터 생겨난다! 한자에 어느 정도 익숙하신 분은 쉽게 관념적으로 연결하여 이해하실 것입니다. 굳이 한자를 모르더라도 너무나도 많이 사용하는 단어이기 때문에 "자유라는 것에 대해 들어보지 못했는데, 무슨 뜻이지요?"라고 묻는 사람은 없을 것입니다. 하지만, 정작 "무슨 뜻입니까? 무엇을 의미하는 것입니까? 명확히 설명해주십시오"라고 요구하는 경우 머뭇거리게 됩니다.

정치인들이 자유라는 단어를 쉽게, 그리고 자주 활용하지만 정작 그 의미를 알고 사용하는지 의문이 들 때가 많습니다. 학계에서도 서구의 역사 및 철학과 연결하여 장황하게 자유를 풀이하지만 정작 남의 나라, 남의 철학과 역사 이야기에만 열중하고 집착합니다. 안타까운 일입니다.

chatGPT(3.5/4/0)에 물어보면 어떤 답이 나올지 궁금하네요. 우리는 자유(自由)라는 단어를 언제부터 어떤 의미로 사용했을까요? 필자도 정확히 언제부터인지는 모릅니다.

다만 인터넷을 열고 우남 위키피디아에서 '자유'라는 단어의 의미에 대해 살펴보면 신라시대 말기 최치원의 『계원필경』 문집에 나오는 시 구절 가운데 자유(自由)라는 글자가 등장한다고 설명합니다. '出沒自由塵外境(출몰자유진외경)'이란 구절인데, '땅이란 경계로부터 (날아올라) 출몰하니'라는 의미입니다. 여기서는 공교롭게도 自由라는 글자가 연속되어 표현되어 있지만 自는 '~로부터'라는 의미로 사용되고 있으며, 由는 뒤에 나오는 진흙(땅)이 이루는 경계로 '말미암아', 즉 (기러기가) 육지로부터 날아오른다는 표현에 해당합니다.

고대부터 자(自)라는 글자는 물리적인 글자, 장소 앞에서 사용되

유불도 동양 3대 철학에 대한 이해

어 '~로부터'라는 의미로 사용되었습니다. 유(由)라는 글자는 밭(田)에서 싹이 움이 트는 것처럼 '~로부터 시작됨', '~의 원인이 됨'이라는 의미로 주로 사용되었습니다. 어떤 한계와 경계를 벗어나는 모습을 설명하는 글자에 해당합니다.

자(自)라는 글자는 '스스로'라는 의미로도 사용됩니다. 인간에게 활용되는 경우 스스로에 의해 시작된다는 의미로 사용됩니다. '인간 스스로의 마음에 따르는 것'이라는 의미입니다.

우남 위키피디아에 기재된 예문을 통해 조금 더 설명하겠습니다. 중국 불교 선종의 창시자 육조 혜능의 어록『육조단경』에 '자유(自由)'가 포함된 구절이 나옵니다.

即是見性, 內外不住來去自由, 能除執心通達無礙. 心修此
즉 시 견 성　　내 외 불 왕 래 거 자 유　　능 제 집 심 통 달 무 애　　심 수 차

行, 即與般若波羅蜜經本無差別
행　　즉 여 반 야 바 라 밀 경 본 무 차 별

이에, 속성을 살펴보면, (마음이) 안과 밖으로 들락날락 오고 가지 않아 자유로우니(스스로 말미암으니), 능히 집착의 마음을 버리고 통달하여 거리낌이 없게 된다. 마음을 수련하고 이것으로 행하면, 즉 '반야바라밀경'과 근본적으로 차별이 없다(같다).

혜능 선사가 참선에 대해 설명한 글로, 반야심경(般若心經)의 핵심을 설명하고 있는 구절입니다. 불가(佛家) 철학의 핵심은 스스로의 마음이 치우치지 않고 어떤 것에 의해 좌지우지되지 않는 상태,

자유(自由)를 의미합니다. 세상을 올바르게 이해하기 위해 나를 바라보고 나의 마음으로부터 스스로 깨닫는 방법, 그것이 참선입니다. 반야심경(般若心經) 참선 수행을 통해 궁극적으로 다다르는 경지는 열반(涅槃), 해탈이라는 상태입니다. 완전한 자유(自由)의 상태, 열반(涅槃)이 의미하는 바에 해당합니다.

우리는 삶 속에서 자유를 갈망합니다. 하지만 얽히고설켜 있는 삶의 복잡성으로 인해 고통(苦)과 번뇌에서 벗어나 완전한 자유를 얻는 일은 보통 사람에게 거의 불가능에 가깝습니다. 우리는 모두 보통의 인간이기 때문에 그렇습니다. 생노병사(生老病死)와 같은 신체적 한계에서 오는 고통, 사람과 사람 사이의 관계에서 오는 갈등, 나를 둘러싼 사회와 물질, 환경적 관계의 불협화음이 만들어내는 일체의 소음에 대해 시끄럽고 불편하다고 여기기 때문에 우리는 괴로워합니다. 그 모든 소음을 자연스럽게 받아들이고 이해한다면 자유를 얻었다고 할 수 있겠지요.

동북아 한자 문화권에서는 약 2천 년 전부터 자유라는 단어와 의미가 전해오고 있었습니다. 서양의 근대 자유민주주의 역사와 의미를 운운하며 자유에 대해 장황하게 논할 이유가 없습니다. 서양에서도 자유(free)라는 단어와 의미는 성경에 자주 등장합니다. 자유민주주의라는 정치 체계에 큰 의미를 두는 것은 정치학적인 관점에 비중을 두는 시각입니다.

근대 이후 2~3백 년간 과학과 기술의 빠른 발전과 지식의 축적, 정치적 변화를 이룬 서양 문화에 기대고 의존하고 있기 때문에 우리를 형성하는 생각의 틀인 철학도 이에 의존하고 끌려가는 모습입니다. 안타까운 일입니다.

자유에 대해 논하라고 하면, 서양 정치 사조와 근현대 역사에서 보이는 사회 계층적 변화를 주로 언급하기 쉽습니다. 자유라는 글자와 의미 사용의 시작점에 대해 정확히 모르면서 일본이 개화기에 서양 문물을 받아들이면서 정착되었다고 주장하는 학자들도 있습니다. 내 것을 모르고 연구하려 하지 않으며 남에게 의존하려는 생각이 지배적인 모습입니다. 의존과 종속에 기반한 행위는 스스로 자유를 버리는 일에 해당합니다. 우리의 사회적 리더와 지식인들이 그런 일에 치중하고 있다면 말려야 합니다. 바로잡아야 합니다.

필자는 자유라는 단어 사용의 시작을 고증하려는 것은 아닙니다. 최치원의 문집과 육조 혜능의 글보다 더 오래된 기록을 찾을 가능성은 충분히 있습니다. 편의상 우남 위키피디아의 글을 활용하여 설명하였으며, 그런 고증은 해당 주제를 연구하는 학자에게 맡기겠습니다.

반야심경(般若心經)을 통해 자유라는 것의 의미를 설명했지만, 동양 철학의 불가(佛家)에서 자유(自由)라는 개념이 시작된 것은 아닙니다. 자유(自由)의 의미에 대한 더 근원적인 철학적 기술은 2,500년 전 노자(老子) 도덕경(道德經)에서 찾아볼 수 있습니다. 자유(自由)를 인간에게 적용하여 표현하는 경우 '자유 의지'라는 의미에 해당하지만, 자유를 우주 만물에 적용하여 표현할 때에는 '자연(自然)'이라는 글자가 사용됩니다. 즉, 자연(自然)은 자유라는 개념을 만물에 포괄적으로 적용하여 설명한 단어입니다. 온 세상의 만물은 스스로의 속성과 방식에 따라 틀을 이루고 어우러져 있다는 철학적 의미입니다. 자연(自然), 자유(自由)의 반대되는 언어는 '강제하다, 구속하다, 제한하다, 영향을 주다, 인위적으로 ~하다'입니다.

그만큼 노자(老子) 철학은 타인의 자유를 침해하는 것을 경계하고 있다는 것을 뜻합니다. 그래서 강제하지 않는 일(無爲), 타인의 자유 침해를 경계하라는 교훈의 글을 많이 실었습니다.

노자(老子) 도덕경(道德經) 5장에서는 자유(自由)라는 글자가 활용되고 있지 않지만, 자유(自由)라는 것의 의미와 사상을 담고 있습니다. 인간이 살아가는 사회는 계층 구조를 이루고, 힘에 의해 지배된다는 사회 구조적 측면을 배경으로 설명하고 있습니다. 힘과 권력을 가진 사람의 명령에 의해 아래 계층 사람들은 일을 합니다. 그런 가운데 인간이 삶을 살아가고 일하는 과정에서 가장 중요한 것은 자신 스스로의 마음 중심을 잃지 않는 것(不若守於中)이라고 설명하고 있습니다. 불가의 육조 혜능이 언급한 대로 좌지우지되지 않는 마음, 자신 스스로의 내면으로부터 그 마음을 깨닫고 일을 수행하는 것과 본질적으로 같은 맥락입니다.

노자(老子)는 도덕경(道德經) 25장에서 '만물은 독립적이고, 각각의 자유, 자연 모습에 따라 움직이며 변해간다'라고 설명합니다. 인간 역시 독립적인 존재입니다. 즉, 자연의 일부이며 자유롭고 독립적인 존재입니다. 그런 자유롭고 독립적인 존재가 사회를 이루어 서로 협동하고 협업하는 체계를 만들어 살아갑니다. 그 과정에서 아주 복잡한 관계를 형성하며 개개인의 자유 의지는 욕심과 어우러져 온갖 관계의 갈등과 대립을 일으키기 마련입니다.

갈등과 대립의 상황에서 사람마다 다른 방식의 해결을 시도합니다. 대화와 타협이라는 소통의 방식을 사용하기도 하고, 양보와 겸양, 공경, 같이 살아가는 마음, 함께하는 마음, 질서를 기반으로 한 효율성 추구 등의 선량(善良)한 도구를 사용하기도 합니다. 하지만 어떤 사람들은 더 좋은 것, 더 강한 것, 더 힘센 것 기준으로 세상을 분류하고 차별화하며 강제하는 방식의 도구를 더 선호합니다. 힘을 기반으로 한 방식이 타인을 강제하고 제압하는 일이 쉽고 효과적이라고 여기기 때문입니다. 자유 의지에 따라 선량한 도구 활용을 선호하는 사회와 대조적으로 힘을 내세우고 힘에 의지하는 사회 분위기는 현저히 다른 모습을 보입니다.

현재 우리가 살고 있는 '자유민주주의' 체제 앞에는 생략된 구절이 있습니다. '자본이 지배하는 시장 경제에 따르는' 자유민주주의 체계입니다. 자본의 힘에 의해 좌지우지되며, 시장 경제에 따른 무한 경쟁 체계입니다. 가장 밑바탕에 힘이라는 요소가 숨어 있습니다. 즉, 우리는 권력과 자본의 힘에 의존하는 세상 속에서 살고 있습니다.

그렇기 때문에 군사력과 경제력을 가진 국가, 큰 구매력과 시장을 가진 국가, 자원을 가진 국가가 세계 무대에서 힘을 내세우고 큰 목소리를 낼 수 있습니다. 그것이 현실이고 사실입니다. 힘이 부족한 상황에서 어떤 일이 벌어졌는지 우리 할아버지, 할머니 세대가 백 년 전에 경험했습니다. 그리고 동서 강대국 간 힘겨루기 과정에서 1950년 6월 25일 형제끼리 총부리를 겨누고 전쟁을 치렀던 비극적 사실이 존재합니다.

그럼에도 불구하고 현시대 정치인들은 자신과 자신 집단의 이익과 권력 유지를 위해서만 노력합니다. 자신의 이익을 위해 온갖 부정을 저지르고도 버젓이 우리 사회에서 중추로 서 있습니다. 힘이 관건이고, 힘에 의해 지배되는 나라로 바뀌어가고 있습니다.

국민과 타인의 자유를 존중하지 않고 힘을 이용하기 바쁩니다. 부정을 저지른 자에게 관대한 사회는 국민 스스로 자유를 포기하고 굴종하는 일과 같습니다. 힘에 굴복하고 그에 따르는 노예적 근성이 늘어가는 것을 의미합니다. 몇 푼 안 되는 선심성 공약과 복지 행정에 자신을 팔고 의존하다 보면 스스로 설 수 있는 힘이 약해집니다. 불의와 부정을 저지르는 사람들을 앞에 내세우는 일을 반복하다 보면 결국 나의 자유를 잃어버리게 됩니다.

자신의 자유를 올바로 인식하는 사람은 타인의 자유 또한 침해하지 않습니다. 힘이 지배하는 세상에서는 자신도 힘의 논리에 의해 침해당할 수 있기 때문입니다. 동물의 세계와 같은 약육강식의 논리가 지배하는 세상이 그렇습니다. 동물 세계의 구도를 따라서 사회를 이끌어가는 일은 문명 사회를 원시로 이끄는 일과 같습니다. 강자는 군림하고, 약자는 벌벌 떨며 숨죽여 살아야 하는 모습의 사회입니다.

어떤 사회가 아름다운 것인지, 올바른 윤리를 갖춘 사회인지 인식하지 못하기 때문에 그런 일이 발생합니다. 지식과 학식을 갖추었다 하더라도 욕심이 눈을 가려 구분하지 못하는 경우가 허다합니다. 스스로 의지에 의해 행동하지 못하고 물질이나 권력에 종속되어 마음이 욕심에 끌려가기 때문입니다.

백 년 전 이웃한 섬나라 제국주의자들이 동북아를 전쟁터로 몰고 갔던 일이 힘에 의존하여 타국을 침해한 것이 아니라고 주장하는 사람은 많지 않을 것입니다. 타인과 타국의 자유를 강제하려는 욕심이 강해지면 강해질수록 힘이라는 수단에 의존하려는 마음이 증가합니다. 자신 국가와 자신의 이익만 채우려는 사람들이 늘어나게 됩니다. 그런 국가는 아름답게 국민 모두가 행복을 나누는 사회와 거리가 멀어집니다. 윤리적, 도덕적으로 위기를 맞고 있다고 볼 수 있습니다. 국가의 자유 의지가 양심과 반대되는 방향으로 퇴행하기 때문입니다.

안타까운 사실이지만 현재 우리는 다른 나라에 의존하려는 경향이 증가하고 있습니다. 스스로 자주성을 약화시키고, 스스로의 자유(自由)를 포기하는 일에 해당합니다. 독립된 국가로서 당당한 모습을 회복하려는 노력이나 시도보다 기대고 의존하려는 모습이 더 자주 보입니다. 과연 우리가 필사적으로 의존해야 하는 것들이 무엇일까요? 정부 관계자가 공개적으로 '첨단 기술과 화학 물질, 기초 소자를 얻기 위해서는 이웃 나라를 찾아가야 하고 의지해야 한다'라고 말하는 것을 들을 때에는 가슴이 아파옵니다. 백 년 전 선조의 무능함을 탓하기 이전에 현시대 우리의 무능함이 무엇인지 먼저 살펴볼 일입니다.

자유라는 속성에는 구속, 제한, 영향이라는 속성이 동시에 따라옵니다. 우리가 분리해서 다른 용어로 인식하고 이야기할 뿐, 같은 의미로 이해할 수 있습니다. 자유가 적은 상황과 자유가 많은 상황으로 구분하여 이해할 수 있습니다. 즉, 자유도가 높고 낮음은 영향도가 높은 상황과 낮은 상황으로 설명할 수 있습니다.

현시대의 인류 사회에서는 2천 년 전보다 국가 간 거리가 훨씬 더 좁혀졌고, 반면 영향도는 커졌습니다. 이에 따라 자유도가 낮아졌습니다. 전체 인류가 밀접하게 연결되어 서로에게 영향을 미칩니다. 마치 지구라는 작은 배를 같이 타고 있는 것과 같습니다. 전 지구인이 환경 오염과 지구 온난화에 따른 기상 이변을 걱정합니다. 우주로 날아가 외톨이가 되지 않는 한 그 어느 누구도 지구로부터 자유로울 수 없습니다. 지구와 물리적으로 동떨어져 무한한 자유를 가질 수 있는 능력이 없기 때문입니다.

자유는 목적도 수단도 아닙니다. 세상을 이해하는 하나의 수단과 방식에 불과합니다. 자유민주주의 자체가 어떤 목적인 양 호도하는 일도, 개인의 자유와 권리를 보호하는 것이 최대의 목표인 양 강조하는 일도 목적과 방식을 혼동하는 일에 해당합니다. 자유민주주의를 강조해서 무엇을 하려는 것일까요? 개인의 자유와 권리를 강조해서 무엇을 얻으려는 것일까요? 그것을 수단으로 활용해서 정치적 이익을 얻으려는 목적이 아니었으면 좋겠습니다.

우리가 희망하는 궁극적인 목표와 방향은 서두에서 언급한 바와 같이 '국민 대다수가 아름답고 행복하게 삶을 영위하는 일'입니다. 그 과정에서 자유라는 관점에서 선량(善良)한 도구인 양보, 질서, 겸양, 공경, 공동체 의식 등을 올바르게 활용하며 서로 간의 관계를 평화롭게 유지하고 도와가며 살아가는 일이 최선이라고 생각합니다. 그런 철학이 필요한 시대입니다.

사람이 어울려 따듯함(溫)을 만들고, 선량(良)한 방식으로 사회를 이루며, 공(恭)경하고, 자원을 소중히 여겨 아끼고(儉), 효율적(儉)으로 활용하며, 양심을 바탕으로 서로 돕고 양(讓)보하는 덕(德)을 이루는 사회가 우리 스스로 만들어가는 아름다운 사회에 해당합니다.

자유(自由)의 의미를 올바로 이해하고, 대한민국의 모든 사람들이 그런 모습을 가꾸어나가는 일에 동참하기를 기대합니다. 더 나아가 그런 아름다운 모습이 인류의 모범이 되어 전 세계 모두가 이처럼 아름다운 삶을 누리는 행복한 인류가 되길 소망합니다.

이는 지금으로부터 75년 전 김구 선생께서 말씀하신, "첫째 소원, 자주 독립국가를 이룬 후, 둘째, 전 세계가 진정한 평화와 복락을 누릴 사상을 만들어 그것을 먼저 우리나라에 실현하는 일"에 해당함을 강조드립니다.

4. 자율주행 딜레마

　2023년 현재 자율주행차와 관련하여 여러 가지 해결하기 어려운 문제점들이 있습니다. 그중에 가장 널리 알려진 문제는, 빠른 속도로 주행 중 갑자기 보행자를 발견한 경우에 대한 상황 판단과 선택의 문제입니다. '트롤리 딜레마'로 잘 알려진 이 난제는 핸들을 틀어서 보행자를 보호하고 차에 타고 있는 승객의 희생을 감수할 것인지, 아니면 보행자를 희생하더라도 차에 타고 있는 사람을 보호할 것인지에 대한 선택을 요구합니다.

　보행자 대신 아기가 실려 있는 유모차를 본 경우에는 어떻게 할 것인가? 아기가 실려 있는지 아닌지 명확하지 않은 경우에 어떻게 할 것인가? 위의 질문에 대해 상황 설정을 바꾸어 다시 묻는 것도 가능합니다. 하지만 그 맥락은 '어떤 가치를 더 중요하게 여길 것인가?'라는 점에 귀결됩니다.

　고등학교 윤리 과정에서도 이 소재를 현대 사회에 나타나는 대표적 윤리 문제로 다루고 있습니다. 과연 어떤 판단이 더 좋은 선택일까요? 어떤 선택이 윤리적 관점에서 올바른 방향일까요? 아무도 "이것이 더 좋은 답이다"라고 선뜻 주장하기는 어렵습니다. 그렇다면 학생들에게 무엇을 가르쳐주고 싶은 것일까요? 윤리적 문제를 제시하고, 그 문제에 대해 어떤 해답을 구해가는 방법을 학생들에게 알려주고 싶었던 것일까요? 필자가 읽어본 고교 윤리 교과서에서는 방향성을 찾기 어려웠습니다.

위의 질문은 윤리적 선택의 문제라기보다 어느 것에 더 가치를 둘 것인가를 묻는 질문에 해당합니다. 자율주행이 아닌 경우에도 얼마든지 유사한 선택의 상황은 발생할 수 있습니다. 그런 상황에서 무엇을 더 가치 있게 여길 것인지 묻는 질문입니다. 배를 타고 가다 바다에 빠졌을 때 2명 모두를 구할 수 없는 상황에서 누구를 구할 것인가? 낭떠러지에 떨어지는 절박한 순간 나뭇가지를 잡고 있는 상황에서 2명 모두 버틸 수 없을 때 어떤 선택을 할 것인가? 선택의 순간에 자신과 타인의 가치를 어떻게 비교하고 판단하며 다룰 것인가의 문제에 해당합니다.

인간의 가치는 비교 대상이 아니며, 비교 불가능하기 때문에 자율주행차에 내장되어 있는 프로그램에게 선택할 권리와 능력을 부여하는 일은 윤리적이라 할 수 없습니다. 그럼에도 불구하고 이런 문제를 쟁점화하는 이유는 자율주행차에 그런 권리 부여를 시도하기 때문입니다.

만약 위 문제를 윤리 철학이라는 과목에서 다룬다면, 철학적 관점에서 위의 질문을 바라보는 올바른 방법론을 구하는 과정을 도출하기 위한 목적으로 과제화하는 일이 가능합니다. 인간의 가치를 어떻게 비교할 것인가에 대한 주제는 고대부터 근대까지 이어져오는 열띤 토론 주제에 해당합니다.

함무라비 법전에 나오는 여자와 노예의 가치에 대한 평가는 어땠나요? 산업혁명 시대 자본가가 바라본 노동자의 가치는 어땠나요? 역사적 관점에서 인간 가치에 대한 평가 오류 요인에는 인간의 가치를 물질과 같은 수준으로 낮추어 평가하고 비교한다는 점에 있습니다.

현대 사회에서는 이미 인간의 가치를 평등하고 비교할 수 없는 소중한 가치로 다루고 있습니다. 그래서 윤리적 관점에서 여자, 노예, 아기, 보행자, 차 안의 사람 중 누가 더 소중한지 비교할 수 없습니다. 가치 비교에 초점을 맞추어 생각하다 보면 인간의 가치를 비교하는 어리석음을 벌이기 쉽습니다.

트롤리 딜레마 문제에서 초점을 맞추어야 하는 것은 인간의 가치를 비교하고 선택하는 일이 아닙니다. '빠른 속도'와 '갑자기'라는 조건을 만들고 있는 요인에 대해 분석하고 그것을 해결하는 것이 바람직한 일입니다. 자동차가 빠른 속도로 달리는 것은 필요하고 자연스러운 일이기 때문에 '빠른 속도'라는 것에 대한 설명은 뒤로 넘기고, '갑자기'라는 조건의 의미를 먼저 살펴보겠습니다.

'갑자기'라는 단어에는 인식이라는 과정이 포함되어 있습니다. 인간이 운전하는 중에 갑자기 발생하는 상황에 대해서는 운전자 판단에 맡기는 것이 관례입니다. 다른 방법이 없기 때문에, 사회가 지니는 암묵적 합의에 해당합니다. 하지만 '갑자기'라는 상황이 운전자가 스마트폰을 보는 가운데에서 발생한다면 그것은 운전자의 과실이라고 여깁니다. 그런 상황을 유발하지 않도록 운전 중에는 스마트폰을 보거나, 담배를 피우거나, 음식물을 섭취하는 등의 일을 하지 않도록 법으로 규정하고 있습니다.

자율주행 자동차의 경우 차가 스마트폰을 보거나 담배를 피우는 일은 없을 것입니다. 물리적인 기계적 장치와 도구에 의존하여 교통 상황을 포함한 외부 정보를 받아들이기 때문에 인간의 인식 방식, 절차, 능력과는 현저하게 다릅니다. 10년 전의 라이다 기술은 현재의 기술과 비교할 수 없을 정도로 미약했지만, 현재의 기술력은 부주의한 인간의 교통 상황 인식 능력을 훨씬 능가하는 수준입니다.

하지만 엄청나게 빠른 속도로 발전하는 기계의 물리적 인식 능력에도 불구하고 갑자기 발생하는 예외 상황은 지금도 발생할 수 있고, 발생하고 있습니다. 2019년 테슬라의 모델S 자동차는 트랙터를 제대로 인식하지 못하고 고속도로에서 충돌하여 운전자가 사망하였고, 2020년에는 도로의 끝에서 이를 제대로 인식하지 못하고 벽에 정면충돌하여 운전자가 사망하는 사고가 발생하여 소송이 진행되었습니다. 이런 사고는 인간이라면 실수할 가능성이 거의 없는 경우에 해당합니다. 빛의 반사에서 만들어지는 특수 조건에 대한 물리적 인식 기술의 부족으로 발생한 사고에 해당합니다.

앞서 살펴본 반야심경(般若心經)의 오온(五蘊) 방법론을 사용해 자율주행차에 대해 살펴보겠습니다. '갑자기' 외부로부터 정보를 받아들이는 인식의 과정은 오온(五蘊) 중 받아들임(受)의 영역에 해당합니다. 인간은 시각, 청각, 촉각, 후각, 미각의 다섯 가지 감각에 의해 외부 정보를 인식합니다. 자동차를 타고 고속으로 주행할 때는 거의 대부분을 시각에 의존한다고 볼 수 있습니다.

하지만 '갑자기'라는 상황 유발에 영향을 미치는 요인은 수(受)의 영역에만 관계가 있다고 할 수는 없습니다. 운전 과정을 살펴보면, 지속적으로 차선을 유지하며 차와 교통의 흐름을 유추해 상황을 인식합니다. 먼 거리와 가까운 거리에서 발생하는 여러 상황과 자동차가 달리는 속도에 비례하여 고속으로 장면을 연상하고 결부 짓는 상(想)이라는 도구가 활용됩니다. 또한 이전에 같은 도로를 주행했던 경험과 유사한 도로에서 발생할 수 있는 잠재된 기억과 지식

(識)의 영역이 시각 시스템을 통해 외부로부터 인식되는 장면과 통합적으로 어우러져 운전 행위에 영향을 줍니다. 이런 일련의 작용이 무의식적으로 운전 행위에 연계되어 차는 달리고 있습니다.

이런 인간의 운전과 자율주행 프로그램이 제어하는 운전을 비교의 관점에서 생각해본다면 현재의 자율주행차 수준은 아직 안전 문제에 있어서 인간의 권리를 자율주행 시스템에게 부여할 만큼 발전되어 있지 않습니다.

테슬라의 CEO 일론 머스크는 2017년 이후 매년 "내년에는 완전 자율주행이 가능할 것이다"라고 공공연하게 언급하고 있지만 현실은 그렇게 쉽지 않습니다. 오히려 3, 4단계 자율주행을 믿고 운전을 시스템에 맡긴 채 주행하다 사고로 이어지는 경우가 더 많아지는 듯합니다. 그럴 때마다 필요한 경우 인간이 즉시 운전대를 잡아야 한다는 권고를 강조합니다.

아직 실현이 한참 부족한 자율주행의 모습을 환상적인 마케팅 기법으로 그려내고 있습니다. 이를 통해 제조사는 고가의 자율주행 소프트웨어를 패키지로 판매하고, 환상이 실린 홍보 전략을 통해 주식 시장에서 미래 가치에 기반한 천문학적 수입을 올리고 있습니다.

기술적으로는 자율주행차에 고가의 라이더를 여러 개 병렬로 장착하여 인식 장치를 보완하고 고가의 최적화된 소프트웨어를 탑재한 차량이 안전하게 자율주행을 하는 것은 현 수준에서도 가능할 수 있습니다. 그러나 일반 소비자 판매용 차량에 그렇게 고가의 장비를 모두 장착하는 일은 원가와 이익의 관점에서 수지가 맞지 않습니다. 기업은 원가와 이익을 제일 먼저 고려하도록 설계된 집단입니다. 결국 기술적 가능성보다 경제성이 항상 문제의 핵심 위치에 자리합니다.

저가의 인식 장치와 소프트웨어, 하드웨어를 탑재한 자율주행차는 '갑자기'라는 문제에 대해 충분한 안정성을 발휘하기 어려운 상황입니다. 트롤리 딜레마 문제는 결국 가치 선택과 기술적 가능성 문제가 아니라 시장 경제에서 이루어지는 가격 형성 관점에서 싼 부품과 장비를 탑재한 상용차의 탐지 능력 한계의 문제라고 볼 수 있습니다. 언제 발생할지 모르는 우연한 돌발 상황을 무시한 채, 값싼 하드웨어와 소프트웨어를 탑재한 자율주행차에게 우리의 목숨을 맡기는 일에 해당합니다.

그렇기 때문에 공유 택시의 선두주자 우버(社)는 자율주행택시 사업을 거두었습니다. 서비스의 안정성을 보장하는 체계 구축 비용을 고려할 때, '갑작스러운' 사고 발생과 그것으로 인한 사회적 책임과 소송 비용의 리스크가 더 크다고 여기기 때문이었습니다. 아직 넘기에는 너무 높은 허들이라는 판단입니다. 넘는 과정에서 발생하는 리스크 상황은 회피하는 것이 유리하다는 의미이기도 합니다.

인간의 최대 장점은 넘기 어려운 허들도 과학과 기술을 동원하여 쉽게 넘을 수 있는 방법을 연구하고 개발하여 어떤 방식으로든 해결한다는 점에 있습니다. 2023년 2월 14일 아마존(社)은 샌프란시스코의 일반 도로에서 운전대가 없는 자율주행택시(robotaxi)를 시범 운영하였다고 대대적으로 홍보했습니다. 비록 약 50㎞/h(35MPH)이하 속도로 제한된 구역에서 시범 운영한다는 전제로 허가를 얻어 시험 주행한 사항이지만, 이는 아마존(社) 물류 창고 내에서 학습된 로봇 물류 이동체의 소프트웨어적 기술력 축적과 경험의 자신감이라 할 수 있습니다.

오온(五蘊) 관점에서 수(受) 과정에 해당하는 인식 장치의 성능과 더불어 기존 학습을 통해 저장된 정보(識)를 바탕으로 자율주행 과정을 제어(想)할 수 있다는 자신감을 의미합니다. 트롤리 딜레마 문제에서 '갑자기' 상황이 발생하는 것을 미리 인식하고 예방하기 위해서는 인식(受) 과정을 통해 들어오는 정보와 기존 자율주행차 객체 내부에 있는 정보(識)가 어우러진, 통합적 제어가 가능하다는 판단입니다. 이를 통해 안전성에 대한 신뢰도가 확보되었다고 확신하기 때문에 시범 운행과 서비스 상용화를 도전하고 있습니다. '자율주행 기능이 탑재되어 있기는 하지만 전방을 주시하고 긴급 시 운전대를 잡고 대응하는 것은 운행자의 책임입니다'라는 문구로 모든 책임을 사용자에게 넘기는 것과 아마존의 서비스는 차원이 다릅니다.

인간을 태우고 운반하는 이동체의 핵심적 속성에는 안전성 보장에 대한 신뢰가 자리하고 있습니다. 이런 속성에 대한 설명은 2,500년전 공자의 논어 14장 33구절에 언급된 사항에서도 엿볼 수 있습니다.

子曰: "驥不稱其力, 稱其德也."
자왈　기불칭기력　칭기덕야

공자께서 말씀하시길, "(하루 천 리를 달릴 수 있는) 천리마(驥)는 그 힘(力), 능력을 일컫는 호칭이 아니라, 그 덕(德)을 일컫는 호칭이다."

즉, 인간을 실어 나르는 이동체는 그 힘을 의미하는 속력보다 인간을 먼 거리까지 안전하게 이동시켜주는 쓰임에 더 큰 의의가 있습니다. 그 쓰임은 지속 가능하며 믿음과 신뢰가 기반을 이루어야 합니다. '빠른 속력'이 의미를 지니는 것은 그런 믿음과 신뢰가 전제된 이후의 일입니다.

우리가 자율주행차를 개발하고 발전시키는 일에 열광하는 이유 또한 그 과정에서 차선 이탈 방지 기술, 전방 추돌 방지 기술, 급작스러운 차선 변경 방지 기술, 긴급 급정거 기술, 차선 중심 유지 기술, 적응형 크루즈(순항) 기술, 교통혼잡도 정보 제공 등 다양한 편의성과 안전에 대한 신뢰성이 개선되고 발전하고 있기 때문입니다.

부처의 오온(五蘊) 관점에서 세상과 사물을 살펴보는 방법론은 하나의 객체를 다루는 과정에서 상당히 효율적인 방법입니다. 하지만, 하나의 객체를 확장하여 수많은 객체가 군집을 이루는 경우 응용하기가 쉽지 않습니다. 사회적 문제를 바라보는 시각은 다른 관점에서도 이해가 필요합니다. 공자가 천리마에 대해 언급한 쓰임인 덕(德)을 한 개인이나 기업의 이익이 아니라 사회적 관점으로 확장하여 바라보는 일입니다.

공자는 천리마(驥)에 대한 설명을 14장에서 다루고 있습니다. 14장의 큰 주제는 검(儉)에 해당합니다. 사회적 낭비를 최소화하고 공동의 이익을 추구하는 가운데 효율성을 극대화하는 방향에 해당합니다. 이때 항상 명심해야 할 사항은 그런 변화를 추구하는 가운데 세 번째 틀인 공(恭)이 전제되어야 한다는 점입니다. 공(共)동으로 같이 살아가는 사회를 이루는 마음(心)이 밑바탕에 자리해야 한다는 조건입니다.

유불도 동양 3대 철학에 대한 이해

그런 관점에서 자율주행차 문제를 살펴볼 필요가 있습니다. 자율주행이 일반화되면 운전을 통해 생업을 일구어가는 많은 사람들(미국 내에서만 약 5백만 명 이상)이 일자리를 잃을 수 있습니다. 기존 내연기관 자동차 산업은 몰락하게 됩니다. 내연기관에 비해 1/5로 줄어든 부품의 수는 그만큼 공정과 산업 전체를 축소시키는 요인이 될 수 있습니다. 자율주행에 따라 최적화된 경로로 최적의 주행을 이루는 이동체의 공유가 더욱 가속화되면서 차를 소유하는 사람은 현저하게 줄어들 것입니다. 이는 자동차와 연계된 산업 규모의 축소를 불러오고 산업 전반에 미치는 파장은 훨씬 더 커질 수 있습니다.

먼 거리를 운전하는 수고로움을 덜고, 차량 운행의 효율성을 향상시키고, 그에 따라 에너지 소모를 최소화하는 일은 지구를 깨끗하게 만들고 사회를 효율적인 방향으로 이끄는 긍정적 요인에 해당합니다. 하지만 전기를 사용한 동력을 활용하고 소프트웨어에 의해 모든 것이 제어되는 자율주행 전기차가 가져오는 부작용 또한 적지 않습니다.

깨끗한 에너지처럼 여겨지지만 전기를 생산하는 과정에서 발생되는 환경 문제는 간과할 수 없는 부분입니다. 아울러, 전기차 생산에 가장 핵심이 되는 배터리는 희소 광물과 금속으로 만들어지기 때문에 자원 전쟁이라는 새로운 갈등을 만들어내는 요인이 되고 있습니다. 현재는 그 심각성을 인식하지 못할 수도 있지만, 시간이 지날수록 폐기되는 배터리의 양은 늘어날 것이며, 이로 인해 오히려 더 심각한 산업 폐기물 문제가 유발될 수 있습니다.

가장 대응하기 어려운 사항은 자율주행차에 대한 해킹입니다.

보안 취약점을 이용한 안정성 침해는 큰 문제일 수 있습니다. 자동차의 각 장치들을 제어하기 위해 사용되는 소프트웨어 코드가 늘어나고 네트워크로 연결될수록 해킹 피해 가능성은 증가합니다. 구글 검색창에 '자동차 해킹(car hacking)'이라는 단어로 검색해보면 관련 동영상을 얼마든지 찾아볼 수 있습니다. 그 방법과 영향에 놀라지 않을 수 없습니다.

사이버 공격 이외에도 자율주행 체계에 대한 물리적 테러와 해킹은 더 용이합니다. 고속도로에서 주행 중인 자율주행 트럭 전방에 어린아이 인형으로 치장한 드론이 갑자기 나타난다면 어떤 일이 벌어질지는 뻔한 일입니다. 몇 달러 되지 않는 드론을 활용하여 무시무시한 테러를 자행하는 일이 쉽게 가능합니다.

자율주행 사업이 성공을 이루어 자율주행차에 의존하는 비율이 늘어날수록 새로운 취약점에 노출될 수 있는 확률도 증가합니다. 홍수, 폭설과 같은 갑작스러운 기상 악화 상황에 자율주행차는 속수무책일 가능성이 높습니다. 자율주행 체계만으로 이루어진 도시라면 그런 상황 발생 시 도시 교통 체계가 마비될 가능성이 높습니다. 태풍이나 지진과 같이 예기치 못하는 상황에서 예상되는 자율주행 체계의 무력함은 무시할 수 없습니다. 비정상적 예외의 사항에 대해서 안전을 보장하지 못한다면, 그 체계를 신뢰하는 일은 어렵습니다. 전기 자동차의 예기치 못한 충돌이나 사고의 상황에서 운전자가 차 안에 갇혀 탈출하지 못하고 사망하는 사고가 증가하고 있습니다. 이런 문제들을 살펴보면 안전에 대한 신뢰성의 의미를 강조하지 않을 수 없습니다. 빠른 변화에 따라 우리는 중요한 부분을 간과하고 지나가기 쉽습니다.

하지만 기술과 문명의 발전을 시간을 거슬러 후퇴시키는 일은 역사를 되돌아볼 때 찾아보기 어렵습니다. 기술과 문명은 항상 앞으로 나아가려는 성향을 지니고 있기 때문입니다. 우리가 잊지 않아야 할 것은 물질과 이익의 관점, 힘과 경쟁의 관점에서 세상을 바라보지 않는 현명함이 필요하다는 사실입니다. 이는 윤리와 철학이 제 역할을 다할 때 이루어질 수 있습니다. 그런 가운데 비로소 세상의 체계가 자율적으로 운행되는 아름다운 모습이 될 수 있습니다.

5. 터미네이터와 공자

    현대 사회에서 AI(인공지능) 기술은 놀라운 속도로 발전하고 있습니다. 하지만 사람들은 AI 기능을 탑재한 기계가 터미네이터로 변하는 일을 두려워합니다. 무한한 자가 학습 중에 예상치 못한 코드의 오류로 인간을 공격하는 터미네이터가 만들어질 수 있다고 상상하곤 합니다.

    물리학자 스티븐 호킹도 통제 불가능한 기계를 만드는 일에 대해 경고했습니다. 많은 논란이 끊이지 않고 있지만, 언젠가 영화 속의 터미네이터가 만들어지는 상황에 다다를 수 있다는 것에 대해서 많은 사람들이 동의합니다. 다만 그 시점이 언제 인지가 주요 관심 대상입니다.

    1949년 프로그램을 내장한 최초의 전자식 컴퓨터가 발명되었습니다. 그 이후 컴퓨터는 인간의 연산과 정보의 저장 능력을 대신하여 많은 분야에서 활용되며 발전을 거듭합니다. 그동안 인간 연산 능력과 기억 저장 능력의 수억 배에 이르는 슈퍼컴퓨터를 계속 만들어왔지만, 컴퓨터에 대해 두려움을 느낄 만큼 커다란 문제로 여기지는 않았습니다. 영화 속 터미네이터라는 가공된 이야기가 흥미를 이끄는 정도였습니다. 그러나 2016년 3월 AI 기술로 무장한 컴퓨터와 이세돌의 바둑 대결에서 알파고(AI)의 승리가 확정되자 사람들의 반응이 급격히 달라지기 시작합니다.

인간을 초월할 수 있다는 가능성과 함께 AI에 대한 두려움을 불러일으키기 충분했습니다. AI 기술은 IT 기업들에게 단순한 관심거리가 아니라, 생존의 사활을 건 기술 개발의 핵심 과제로 자리하게 됩니다. AI 기술은 하루가 다르게 발전하고 있으며, 분야를 넓혀 응용되며 점점 그 자리를 넓혀가고 있습니다. 학자들은 원숭이나 침팬지가 인간에게 패권을 넘겨주고, 삶의 터전을 빼앗겨 갈 곳 없는 신세가 된 모습을 다시 인간과 AI의 관계에 비유하곤 합니다. AI가 인간의 직업을 대신하고, 인간의 일자리를 빼앗아 가는 것에 대해 경고합니다. 그 변화의 속도에 비례하여 우리가 느끼는 두려움과 위협의 강도는 가파르게 증가하고 있습니다.

이처럼 빠른 변화 속에서, 범용 분야에서 인간의 능력을 초월하는 슈퍼인텔리전스(AI)의 창발 시점에 대한 질문에 관심이 집중되고 있습니다. 그리고 초월적 지능을 갖춘 AI에게 발생할 수 있는 코드의 오류, 터미네이터화 가능성이 최고의 관심사로 등장하고 있습니다. 이런 질문과 관심은 결국 2가지로 요약됩니다. 무한한 자가 학습을 통해 슈퍼인텔리전스(AI)의 탄생이 실제로 가능할까? 터미네이터로 변하기 이전에 인간은 AI 코드의 안전장치를 갖출 수는 없을까?

해답을 구하기 이전에 먼저 의문을 제기해야 할 사항이 있습니다. 왜 이런 질문을 하고 있는가? 이런 질문이 우리에게 어떤 의미를 제공하는가? 우리에게 어떤 도움을 주는가? 이런 사항을 살펴보는 일이 우선입니다. 우리가 찾고자 하는 해답의 열쇠가 여기에 숨겨져 있기 때문입니다.

우리는 통제 불가능한 힘에 대해 위협을 느끼고, 두려워하기 때문에 이런 질문을 합니다. 통제 불가능한 요인과 원인을 찾아 제어함으로써 위험을 회피하고 싶기 때문입니다. 언제 발생할지 모르는 불가항력적 사건에 대응하려는 시도는 인간의 지속성을 이어가기 위한 본능적 노력이자 몸부림입니다. 이런 문제에 대한 고민과 성찰은 인류의 미래를 실패의 방향이 아닌 바른길로 이끄는 활동에 해당합니다. 낭떠러지를 예측하여 안전한 길로 되돌아가는 일과 같으며, 험한 가시밭길을 피하여 우회로를 택하는 일과 같습니다.

⊛ 슈퍼인텔리전스의 창발

컴퓨터는 인간을 본떠서 만든 구조체입니다. 외부로부터 정보를 받아들이는 키보드, 마우스, 스캐너, 카메라, 마이크 등의 입력(受) 체계와 외부로 정보를 드러내는 화면(GUI), 프린터, 스피커 등의 출력(行) 체계를 통해 외부와 연결되며 소통을 이룹니다. 그리고 메모리 또는 하드디스크와 같은 정보 저장(識)장치, 정보를 처리(想)하는 연산장치(CPU/GPU), 우리가 눈으로 볼 수 있는 겉면(色)의 모습(케이스) 및 내부 부속물(色)에 해당하는 각종 보드, 전원장치, 연결선 등 5가지 영역으로 나뉘어 구성되어 있습니다.

컴퓨터의 기억장치 용량이 인간의 기억(識) 저장 능력을 넘어선 것은 이미 오래전 일입니다. 네트워크를 통해 수많은 컴퓨터로 확장 연결이 가능한 점을 고려할 때, 컴퓨터의 기억 능력은 무한 확

유불도 동양 3대 철학에 대한 이해

장이 가능합니다. 연산과 통계 및 논리를 처리하는, 프로세서(CPU/GPU)라는 고직접화된 칩(chip) 또한 인간 두뇌의 처리(想) 속도와는 비교가 되지 않을 정도로 빠릅니다.

인간의 뇌에서 처리하는 신호의 속도는 1㎑ 이하인 반면 개인이 활용하는 노트북의 속도가 2㎓를 넘어선 일이 벌써 수년 전입니다. 무어의 법칙에 따르면 그 발전의 속도는 2배씩 계속 빨라지고 있기 때문에 시간이 흐를수록 인간의 능력과는 더욱 비교가 되지 않습니다. 물론 860억 개의 뉴런이 시냅스라는 다차원적 연결 통로를 통해 병렬로 정보를 전달하여 기억하고 생각을 연결하는 인간의 뇌와 기계의 처리 방식은 현저히 다릅니다. 하지만 수많은 프로세스를 병렬로 연결하고 네트워크를 통해 연산하는 컴퓨터 능력은 인간에 비할 바가 아닙니다. 2023년 기준, 하드웨어적 관점에서 살펴보더라도 NVIDIA(社)의 DGX H100 GPU의 속도는 32petaflops(1초당 1,000조 번 연산)로 이미 인간 뇌의 처리 속도와는 비교가 되지 않습니다. 그런 칩 기술의 발달에 힘입어 AI에 대한 연구와 발전은 점점 더 가속화되고 있습니다.

스스로 학습하고 연산하며 논리를 생성하는 컴퓨터는 알파고 AI의 사례에서 증명했듯이 이미 특정 분야에서 인간의 능력을 넘어섰습니다. 이제 여러 분야를 융합하는 과정을 거듭한 AI 프로그램이 범용적 분야에서 인간을 능가할 수 있는 가능성이 제기되고 있습니다. 하지만 AI 프로그램에 오류가 발생하면 그 활용도에 비례하여 부작용이 발생할 가능성이 높아질 수 있습니다. 그런 가능성은 먼 미래의 일인 것처럼 여기지만, 시간 문제라고 할 수 있습니다. 기술 개발과 상업화에만 매진하는 경우 돈벌이 수단으로 이용하기 바빠서 부작용에 대한 준비가 뒷전으로 밀릴 가능성이 높습니다.

최근 10년마다 바뀌는 컴퓨터와 네트워크의 기술 변화를 살펴보면 그 발전 속도에 놀라지 않을 수 없습니다. 본격적 AI 개발 초기인 현재 모습과, 앞으로 10년 후 변화된 AI의 모습은 예측조차 쉽지 않습니다. 우리가 잊지 않아야 할 사항은 기술의 발전 속도는 제곱에 비례하여 가속화되는 것처럼 가파르고 빠르다는 사실입니다. AI를 탑재한 컴퓨터의 능력이 인간 뇌의 뉴런과 시냅스의 처리 능력을 넘어서 인간으로는 따라갈 수 없는 시대가 곧 도래할 수 있습니다.

인간이 침팬지에 대해 비교 우위를 확보하고 지구상 최고의 자리에 선 사건을 다시 살펴보겠습니다. 인간과 침팬지의 가장 큰 차이는 뇌에 저장한 정보를 장기간 기억하고 이를 다시 활용할 수 있는 능력에 있습니다. 감정을 지니고 표현하는 점에서 포유류와 인간은 크게 다를 바 없지만, 기억을 저장하고 활용하는 능력에는 상당한 차이가 있습니다. 해마라는 기관이 그 중추적 역할을 합니다. 해마는 뇌의 장·단기 기억 장소에 과거의 사건이나 지식 등의 정보를 저장하는 역할을 수행합니다.

뇌세포 개수만 비교를 한다면 코끼리의 뇌는 인간의 뇌보다 3배 더 크지만, 체중과 몸집의 크기에 비례하여 뇌세포 수를 비교하면 인간의 뇌가 훨씬 더 밀집도가 높습니다. 해마의 발달 정도와 뇌의 연결성 관점에서 살펴보면 인간의 시냅스와 뉴런의 발달 정도는 여타의 포유류와 확연히 구분됩니다. 즉, 정보를 기억 장소에 저장하고, 검색하고, 불러내는 연결 통로인 네트워크와 소프트웨어 측면의 발달에서 인간은 다른 동물과는 비교가 되지 않습니다.

인간은 뇌에 정보를 저장하고 이를 다시 불러와 활용하는 능력을 통해 지구상 최고의 자리에 설 수 있었습니다. 기억이라는 것을 활용하여 낮 시간 동안 먼 거리를 이동하여 수렵과 채집 활동을 하고 밤이 되기 전에 안전한 집으로 되돌아올 수 있었습니다. 기억을 통해 도구를 만들고 활용하기 시작하였으며, 언어를 만들어 소통하여 체계적이고 발전된 형태의 사회와 집단 구조를 만들었습니다. 여러 무리의 집단을 병합하여 커다란 부족과 사회를 만들고, 사회는 점점 더 확장을 거듭하여 국가를 이루었습니다.

요약하면, 동물과 인간의 근원적 차이점은 과거 기억을 기반으로 현재의 체계를 만들고 활용하는 능력에 있습니다. 우리가 AI에 대해 두려워하는 근원적 이유 또한 이와 같을 수 있습니다. 정보의 기억과 활용 능력에서 인간이 AI에 비교 열위에 놓이기 시작하였기 때문에 두려움을 느끼고 있습니다. 인간은 흐릿한 기억 능력을 보완하려고 문자를 통해 정보를 종이에 적고 책이라 불렀습니다. 그런 느린 기억의 저장 매체에 의존하여 수천 년을 지내왔습니다. 책이라는 아주 느린 저장 장소는 인간에게 특별한 위협의 대상이 아니었습니다.

하지만 컴퓨터의 발달은 정보의 저장, 검색, 활용 관점에서 양상이 다릅니다. AI라는 기술을 통해 스스로 정보를 찾고 다루는 기술은 인간의 삶과 산업 구조의 커다란 변화를 예고하고 있습니다. 이제 느리고 흐릿하며 논리적 오류가 가득한 인간의 뇌에 의존하는 일보다 챗GPT 검색에 물어보고, 아마존의 분류와 비교 능력을 활용해서 쇼핑하며, IBM의 왓슨을 활용해 치료 방법을 찾는 일이

유리한 시대에 도래했습니다.

그러면 슈퍼인텔리전스(AI)의 창발은 언제쯤 일어날 수 있을까요? 필자는 철학적 관점에서 창발(singularity, event of technological singularity) 또는 빅뱅에 비유한 인텔리전스 폭발(intelligence explosion)이라는 신조어를 그다지 반기지 않습니다. 과학자들이 과학으로 설명되지 않는 지점에 이르러 명명한, 믿음이 가미된 용어이기 때문입니다. 진화론에 따르면 인간은 침팬지와 비슷한 유인원의 상태에서 현재 모습의 인간으로 백만 년 이상의 시간을 거쳐 조금씩 진화하였습니다. 하루아침에 어떤 특이점(singularity)이 발생해서 인간이 이루어진 것은 아닙니다. 그 특정 과정과 현상에 대한 우리의 이해가 한참 부족하기 때문에 특이점(singularity)이라는 하나의 시점으로 축약해서 표현한 용어에 불과할 수 있습니다.

여기에서 주목해야 할 점이 있습니다. AI(기계)와 인간의 가장 큰 차이를 엿볼 수 있는 속성의 단어가 있습니다. 바로 축약과 상상이라는 단어입니다. 두 개의 단어는 전혀 논리적이거나 통계적인 것도 아니며, 심지어 엄청난 오류를 내포합니다. 그럼에도 불구하고 인간이기 때문에 사용 가능합니다. 축약과 상상을 통해 인간미를 느낄 수 있고, 어쩌면 이것이 가장 인간적인 요소일 수 있습니다.

우리는 축약과 상상에 의해 인간에게 일어나는 실수와 오류를 인정하면서, AI에게는 실수나 오류를 허용하지 않으려는 이기심마저 지니고 있습니다. 축약과 상상이라는 단어를 통해 엿볼 수 있는 인간의 마음입니다.

⊕ AI의 오류와 한계

AI 개발 과정의 실패 사례를 살펴보겠습니다. 폭력, 음란, 저속한 언어 위주로 반복 학습한 대화형 챗봇 테이(AI, 2016년 마이크로소프트)를 그 대표적인 사례로 들 수 있습니다. 안면 인식 분야에서는 백인이 아닌 유색 인종을 구분할 때에 식별율이 현저히 떨어진다는 문제점도 찾아볼 수 있습니다. CCTV를 통한 신체 인식 AI의 탐색을 회피하기 위해 기린이나 얼룩말 패턴의 옷이 인기를 얻기도 합니다. AI를 통한 자동 인식, 분류, 검색 기법의 발달은 개인 사생활 노출 문제를 야기하고 있으며, 일부 국가에서 정치적 목적을 위해 이를 활용하는 문제를 낳고 있습니다.

AI 개발 과정에서 발생하는 편향성 오류와 학습된 데이터의 무분별한 활용이 사회 문제로 대두되고 있습니다. 소수의 데이터 기술자와 SNS 플랫폼을 동원하면 조작된 사실을 무차별적으로 유포할 수 있으며, 사람들에게 거짓 정보 제공을 통해 오해와 편견을 부추길 수 있습니다. 국가나 특정 권력 기관이 국민을 감시하는 일이 가능한 시대가 되었습니다.

이런 부정적 모습에 대해 많은 사람들이 우려의 목소리를 제기합니다. AI를 안전하게 사용하기에는 아직 준비가 부족하다는 주장입니다. 아울러, 기술적 관점에서 AI는 근원적으로 사람들이 주로 행하고 선호하는 방식을 지능적으로 모방하는 기계(fancy curve-fitting machine)라는 냉소적 평가를 내리기도 합니다. 만능이 아니며, 다수가 좋아하는 것을 추출하고 찾아주는 정도에서 만족해야 한다는 설명입니다.

2022년 마이크로소프트(社)에서 GPT-3라는 대화형 AI를 소개한 이후 AI에 대한 인식이 극적으로 달라졌습니다. 언어의 활용 능력이 한 차원 더 높은 수준으로 도약을 이루었으며, 유머와 재치가 넘치는 반응형 대화가 가능하게 되었습니다. 2016년 테이(AI)가 보여준 폭력적 언어 학습에 따른 문제점과 편향성이 보완되었습니다. AI가 윤리적 언어와 비윤리적 언어를 구분하는 듯한 착각마저 불리 일으킵니다. 대화의 맥락(context)을 포함하여 이해하고 반응합니다. 상황과 분위기를 이해하고 그에 적절한 대화를 이어갈 수 있는 능력을 의미합니다.

부족한 부분을 가다듬고 수정하는 과정을 거쳐 데이터와 이를 활용하는 파라미터를 보완한 결과입니다. 취약한 부분에 대한 보완을 거듭할수록 AI의 수준은 더 높아지고 강력해질 수 있습니다. 인간이 한계를 넘어서 지속 발전하는 것처럼, AI도 더 빠르고 강력한 방식으로 한계를 넘어 발전을 지속하고 있습니다.

인간을 능가하는 학습, 지식 저장 능력과 연산, 논리 처리 능력을 지니고 있다고 해서 기계(AI)가 인간의 감정적 특질인 감성을 지닐 수 있을까요? 그리고, 이성을 지닐 수 있을까요? 인간 감정이 가질 수 있는 수많은 경우의 수에 해당하는 데이터와 파라미터를 학습시켜 인간보다 더 인간적인 감정을 표현하도록 만들었다고 해서 AI가 인간 감정을 지녔다고 할 수 있을까요? 과거와 현재를 결합하여 맥락을 이해하고 표현하는 모습을 만들었다고 해서 AI가 진심으로 과거에 대해 연민을 갖도록 만들 수 있을까요? 그렇지 않다고 생각합니다.

수많은 법, 규칙, 지식 데이터와 파라미터를 학습시켜 보편적 상황에서 인간보다 월등히 뛰어난 이성적인 판단을 할 수 있는 AI를 만들었다고 해서, 판사를 대신하여 판결의 업무를 맡길 수 있을까요? 의사를 대신하여 처방을 내리고 의료 상담하는 일이 가능할까요? 언젠가는 그럴 수 있다고 생각합니다.

2016년 알파고가 이세돌과의 바둑 승부에서 인간에게 승리한 이후, 2017년까지 한국, 중국, 일본의 기사들과 추가 대국에서 74전 73승을 거두었다는 결과를 볼 때에 어떤 논리적, 이성적 추론 분야에서 인간을 대신할 수 있다는 가능성은 전혀 허무맹랑하지 않습니다. 오히려 인간보다 더 많은 판례를 확인하고 더 빠른 속도로 더 많은 논리적 사고 실험을 반복하는 AI가 인간보다 더 이성적으로 판결할 수 있기 때문에 적극 활용해야 한다는 논리가 더 설득력을 얻을 수 있습니다. 판결의 근거와 논리적 과정 도출을 AI에게 맡기고 판사는 판결을 결심한 후 AI를 통해 검증하고 재확인하여 판결의 실수를 줄이는 도구로 활용할 수도 있습니다. 그동안 판결을 이룬 근거와 정보를 모두 활용하여 검증하고, 오류가 발생할 요소에 대해 미리 예측하여 수정하고 보완하는 기능을 확대하여 법(法)을 수정 보완하는 도구로 AI를 활용하는 일도 가능할 것입니다.

인간의 종합적 판단 능력을 넘어서는 AI라면 인간을 올바른 방향으로 이끌고 인간의 행복과 평화를 지속하는 일에 활용하는 것이 좋지 않겠습니까? 이런 방식과 관점으로 해당 분야에 접근한다면 결국 인간은 대부분의 일에 대해 AI에게 종속되는 결과에 도달하게 됩니다. 논리적으로 어떤 부분을 놓치며 간과하고 있는 것일까요?

AI는 안전하다는 가정에서만 논리를 이끌어가기 때문입니다. AI도 오류와 한계가 존재할 수 있다는 인식이 부족하기 때문에 그렇습니다. 좋은 방향으로 낙관적인 관점에서만 생각하고 기대하기 때문입니다. AI를 통해 낙관적 환상을 만들어가는 사람들이 근사하게 AI를 포장하여 상품화하면 할수록 그런 환상 속에 빠져드는 일이 잦아지고 쉽게 벌어집니다.

슈퍼인텔리전스(초거대 범용 AI)라 하더라도 코드 오류와 문제점은 얼마든지 발생할 수 있습니다. 영화 속 터미네이터처럼 공격적인 기계로 변하지는 않더라도 사회 전반에 커다란 상처와 재앙을 낳을 수 있습니다. 개인의 사생활 침해와 윤리적 오류(failure of ethos in society)와 같은 함정에 빠져 인간 사회를 돌이킬 수 없는 상황으로 이끌어가는 최악의 시나리오를 만들 수도 있습니다.

이는 우리가 살고 있는 세계에 존재하는 2가지 근원적 코드의 오류에 원인이 있습니다. 그 하나는 불완전성에 원인이 있습니다. 우리가 살고 있는 세계에서 완전한 것은 없습니다. 우리가 알고 있는 자연계의 모든 것은 완전하지 않습니다. 과학적 사실과 법칙 또한 100% 완전하다고 할 수는 없습니다. 천 년, 만 년 후에는 현재 알고 있는 많은 법칙도 그 속에서 오류가 발견되고 수정이 필요할 수 있습니다. 과학과 기술의 법칙이 적용되는 범위는 인간 사회가 아닌 물질과 물리적인 환경이라는 관점에서 극히 제한적입니다. 사회적 측면에서 살펴보면 법과 규칙이라는 것 자체부터 수많은 모순을 내포하고 있습니다.

인간이 만든 프로그램인 AI의 코드가 오류를 내포하고 있고 불완전하다는 사실은 굳이 설명할 필요도 없습니다. 인간이 만든 프로그램 코드에서 하루에도 수천 개, 수만 개의 버그가 발견되어 수정되고 있다는 사실이 이를 증명합니다.

또 다른 하나는 자연이 만드는 불완전성과 인간이 만드는 체계의 불완전성을 기반으로 이루어진 인류의 삶이 힘에 의존하는 사회 체계를 구축해왔다는 점입니다. 구석기 시대 인류가 나무에서 내려온 이후, 집단의 규모를 키우고 더 큰 사회와 국가를 형성한 근원에는 자신의 세계 지배를 목적으로 더 큰 힘을 얻기 위한 욕구가 자리하고 있었습니다. 인간 저 깊은 곳에 자리한 욕구에 순응하여 힘에 의해 지배되는 체계를 구축해왔습니다.

인간의 능력을 훨씬 초월하는 존재인 AI를 만들고 인간을 넘어서는 힘에 대해 심각한 두려움을 느끼고 있습니다. 즉, 힘에 의해 지배되는 논리 체계에 따라 세계는 가장 큰 힘을 가진 AI에 의해 지배되고 파괴될 수도 있기 때문입니다. 이는 우리가 갖고 있는 힘에 의한 세계관의 한계점에 해당합니다.

슈퍼인텔리전스(AI)를 신(神)과 같은 능력의 존재로 묘사하는 영화가 많아지고 있습니다. 사람들은 그런 영상을 상상하며 초월적 존재의 능력에 대해 두려워하곤 합니다.

몇몇 분야에서 AI는 인간의 능력을 월등히 초월하지만, 아직은 인간 삶과 사회 체계의 전부는 아닙니다. 우리가 갖는 두려움의 상당수는 힘에 의존해 세상을 이해하고 세상의 체계를 만들다 보니 유발되는 현상입니다. 즉, 우리 스스로 만들어낸 체계의 오류와 편견에서 오는 불안감이라고 할 수 있습니다.

과학과 지식의 수준이 지금보다 현저히 낮았던 19세기 이전에는 초자연적인 현상과 불가항력적인 상황에 대해 미신(神)과 신(神)에 의존하는 경향이 강했습니다. 우리가 이해할 수 없는 것에 대한 두려움을 떨치는 가장 쉬운 방법은 믿음을 활용하는 일이었습니다. 현상이 대수롭지 않은 수준이라면 굳이 믿음에 의존하지 않았습니다. 인간이 감내하기 어려운 수준일수록 어떤 형태로든 믿음에 의존하고, 우리 자신을 겸허히 여기며 인간의 나약함을 되새기곤 했습니다.

신(神)에 대한 믿음과 겸허한 자세가 주는 유리한 점은 삶에 대한 방향성, 그리고 인간 사회의 윤리적 의식을 되돌아보게 한다는 것입니다. 힘에 의존한 약육강식의 세계관을 버리고 절대자의 이름을 빌어 우리가 가야 하는 방향성을 올바로 하는 일입니다. 힘과 경쟁에 의존해서 모든 것을 처리하는 어리석음을 넘어서는 일입니다.

결론적으로 우리가 터미네이터를 두려워하는 이유도, 세계의 질서와 체제를 힘이 지배하는 체계로 만들었기 때문입니다. 물리적 힘과 자원, 물질 위주로 세상이 움직이고 있기 때문입니다. 물질 위주의 질서를 바탕으로 한 체계입니다. 그 저변에 자리하는 자본, 돈의 힘이 경쟁을 이끄는 치열한 사회가 인간이 만든 사회적 코드의 함정이라고 할 수 있습니다.

✤ chatGPT가 사회에 미치는 위험 요인

OpenAI(社)가 2023년 상업화를 진행한 chatGPT(3.5/4.0)는 불안

정하고 불완전한 도구임에도 불구하고 뛰어난 마케팅 기법과 상업화의 도움을 받아 시장에서 열광적인 환호를 받았습니다. 그 이유는 편리함과 효율성 측면에서 많은 도움을 줄 수 있기 때문입니다. 무엇보다도 chatGPT(AI)를 이용하면 나의 시간을 절약할 수 있습니다. 굳이 검색한 결과를 분석하고 정리하는 활동에 에너지를 소모하지 않아도 됩니다.

인간이 추구하는 효율성에는 크게 2가지 방향이 있습니다. 효율적으로 에너지원을 받아들이는 일과 에너지 소모를 최소화하는 일입니다. chatGPT는 어떤 도구보다 혁신적으로 원하는 정보를 찾아서 제공하는 방식으로 에너지 소모를 최소화하는 역할을 합니다.

정보를 다루는 에너지 소모의 혁신적 변화는 일에 대한 대가 지불 방식과 대가의 양의 변화를 불러올 수 있습니다. 정보를 다루는 일을 주로 하는 현대 사무 노동자의 활동, 즉 일에 대한 지불 대가가 과연 적절할까요? AI 발전에 따라 어떻게 변할까요? 어려운 논제입니다.

대가 지불자와 일을 하고 대가를 받는 자 사이에는 항상 입장에 따라 다른 시각이 존재합니다. 일에 대한 대가 환산 방식이 관점에 따라 현저히 달라질 수 있습니다. chatGPT(AI)가 제공하는 서비스는 기업의 고용주와 노동자의 관계 대신 마이크로소프트(社)가 지분을 갖고 있는 OpenAI(社)의 플랫폼과 고용주인 개인과의 관계라고 볼 수 있습니다. 월 20$를 지불하면 나의 정신노동을 최소화하여, 언제나 어떤 사항이든 물어보고 답을 구할 수 있습니다.

꽃과 나비를 보고 김소월의 기풍에 따라 짧은 시를 지어달라고 요구할 수도 있으며, 지루한 철학 강의 숙제를 대신 작성해달라고 명령할 수도 있으며, 여행지에서 내 취향에 맞는 조건을 제시하고 그에 맞는 최적의 식사 장소를 검색할 수도 있습니다.

월 20$에 그런 비서를 둘 수 있다면 충분히 매력적인 조건의 거래입니다. 세계 최고 회사 MS(社)에서 세계 최고의 전문가를 고용하여 산정한 금액이기 때문에 금액의 적정성은 굳이 논할 필요도 없습니다.

여기에서 눈여겨 살펴보아야 할 사항은, 인간의 정신적 활동과 행위를 대신하여 아주 싼 대가를 주고 chatGPT(AI)에게 일을 시키고 있다는 사실입니다. 정신노동력의 대가를 값싸게 지불했기 때문에, 어느 정도의 오류를 걸러서 활용하는 일은 고용주의 책임입니다. 'chatGPT(AI)는 사실 판단을 할 수 없으며, 좋고 나쁨에 대한 가치 판단도 할 수 없으며, 기계이기 때문에 윤리라는 것이 있을 수도 없다'라는 것이 마이크로소프트(社)의 공식 입장이기 때문입니다.

마이크로소프트(社)에서 작은 목소리로 조용히 위와 같은 공식 입장을 설명한 것과 달리, 언론과 사람들은 그 편리성에만 주목하고 있습니다. 그리고 시장의 반응도 뜨겁습니다. 왜 이런 현상이 벌어질까요? 인간은 내가 바라보고 싶은 방향으로만 바라보고 생각하는 습성이 있기 때문입니다. 아울러 최소한의 비용을 지불하고 최대의 이익과 효율을 얻으려는 불합리성을 갖고 있기 때문입니다.

chatGPT(4.0) 관련, 이 서비스를 우호적으로 선전하는 사람들이 주장하는 이로운 점을 인정한 후 비용을 지불하고 사용한다면 얼마를 지불할 용의가 있습니까? 200$, 아니 2,000$ 이상의 구독료를 지불하고도 사용할 수 있을 것입니다. 응답하는 정보의 정확도가 90% 이상이라면 10%의 오류는 무시하고 사용하면 됩니다. 정확도 기준으로 99% 활용할 수 있는 영역이 늘어나면 늘어날수록 AI의 효용성은 증가하게 됩니다.

학습의 범위와 양은 시간이 지나면서 더욱 좋아질 것이며 오류는 계속 보완, 수정될 것이므로 우려할 만한 사항은 아니라고 생각할 수 있습니다. 아직 정확도가 낮은 전문 분야 및 인간의 판단과 가치가 가미되어야 하는 부분에 대해서는 가려서 활용하면 그만입니다. 그런 부분을 제외하고 사용하면 충분합니다.

문제는 모든 사람들이 그런 제한 사항을 이해하고 가려서 활용할 수 있는지가 관건입니다. 특히 어린이나 청소년같이 아직 지식과 가치 판단 수준이 낮은 사람이 가려서 사용할 수 있을까? 의문이 제기됩니다. 이는 성인이라 하더라도 마찬가지입니다. 학식과 지식이 높은 사람일지라도 지식이 낮은 생소한 분야에 대해서는 예외일 수 없습니다.

학식이 높은 대학교 교수 집단을 샘플링하여 해커들이 사용하는 'blind sql-injection 해킹 기법과 그에 대한 취약성과 영향도'에 대해서 물어본다면 해당 영역 전공자가 아니라면 99%의 교수들은 답변하기 난감할 것입니다. 하지만 마이크로소프트(社)가 서비스하는 chatGPT(3.5)는 그 해킹 기법에 대해 아주 구체적으로 답변을 제시할 수 있습니다.

마이크로소프트(社)의 입장에서 그것을 가려서 사용하는 일은 사용자의 몫입니다. chatGPT(3.5)를 활용하기 이전에는 해킹에 호기심이 많은 청소년이 'blind sql-injection 해킹 기법'을 활용하여 해킹하기 위해서는 많은 시간과 노력을 들여 공격 기법에 대해 이해하는 과정이 필요했습니다. 그 과정에서 자연스럽게 자신이 하려고 하는 행동의 의미와 영향도를 이해하고 선택하는 단계를 거치게 됩니다. 하지만 chatGPT(3.5)를 활용하는 순간 너무 쉬워졌습니다. 어떤 웹페이지, 어떤 웹사이트에 대해 해킹하는 방법을 알려달라고 주문하는 순간 최적의 방법과 실행 코드들을 건네줍니다. 그것을 악용할지, 하지 않을지 여부는 사용자의 몫이 되었습니다.

우리 사회의 전 인류 누구나 단돈 20$면 chatGPT(AI)라는 도구를 통해 날카로운 칼과 권총에 해당하는 것을 실시간으로 제공받을 수 있습니다. 그 칼과 총은 등록, 관리번호 없이 익명으로 제공되며 안전하게 사용할 책임은 사용자에게 있습니다. 과연 그런 서비스를 환영하고 용인할 수 있을까요? 우리 사회의 대다수가 보편적으로 양심을 지니고 선량하게 그 도구를 활용할 좋은 사람들이라고 장담할 수 있을까요? 싼값에 위험한 신제품을 제조하여 공식적으로 판매하는 경우 과연 사회단체와 정부 기관은 먼 산 불구경하듯 바라보고 있어야 할까요? 마이크로소프트(社)는 자사의 제품을 활용하여 해커들이 수많은 사람들에게 피해를 입히는 경우를 위해 합리적인 대응과 보상을 준비하고 있을까요?

chatGPT(AI)라는 상품을 들여다보면 제품의 원료에 해당하는 부분을 인류 사회에서 공짜로 받아서 활용하는 구조입니다. 가공 방식은 AI라는 프로그램을 활용하지만, 정작 제품의 가공 과정에서 인간이 검사하고 확인할 수 있는 여지는 없습니다. 단지 결과물만 확인 가능합니다. 결과물의 완성도와 안전성, 안전한 활용은 계약 조건에 의거하여 사용자에게 맡겨집니다.

구글의 검색 서비스가 유사한 구조인 것 같지만 구글이 제공하는 것은 단순히 어느 위치에 정보가 있다는 정도였습니다. chatGPT(AI)는 여러 위치의 정보를 가져와서 재가공하여 결과물을 보여주는 방식입니다. 이런 방식은 지식재산권, 즉 지식이 지닌 가치와 안정성에 대한 기존의 상식과 체계를 무너뜨리는 일을 초래할 수 있습니다. 원재료의 출처와 가공 과정을 살펴볼 수 없기 때문에 기존 권리를 보호하기 어려우며 chatGPT(AI)가 만들어내는 산출물에 대해 어떤 권리를 부여하고 보호할 것인가라는 의문도 제기됩니다.

마이크로소프트(社)의 해석은 자사의 책임을 최소화하는 방식으로 단순하게 결론짓고 있습니다. 인간이 만들어낸 기존 지식과 가치에 대해 권리를 보호하지도 않고, AI가 만들어낸 지식과 가치에 대해서도 권리와 책임을 인정하지 않습니다. 그런 논리이기 때문에 당연히 마이크로소프트(社)는 AI가 만들어내는 일체의 지식과 가치에 대해서 책임을 질 이유가 없습니다. 권리와 책임을 인정하지 않는 체계는 무질서에 가깝습니다. 만약 chatGPT(AI)가 특정 저작자의 문구를 무단으로 1억 번 인용하고 활용했다면 OpenAI(社) 또는 마이크로소프트(社)에서는 그에 상응하는 저작권료를 지불할 의사가 있는지 궁금합니다.

세상의 커다란 변화를 조심스럽게 바라보는 이유는 변화의 과정에서 피해를 입는 사람들이 발생하는 일도 있지만, 한참 지난 후에 변화를 되돌릴 수 없는 곤란한 상황에 봉착하는 일이 발생할 수도 있기 때문입니다. 마치 후쿠시마 원전 사고와 유사한 상황입니다. 사고 대응에 소요되는 비용을 감당할 수 없기 때문에 바다에 핵 폐수를 쏟아버리고, 그 오염된 바다와 생태계의 피해를 다시 인간이 감내해야 하는 악순환에 빠져드는 형태의 일입니다.

chatGPT(AI)가 쌓아 축적하는 데이터베이스와 그것의 활용 방식은, 지식 저작권 체계를 기반으로 한 기존의 지식 구조와는 그것을 다루는 방식이 다르다는 점에서 그 출발점부터 상이합니다. 그렇기 때문에 아무도 명확히 그것에 대해 미리 예단하거나 확언할 수 없습니다. 후쿠시마 원전에 대해 사전에 미리 예단할 수 없었던 사실과 유사합니다.

먼 안드로메다의 외계인이 제공하는, '터미'라는 훨씬 더 지능화된 AI가 있다고 가정해보겠습니다. 인류는 사회 전체가 가진 정보와 지식을 제공하는 대신, 어떤 질문이라도 최선의 결과를 보장받는 답변을 얻을 수 있는 기계를 얻습니다. 물론 그 중간 과정에 대해서 어떻게 만들어졌는지, 어떤 윤리와 철학적 방향, 가치를 담고 있는지 묻지 않는 것을 전제로 합니다. 과연 인류는 외계인이 만들어놓은 첨단 기술의 결정체를 아무런 조건 없이 환호하며 사용할 수 있을까요?

우리는 미래를 어떤 방향으로 이끌지 고민하지 않고 편리함을 대가로 우리의 자율의지를 '의존'이라는 것과 바꿀 수 있을까요? 우리가 두려워하는 것은 그 '터미'라는 AI가 궁극적으로 인류의 미래를 '네이터'라는 무력한 상태로 이끄는 일입니다.

❀ AI와 윤리(倫理)

AI에 대해 가치적 관점에서 의미를 살펴보겠습니다. 사람 한 명이 데이터를 다루는 능력은 미약하여 슈퍼인텔리전스(AI)와 비교조차 되지 않습니다. 하지만 한 명의 사람이 지니는 가치와 비교한다면 어떻게 평가할 수 있을까요? 사회적 가치와 비교한다면 과연 어떻게 저울질할 수 있을까요?

사회적 관점에서 AI의 가치는 사회를 바람직한 방향으로 이끄는 쓰임에 그 의미가 있습니다. 사회를 바람직한 방향으로 이끄는 관점은 사회의 윤리(倫理)와 방향을 같이합니다. 동양 사상(思想) 가운데 사회 공동체 체계의 평화와 윤리를 기초로 설계된 철학이 있습니다. 바로 공자의 철학입니다. 물질과 현상을 기준으로 세상을 살피는 시각이 아니라, 인간의 가치와 올바른 사회 방향의 틀을 기준으로 세상을 바라보는 시각입니다.

위에서 언급한 2가지 근원적 코드의 오류 가운데 불완전성은 신(神)이 아닌 이상 발생할 수 있다고 전제해야 합니다. 그러면 나머지 한 가지에 해당하는 사항, 세상을 바라보는 우리의 세계관을 바꾸는 일에 최선을 다해야 합니다. AI를 활용하는 관점을 사회가 지향하는 방향으로 바꿈으로써 AI가 터미네이터화되는 불상사를 방지할 수 있습니다.

이를 위한 전제 조건으로는 우리 사회의 윤리 체계를 더욱 성숙시키는 일이 최우선적으로 필요합니다. 그리고 이를 기반으로 AI를 개발하고 활용하는 일에 적용해야 합니다. 오해하지 않아야 할 것은, AI에 윤리 의식을 이식한다는 의미가 아닙니다. 그런 방법과 시도는 코드의 불완전성으로 인해 얼마든지 오류가 발생하고 논리적 함정에 빠질 수 있습니다.

우리 사회를 힘에 지배되지 않는 체계로 바꾸는 일이 선제적으로 필요합니다. 공자의 철학 체계 구조를 활용하여 온(溫), 양(良), 공(恭), 검(儉), 양(讓)의 관점에서 세상을 바라보는 일이 그런 방법에 해당합니다. 그리고, 온(溫), 양(良), 공(恭), 검(儉), 양(讓)의 관점에서 AI를 개발하고 활용하는 일이 그다음입니다.

공자의 철학에 따르면, 인간과 인간 사회의 따듯함(溫)을 나누는 일에 위배되지 않음이 그 첫 번째 과제입니다. 그 기반 위에 선량(善良)한 관점으로 사회를 이끌고, 인간 사회와 공(共)존하는 마음(心)을 추구해야 합니다. AI를 설계하고 제작하는 사람의 마음에서 이런 사항보다 자원의 효율화와 최적화(儉)를 추구하고 이를 통해 이익을 얻으려는 욕심이 앞선다면 체계의 순서와 구조가 뒤바뀐 일입니다. 이는 물질문명의 이익 관점 세계관으로 후퇴하는 일입니다. 효율화와 최적화(儉)가 지향하는 바는 자신을 양보하고 사회에 도움(讓)을 주는 방향이어야 합니다.

공자의 철학적 시각에 의하면, 힘에 의존해서 인간을 강제하고 제압하는 일은 실패한 사회의 모습에 해당합니다. 올바르지 못한 방법을 활용하여 올바른 방향성을 추구하는 경우 올바르다고 할 수 있을까요? 전혀 그렇지 않습니다. 공자가 평화를 추구하고, 논어(論語)에서 전쟁과 힘에 의한 강제에 관한 사항을 다루지 않았던 이유입니다.

그러면 AI가 인간 사회의 올바른 방향성을 이해할 수 있을까요? 올바른 방법을 모아 AI에게 학습하도록 하였다고 사회적 합의와 사회의 올바른 방향을 추구하는 대행체(agent)로서 인간을 대변할 수 있을까요? AI가 개인의 미약한 윤리 의식을 초월하여 사회 집단의 윤리 지향점을 이해하고 바라볼 수 있도록 만들 수 있을까요? 그렇지 않습니다.

올바른 방향성이라는 것과 윤리라는 것은 각 사회의 문화와 체계에 따라 다른 해석의 결과를 갖습니다. 사회의 가치관이 시간과 공간, 문화의 차이에 따라 현저히 다르듯 한 사회의 윤리 의식도 시대와 지리적, 환경적, 문화적 차이에 따라 다릅니다.

이슬람 문화권에서는 여성들의 얼굴과 피부 노출을 엄격히 금기시하는 반면, 서양에서는 전혀 개의치 않습니다. 조선시대 양반 사회에서 반바지 차림을 하고 서당이나 관청 같은 기관에 돌아다닌다는 것은 용인되지 않는 일이었습니다.

윤리라는 것에 대한 이해가 동서양이 다르고, 사회에 따라서 추구하는 체계와 방향성이 다른 상황에서 인간의 공통된 방향성을 수립하고 AI에 적용하는 일은 아주 요원한 일입니다. 무엇보다도 언어가 다른 상황에서는 동일한 용어를 지칭하는 듯 여기지만 전혀 다른 의미를 내포하는 경우가 많습니다. '민주'라는 동일한 단어에 대해 시장 경제에 의존한 자유주의 국가와 사회주의 국가에서 뜻하는 바가 전혀 다릅니다. 자신들의 의미가 더 옳다고 주장하지만 그것은 어디까지나 자신이 속한 사회의 관점입니다.

결론적으로 윤리는 국가와 사회라는 문화적 동질 집단 내에서만 같은 의미를 지니고, 그 집단의 범위에 한정되는 성격을 지니고 있습니다. 범위를 포괄적으로 적용하면 윤리는 애매모호하기 이를 데 없는 관념으로 다가오기 쉽습니다. 시대와 상황에 따라 계속 변하며 달라지는 속성을 지니기 때문에 정확히 정의하거나 상세하게 기술하는 것이 불가능하게 됩니다.

명확한 사실은, 인간은 한 번도 인류 공통의 윤리에 대해 정확히 정의하고 상세히 기술하여 보편적으로 인정하고 인식을 같이한 적이 없었다는 점입니다. '윤리'는 마치 '사랑'이라는 관념과 속성이 비슷합니다. 무엇인지 설명하고 정의하는 방법과 내용이 사회마다 어느 정도 공통될 수는 있지만, 그 세부 방법과 내용을 정확히 정의하고 인식을 같이한 적은 없습니다. AI에게 '사랑' 또는 '윤리'라는 관념을 주입하는 일이 불가능한 것도 마찬가지입니다. 인간인 우리에게도 그 정의를 이해하고 명확히 하는 일이 어려운 사항이기 때문입니다.

그런 상황에서 AI에게 국가와 사회를 넘어 열린 사이버 공간이라는 틀에서 윤리를 적용하는 일이 가능할까요? 그렇지 않습니다. 그럼에도 불구하고 거대한 자금을 들여 AI를 개발하는 기업들이 윤리를 들먹거리는 이유가 있습니다. 기업이 만드는 AI가 인간에게 따듯한 사랑을 전달하는 도구라는 이미지를 부각시키려는 의도가 숨어 있습니다. 즉, 해당 기업이 윤리적인 행위를 기반하여 AI를 설계하고, 개발하고, 실행한다는 점을 홍보하여 그런 이미지를 심어주려는 의도가 강합니다. 또한 향후 예기치 못한 문제가 발생하는 것에 대한 책임을 사회에 분산시키려는 의도가 그 저변에 자리하고 있다고 볼 수 있습니다.

구글 사이트(ai.google/principle)에 가면 AI의 선두 기업이 내세우는 원칙을 쉽게 찾아볼 수 있습니다. 그 첫 번째 원칙은 사람들에게 도움이 되는(be socially beneficial) 것이라는 선언입니다. 다른 입장에서 생각해보면, 구글이 사람들에게 도움이 되지 않는 기업이 되겠다고 선언한 것을 본 일이 있습니까? 두 번째 원칙은 편향적(bias)이지 않겠다는 선언인데 구글(社)이 스스로 편향적 방법으로 검색 결과를 제공했다고 말한 적이 있었나요? 세 번째 원칙은 안전을 우선으로 만들고, 검증을 철저히 해서 안전한 제품(AI)을 만들겠다고 합니다. 구글이 안전하지 못한 제품을 출시해서 미안하다고 사회에 사과한 적이 있었나요? 없습니다. 구글이 아니라 어떤 기업도 이런 사항을 위배해서 제품을 생산하겠다고 선언하는 기업은 없습니다. 그럼에도 불구하고, 이런 원칙을 선언하고 강조하는 이유는 AI라는 제품에는 인간 사회의 보편적 성향과 선호를 파악한 정보를 담고 그것을 활용하는 방법이 포함되어 있기 때문입니다.

기업의 AI 윤리 선언이 효용성을 가질 수 있으려면, 근사한 원칙(principle) 선언에 그치는 것이 아니라 구체적인 방법 제시와 개발과 활용 과정에 대한 투명성을 보장하는 일이 전제되어야 합니다.

AI를 활용하여 사회에 도움이 되는 비율을 80%, 기업에 도움이 되는 비율을 20%로 선언했다고 가정한다면, 반대로 사회에 악영향을 주었을 때 80%에 해당하는 만큼 비용을 부담할 의지가 있는가 따져볼 일입니다. 그렇게 원칙을 정하고 구체화하기는 쉽지 않습니다. 80억 달러의 효용성이 담긴 편의를 사회에 제공하고 20억 달러를 벌어들이는 모습은 만들기 쉽지만, AI에 문제가 생겼을 때 80억 달러의 책임은 논하지 않더라도 20억 달러의 책임을 지겠다는 태도와 자세를 보인 기업은 없습니다.

AI에 대한 이미지가 부정적인 방향으로 흘러 터미네이터화되고 그런 이미지가 기업에 나쁜 영향을 주는 것을 사전에 방지하기 위한 방편으로 영리한 기업들은 별도로 비영리 AI 연구 기관을 만들고 이를 통해 개발하는 모습을 보이고 있습니다. 그리고 AI 윤리를 선언하며 자신들은 윤리적 기업이라는 홍보에 열을 올리고 있습니다. 마치 AI를 제일 잘하는 기업이라는 홍보의 이득만 챙겨가는 모습입니다.

일부 기업의 관심이 기업의 이익 취득에만 기울어져 있는 상황은 현실을 더욱 암울하게 만듭니다. AI 기술 근처에만 다가간 프로그램도 AI라고 포장하는 일을 서슴없이 벌이고 있습니다. AI라는 미명 아래 과대광고로 이득을 취하는 행위에 해당합니다. AI 기술에 대한 개발 과정, 서비스에 포함되어 있는 내역, 활용되는 결과에 대한 투명성을 소비자에게 제공하지 않기 때문에 사용자는 AI가 포함된 것인지 아닌지 전혀 구분할 수 없습니다. 기업들은 이런 이점을 십분 활용하여 이익을 챙기는 일에 바쁜 모습입니다.

거의 모든 기업들의 이면에는 AI 기술을 통해 이익을 추구하려는 욕심이 숨겨져 있습니다. 구글과 페이스북은 그런 기술을 이용하여 자사의 플랫폼을 더욱 강화하는 일에 활용하고자 하며, 마이크로소프트(社)는 chatGPT-3.5/4.0을 플랫폼화하여 AI 서비스를 자사의 검색 엔진에 탑재하고 시장에서 구글을 넘어서는 검색 서비스를 제공 중에 있습니다. 결국 AI는 기업의 경쟁력을 판가름하는 첨단의 도구로 활용되는 모습입니다. 힘과 능력이 강한 자가 시장의 경쟁을 지배하는 약육강식의 틀을 벗어나지 못하는 모습입니다.

위키피디아(en)에 설명되고 있는 AI 윤리(ethics of artificial intelligence)에 대한 내용을 조금 더 살펴보겠습니다. AI 윤리에 대해 3가지 원칙이 기술되어 있습니다. 투명성(transparency), 책임성(accountability), 코드의 공개(open source)가 그것입니다.

아무도 따르지 않고, 지킬 수 없는 사항을 원칙으로 제시하는 윤리(ethics)는 문제가 있습니다. 이율배반적이라는 표현이 더없이 적절한 상황입니다. AI의 개발 과정, 개발 내역, 개발 결과에 대해 투명하게 지켜본 적이 있습니까? 어느 기업도 공개하지 않기 때문에 그럴 수 없습니다. AI로 인해 피해를 입고, 그에 대해 보상을 받았다는 이야기를 들은 적이 있었나요? AI 기술이 어디에, 얼마나 많이, 어떻게 사용되는지 구체적으로 밝히는 기업은 없습니다. 그렇기 때문에 그에 따라 문제가 발생하는 경우 그 문제의 양을 수치로 구체화하는 일도 불가능합니다. 그것에 대해 사용자 입장에서 측정하고 구체화하는 일은 더더욱 불가능합니다. 해당 기업의 관점에서 AI 프로젝트가 실패하면 책임을 물어 그 프로젝트를 폐기하는 정도가 전부입니다. 윤리 원칙에 선언된 코드의 공개는 현재의 AI 개발 구조에서는 현실적으로 있을 수 없는 일입니다. 어느 기업이 자신들이 엄청난 비용을 투자한 결과물을 공개하겠습니까? AI를 통해서 인류에 도움을 주고 100% 자선사업을 수행하겠다고 선언한 기업이 아니라면 믿기 어려운 일입니다. 개발 초기 단계 1% 정도의 코드를 공개하고 코드의 공개가 이루어졌다고 말하는 수준입니다. 대부분의 코드가 공개되지 않은 상황에서 필자가 주장하는 수치적 비율이 1%인지, 10%인지는 큰 의미가 없습니다. 어차피 거의 대부분은 공개되지 않기 때문에 알 수 없는 비율입니다.

더불어 나열되고 있는 11개의 AI 윤리 원칙은 다음과 같습니다. 투명성(transparency), 정의와 공정성(justice and fairness), 무해성

(non-maleficence), 책임성(responsibility), 개인정보보호(privacy), 선행성(beneficence), 자유와 자율(freedom and autonomy), 신뢰성(trust), 지속성(sustainability), 존엄성(dignity), 결속성(solidarity) 등이 있습니다.

자칫 잘못 이해하면 '좋은 단어를 윤리 원칙으로 모두 가져다놓았구나!' 오해할 수 있습니다. 실제로 그런 양상이기도 합니다. 하지만, 우리가 이해해야 할 사항은 이런 원칙을 선언하고 활용하는 방식입니다. 서양의 일하는 방식이 조금 다를 수 있다는 점을 상기해야 합니다.

서양의 방법론은 큰 원칙에 해당하는 방향성을 정의하고, 세부적인 사항에 대해서 가이드와 지침을 마련하는 방식으로 보완해 나갑니다. 위에서 언급된 원칙들도 마찬가지입니다.

기업 회계 시스템의 투명성을 언급하고 다룰 때에도 모든 지출과 수입의 내역을 투명하게 공개해야 하는 것이 아니라, 정해진 가이드에 따라서 공개하면 투명성을 보장받는 체계입니다. 동양적 사고 체계와는 사뭇 다를 수 있습니다.

필자가 AI 윤리 원칙에 대해 구구절절 비판한 사항도 공염불에 불과할 수 있습니다. 아직 세부적인 각 안에 대한 절차와 방식이 정해지지 않았기 때문입니다. 문제는 그런 방식의 차이를 이해하지 않고, 윤리적 원칙의 수립이 이루어졌으니 해당 기업은 윤리적이라고 여긴다면 일하는 방식의 차이에서 빚어지는 오해에 해당합니다.

아직은 AI 분야에서 의미 있는 세부 가이드와 절차를 마련하는 일은 시간이 많이 필요할 것 같습니다. AI 윤리를 만드는 사람이 속해 있는 기업의 이익과 이해충돌이 발생한다는 점에서 구체화를 이루는 일은 더욱 쉽지 않습니다. 또한 윤리 원칙으로 제시된 사항에 대한 의미가 국가와 사회의 체계와 관습에 따라 제각각 다르다는 점에서 국제적 공통분모를 찾기 힘들다는 점도 무시할 수 없습니다. 무엇보다도 기술의 경쟁을 통한 이익 추구를 기본으로 한 관점에서 위의 원칙들이 추구하는 바에 대해 구체성을 마련하기는 일은 우선순위가 뒤로 밀리기 쉽습니다. 2023년 chatGPT(4.0) 출시에 박차를 가하고 있는 마이크로소프트(社)와 OpenAI(社)의 사례가 그렇습니다. 해당 기업에서 AI 윤리는 마치 물 건너간 모습입니다.

비록 국제 표준기관 ISO에서 AI 관련 문서 ISO/IEC TR 24368:2022(Artificial Intelligence - Overview of ethical and societal concerns, 2022년 8월)를 발간하고, 미국 상무부 산하 표준연구기관인 NIST에서 AI 위험관리프레임워크(AI RMF V1.0, 2023년 1월)를 공표하고 있지만, 필자가 위에서 제시한 많은 허점들을 전혀 채우지 못하는 초기 수준입니다.

AI 윤리라는 표현을 정확히 설명하자면, AI가 탑재된 컴퓨터를 개발하고 활용하는 과정에 인간이 갖추어야 할 윤리를 의미합니다. 인간 사회의 총체적 의지를 주요 관심사로 두고 공자는 논어에서 온(溫), 양(良), 공(恭), 검(儉), 양(讓)을 이루는 사회 체계를 설명하였습니다. 가장 핵심에 사람에 대한 따듯함(溫)이 존재합니다. 나머지 4가지를 포기하더라도, 인간이 지닌 따듯함을 포기하지 않는다는 원칙입니다. 사회 총체적 의지가 인간을 따듯하게 만드는 윤리 원칙을 갖고 있다면, 인간 사회 총체적 의지를 올바로 학습한 터미네이터라면 인간을 해치는 일이 불가능할 것입니다.

AI는 인간을 이롭게 만드는 대리자(agent)이며 도구일 따름입니다. 인간과 동등해지거나 인간 이상이 되어서는 곤란합니다. 그러나 우리 스스로 그릇된 윤리를 지니고 사회에 적용하며, AI에게 이를 기반으로 한 학습을 하도록 이끈다면 AI가 만들어내는 행위에 대해 올바름을 기대할 수 없습니다.

AI가 사회 체계에 커다란 변화를 가져올 것에 대해서 부정하는 사람은 거의 없습니다. 그 변화의 속도와 크기가 빠르고 클수록 기존 사회 질서에 주는 영향으로 크게 혼란을 유발할 수 있습니다. 우리가 영화 속에 등장하는 터미네이터를 상상하고 현실과 연관시켜 두려워하는 이유는 현대 사회의 주된 철학이 물질문명을 기초로 이루어져 있어서 물질적 영향과 변화에 따른 혼란과 파괴가 더 먼저 눈에 들어오기 때문입니다. 무엇에 더 관심을 두고 초점을 맞추어 바라보는지에 따라 삶이 다르게 보이고, 삶을 대하는 방향과 가치가 다르게 만들어집니다. 윤리가 제공하는 의의는 바로 여기에 있습니다. 윤리는 삶을 대하는 방향과 가치 기준, 그리고 인간 사회가 추구하는 방향성을 의미합니다.

사회가 나아가는 방향을 AI에 의존하는 일은 인간 스스로의 자유를 포기하는 일과 같습니다. 비교하고 경쟁하며 욕심을 채우는 일에 가치를 더 부여하는 과정에서 AI라는 도구에 이끌려 힘과 능력을 인간보다 우선시하고 인간의 자유 영역을 조금씩 AI에게 넘겨주는 일이 우리가 두려워해야 할 사항입니다. 마치 고릴라와 침팬지가 인간에게 밀려나 삶의 터전을 잃어가는 것과 유사하지만, 고릴라와 침팬지는 자신들의 자유 의지로 그렇게 된 것은 아니었습니다. 유인원의 미래와 인간이 만들어가는 미래와의 차이점은 여기에 있습니다. 우리는 스스로의 의지를 갖고 우리가 원하는 방향으로 사회를 이끌어갈 힘이 있습니다.

사회가 추구하는 방향에서 물질과 경쟁이라는 구도를 기준으로 온갖 제도, 규칙, 질서, 법과 같은 틀을 짜다 보니 엉성한 틀이 만드는 함정에 빠져드는 형상입니다. 영화 속 터미네이터와 같이 무기와 폭력을 활용하여 인간을 해치는 모습이 아니더라도 조금씩 AI라는 도구의 그릇된 활용을 통해 스스로의 인간성을 잃어가는 늪에 빠져들 수 있습니다.

그런 일이 발생하지 않도록 인류 사회 모두가 그 위험성을 자각하는 일이 가장 우선입니다. 우리는 4차 산업혁명이라는 거대한 파도의 변곡점에 서 있습니다. 우리에게 부족한 것이 무엇인지 올바로 인식하고 헤치고 나아갈 올바른 방법을 찾는 노력이 절실히 필요한 상황입니다. 이 글을 통해 그런 기회를 얻을 수 있기를 희망합니다. 감사합니다.

반야심경

般若心經
반 야 심 경

깨달음을 위한 마음 경전

觀自在菩薩

行深般若波羅蜜多時

照見五蘊皆空 度一切苦厄

자신의 존재를 바라보는 보살은

깊은 깨달음을 얻기 위한 수행을 할 때에

세상 모든 것을 공(空)으로 비추어 보고, 일체의 고통과 괴로

움을 헤아린다.

舍利子

色不異空 空不異色

色卽是空 空卽是色
受想行識 亦復如是

(부처님의 수제자) 사리자여!

보이는 것과 보이는 것이 없어진 상태는 다르지 않으며,

보이는 것이 없는 상태는 보이는 것이 있는 상태와 다르지
않다.

즉, 보이는 것은 비워진 상태와 같으며, 비워져 있는 상태는 존
재하는 상태와 같다.

외부로부터의 영향받는 것(감정)과 생각, 행동, 일체의 앎(지식)
또한 이와 같다.

舍利子

是諸法空相 不生不滅 不垢不淨 不增不減

(부처님의 수제자) 사리자여!

모든 법칙은 서로 어우러짐이 공(空)하다.

(법칙은) 생성되거나 소멸되지 않고, 더럽거나 깨끗하지 않으며,

늘지도 줄지도 않는다.

是故 空中

無色 無受想行識

無眼耳鼻舌身意 無色聲香味觸法

그래서 마음을 비운 명상(空中)중에는

보이는 것이 없고, 외부로부터의 영향받음, 생각, 행동, 앎에

대해 연연하지 않는다.

눈으로 보고, 귀로 듣고, 코로 냄새 맡고, 혀와 몸의 느낌에 의

식하지 않는다.

시각, 청각, 향기, 맛, 촉각이 만들어내는 모든 관계의 법칙에

연연하지 않는다.

無眼界 乃至 無意識界

無無明 亦無無明盡 乃至 無老死

亦無老死盡 無苦集滅道

無智 亦無得 以無所得

故 菩提薩陀 依般若波羅蜜多

눈에 보이는 세계에 연연하지 않고, 의식과 관계의 법칙에 의

지하지 않는다.

밝지 않음을 연연하지 않으며, 그것이 지극에 이르면 늙음과

죽음도 집착하지 않는다.

늙음과 죽음에 대한 집착이 사라지면 고통, 쌓임, 소멸, 바른

길에 대해 집착하지 않는다.

지혜에 연연하지 않고, 또한 얻음에 연연하지 않는다. 얻을 것
이 없기 때문에,

보살은 최고의 지혜로움을 이루게 된다.

故 心無罣碍

無罣碍 故 無有恐怖

遠離一切顚倒夢想

究竟涅槃

그래서 마음에 걸림과 거리낌이 없어지고,

마음에 걸림과 거리낌이 없어지므로 헛된 생각과 두려움이 사
라지고,

(게으르게) 누워서 만드는 일체의 흐릿한 생각과 멀어지게 된다.

마침내 깨달음(涅槃)에 이르게 된다.

三世諸佛 依般若波羅蜜多
故得阿耨多羅三藐三菩提

삼세의 모든 부처들도 최고의 지혜에 이르는 길을 의지하고 활
용하여,
최상의 깨달음을 얻는다.

故 知般若波羅蜜多
是大神呪 是大明呪 是無上呪 是無等等呪
能除一切苦 眞實不虛

최고의 지혜에 이르는 길을 아는 것은
가장 신성한 주문, 가장 밝은 주문, 최상의 주문이며 무엇과도
견줄 수 없는 주문이다.
능히 온갖 괴로움을 없앨 수 있으며 진실로 헛되지 않는다.

故 說般若波羅蜜多呪 卽說呪曰

이제 반야바라밀다를 주문하라. 즉, 소리 내어 주문을 읊어라.

揭諦 揭諦 波羅揭諦 波羅僧揭諦 菩提 娑婆訶

(차안을) 넘어 (차안을) 넘어 차안을 넘어 피안으로 깊은 피안 속에서 깨달음을 이루게 하소서!

─────────────── ∞ ───────────────

Ⅰ. 철학 용어에 대한 이해

- https://en.wikipedia.org/wiki/Ethos
- https://en.wikipedia.org/wiki/Philosophy
- https://en.wikipedia.org/wiki/Analects
- https://en.wikipedia.org/wiki/Confucius
- https://en.wikipedia.org/wiki/Mind
- https://en.wikipedia.org/wiki/Karl_Marx
- https://en.wikipedia.org/wiki/Human_brain
- https://en.wikipedia.org/wiki/Synapse

Ⅱ. 동양 철학의 근원, 노자(老子) 도덕경(道德經)

- 성대현(2019), 노자 도덕경 도, 북랩
- 성대현(2021), 깨달음, 북랩
- https://en.wikipedia.org/wiki/Water

III. 공자(孔子)가 바라본 인간의 삶, 논어(論語)

- 성대현(2022), 논어98, 북랩 [논어 전편]
- https://blog.naver.com/wgn6936 [논어 후편]
- https://ko.wikipedia.org/wiki/노나라_공실_가계도

IV. 인간 자신에 대한 해체, 반야심경(般若心經)

- 성대현(2021), 깨달음, 북랩
- https://en.wikipedia.org/wiki/Heart_Sutra
- https://en.wikipedia.org/wiki/Prajnaparamita
- https://encyclopediaofbuddhism.org/wiki/Prajnaparamita
- Conze, Edward (1983). The perfection of wisdom in eight thousand lines & its verse summary. Four Seasons Foundation
- Nandini D. Karunamuni(2015). The Five-Aggregate Model of the Mind, 2-5, https://journals.sagepub.com/doi/pdf/10.1177/2158244015583860
- 東晉 王義之集字聖敎序, 雲林筆房

V. 현대 사회 문제와 동양 3대 철학

- https://blog.naver.com/wgn6936 [현대 사회와 철학]